文库

冯承钧　著

中国南洋交通史

辽宁教育出版社
·沈阳·

图书在版编目（CIP）数据

中国南洋交通史 / 冯承钧著 . -- 沈阳 : 辽宁教育
出版社 , 2025. 1. -- （大家学术文库）. -- ISBN 978
-7-5549-4393-9

Ⅰ . F552.9

中国国家版本馆 CIP 数据核字第 20242C3R98 号

中国南洋交通史
ZHONGGUO NANYANG JIAOTONGSHI

出品人：张　领

出版发行：辽宁教育出版社（地址：沈阳市和平区十一纬路 25 号　邮编：110003）
　　　　　电话：024-23284410（总编室）
　　　　　http: // www.lep.com.cn

印　　刷：河北盛世彩捷印刷有限公司

责任编辑：张　放　刘代华　吕　冰
封面设计：格林文化
责任校对：王　静　黄　鲲　李权洲
幅面尺寸：150mm×230mm
印　　张：12.25
字　　数：163 千字
出版时间：2025 年 1 月第 1 版
印刷时间：2025 年 1 月第 1 次印刷

书　　号：ISBN 978-7-5549-4393-9
定　　价：72.00 元

"大家学术文库"编者按

中国学术，昉自伏羲画卦，至周公制礼作乐而规模始备。其后，王官失守，孔子删述六经，创为私学，是为诸子百家之始。《庄子》曰："道术将为天下裂。"孔子殁后，儒分为八；墨子殁后，墨分为三。诸子周游天下，游说诸侯，皆以起衰救弊、发明学术为务，各国亦以奖励学术、招徕人才为务，遂有田齐稷下学宫之设。商鞅变法，诗书燔而法令明；始皇一统，儒士坑而黔首愚，当此之时，学在官府，以吏为师，先王之学，不绝如缕。至汉高以匹夫起自草泽，诛暴秦，解倒悬，中国学术始获一线生机。其后，汉惠废挟书之律，民间藏书重见天日。孝武之世，董子献"罢黜百家，表彰六经"之策，定六经于一尊。其后，虽有今古之分、儒释之争、汉宋之异、道学心学之别、义理考据之殊，而六经独尊之势，未曾移也。

及鸦片战起，国门洞开，欧风美雨，遍于中夏，诚"三千年未有之变局"。当此之时，国人震于列强之船坚炮利，思有以自强；又羡于西人之政教修明，思有以自效。于是有"变法守旧之争""革命改良之争""排满保皇之争"，而我国固有之学术传统，亦因之而起变化。清季罢科举而六经独尊之势蹙，蔡子民废读经而六经独尊之势丧。当此之时，立论有信古、疑古、释古之别，学派有"古史辨"与"学衡"之争，学说有"文学革命""思想革命""文字革命""伦理革命"诸说，师法有"师俄""师日""师西"之分，众说纷纭，莫衷一是，百家争鸣，复见于近代。

民国诸家，为阐明道术、解救时弊，著书立说、授课讲学，其学术思想，历久弥新，至今熠熠生辉，予人启迪。然近人著作，汗牛充栋，多如恒河之沙，使人难免望书兴叹，不知从何下手，穷其一生，亦难以尽读。因此之故，我们特精选最具代表性之近人著作，依次出版，俾读者略窥学术门墙，得进学之阶。此次选辑出版，虽未能穷尽近人学术之精品，难免有遗珠之憾；然能示人以门径，使人借此以知近人学术规模之宏大、体系之完密，亦不失我们编辑出版"大家学术文库"之初衷。

此次出版，为适应今人阅读习惯，提升丛书品质，我们特对所选书籍做了必要之编辑加工，约有如下诸端：

一、改繁体竖排为简体横排；

二、修正淘汰字、异体字，规范标点符号用法，为一些书加新式标点；

三、校改原稿印刷产生之错字、别字、衍字、脱字；

四、凡遇同一书稿中同一人名有两种及以上不同写法者，一律统改为常用写法。

除以上所举四点之外，其余一仍其旧，力求完整保持各书原貌。

然限于编者之有限学力，书中疏漏之处，在所难免，尚祈广大方家、读者诸君不吝批评斧正。

编　者
二〇二四年三月

目　录

下　编

序　例

　　近年撰作，颇畏大题目，尤畏他人提出之大题目，是以辞谢者屡。《中国南洋交通史》亦一大题目，初被征求时，亦未敢妄作，虽因友朋之鼓励，儿子之怂恿，尚犹豫不决。自信是编脱稿后，必不能副人之所期，而其疏漏或与《西域地名》等。南洋范围广大，涉及语言甚多，非有鸿博学识不足办此；《南海地名》纂辑已有数年，而尚未敢示人者，职是故也。第思大辂始于椎轮，姑且放胆一为，或可得抛砖引玉之效欤。正踌躇中，吾友向觉明达适由英伦寄惠我G. Ferrand 撰《大食波斯突厥交涉及远东之舆记行传》二册，于考订地名上得大助力，余意遂决。

　　今之所谓南洋，包括明代之东西洋而言。东西洋之称，似首见《岛夷志略》著录，然至明代始盛行。大致以马来半岛与苏门答剌以西，质言之，今之印度洋为西洋，以东为东洋，昔日大食人亦以此两地为印度与中国之分界。然在元以前则概名之曰南海或西南海。兹编研究之范围，东起吕宋，西达印度西岸，阿剌壁海西岸诸地不录，安南、占城、缅甸、暹罗四国亦不著于编：安南原列中国郡县；昔之占城为今安南之中南圻；缅甸与中国交通常遵陆而不循海；暹罗至元代始合为一国，元以前其南境先隶扶南，后为杜和钵底国也。

　　中国与南海之海上交通，有史之初应已有之，然史无其文可以征引，只能上溯至于汉代。兹编分为上下二编，上编述事迹，下编辑史传与记文。中国南洋交通之事迹散见于载籍者详略不等，兹特就其重要者述之，首汉武以来译长交市南海，次吴时康泰等之使扶南，次晋末法显之归程，次南北朝时往来南海僧人之行踪，次隋常骏等之使赤土，次唐贾耽所记广州通海夷道，次唐代往来南海之僧人行踪，次宋代之南海，次元代之南海，次郑和之下西洋，凡十章，是为上编。原拟终于谢清高《海录》，旋因篇幅所限，故略；欧罗巴人东来后，事迹渐多，非是编所能详，续编之作，期之异日。著录古代南海之文，以中国载籍为最详，大食人之撰述次之，南海碑文又次之，此外无足论也。余久有志裒辑中国载籍中之关涉南海诸文合为一编，钩稽而比附之，惟此事体大，需时久，虽有志而未能：散见于类书或旧注中之古佚籍，欲排比校勘其文，非穷年经月不可。是编所辑，以史传及前人曾经研究之舆记为限。诸舆地中偏重赵汝适《诸蕃志》与马欢《瀛涯胜览》，盖此二书为宋明二史外国传之一源也。次有汪大渊《岛夷志略》，证以明人所引书题，原名似为《岛夷志》，今传世之本，似为明人删节之书，故其文颇有分并，且舛讹难读，惟元人舆记仅是本幸存，故亦撮其要而录之。费信《星槎胜览》半钞《岛夷志略》之文，重要固不及《瀛涯胜览》，然世传之本，或经明人窜乱，或脱误难读，引用其文，非先校勘不可，然此短期中无此余力，故亦不录。今所录诸国，首扶南，因其为唐以前东西往来之要冲也；次真腊，因其继扶南而立国，惟其疆域小于扶南；次阇婆，因南海诸州与中国通，以此岛为最古，而满者伯夷大国曾称霸于南海也；次三佛齐，自唐迄元，亦尝为南海中之大国；次南海群岛诸国，著录者，苏门答剌、蓝无里、那孤儿、黎代、阿鲁、监箆、碟里、淡洋、呵罗单、苏吉丹、新拖、重迦罗、婆利、麻叶瓮、假里马打、勾栏山、渤泥、苏禄、三屿、麻逸、吕宋、文老古、古里地闷凡二十三国；次马来半岛诸国，著录者，丹丹、盘盘、赤土、狼牙修、佛啰安、单马令、彭坑、吉兰丹、丁家卢、满剌加、柔佛凡十一国；次印度沿岸诸国，著录者，天竺、榜葛剌、乌爹、注辇、加异勒、师子国、呗喃、古里、柯枝、南毗、下里、胡茶辣、须文那凡十三国，是为下编。

　　下编所录虽尽史传舆记文，然比附颇费年月，如印度东岸之

Coromandel，乃梵语 Coḷamaṇḍala 所转出之今名，此言朱罗国也，《西域记》名曰珠利邪（Coliya），大食语传写作 Čūliyān，又名其都城曰 Ma'bar，后大食语又将 Coḷa 转读作 Suli 或 Soli，因之中国载籍著录者凡四名：曰珠利邪，见《西域记》；曰注辇，见《宋史》；曰马八儿，见《元史》；曰琐里，见《明史》：皆一国也，除珠利邪外，似未经国人考订而比附之，余多仿此。下编后三章，每章不只一国，然皆以类从，备举其同名异译，其异名不见于各传者则附注以明之。下编所录以有传者为限，其他诸国名散见贾耽记通海夷道、《岭外代答》《诸蕃志》《岛夷志略》等编者则别详上编各章。国名地名之下，概用罗马字注其古今名称，能考其原来语言名称者，亦录其罗马字译写名称于后。自信学识虽简陋，必不致如郑晓《皇明四夷考》之排比散乱，邵大纬《薄海番域录》之糅杂混淆。

　　兹编重在考订地名，国人从事于此类考订者，固不乏其人，仅就近代言，如徐继畲《瀛寰志略》，魏源《海国图志》，沈曾植《岛夷志略广证》，陈士芑《海国舆地释名》，杜宗预《瀛寰译音异名记》，丁谦诸考，虽不及《明史》外国传考证之纰缪，然颇多隔靴搔痒之说，其弊皆在不明语言音韵。外国人从事于此类考订者亦有数家，除伯希和外亦多瑕瑜参半。兹所采者，Hirth、Rockhill、伯希和诸氏之说为多，藤田丰八之说亦瑕瑜互见，仅择善而从。诸说不必皆为定谳，采其立说较长者而从之。然今之所是者，安知明日之不非。前在《瀛涯胜览校注》中以苏门答剌国当后之哑齐，盖轻信《明史》苏门答剌传后"后易国名曰哑齐"语，后见伯希和《郑和下西洋考》亦以苏门答剌当哑齐，姑从其说。近检本年《通报》，伯希和评《瀛涯胜览校注》文，谓前说误，应改作 Pasè 河上之 Samudra 村，即其例也。职是之故，考证稍涉影响而无别证者不录，如《岭外代答》《诸蕃志》之登流眉，伯希和疑是《宋史》丹眉流，《文献通考》舟眉流之倒误，然无旁证可以证实。如是之类，概不敢妄为牵合。明知疏舛容有未免，搜剔或有未及，甚愿世之博达有以指正而补充之，则是编轮廓之具为不虚矣。

民国二十五年九月十八日冯承钧识

上　编

第一章
汉代与南海之交通

中国与南海之交通为时应甚古，然载籍之文可征引者，只能上溯至《汉书·地理志》。《汉书》卷二八下粤地条后云："自日南、障塞、徐闻、合浦船行可五月，有都元国；又船行可四月，有邑卢没国；又船行可二十余日，有谌离国；步行可十余日，有夫甘都卢国。自夫甘都卢国船行可二月余，有黄支国，民俗略与珠厓相类；其州广大，户口多，多异物，自武帝（前一四〇至前八七）以来，皆献见。有译长属黄门，与应募者俱入海，市明珠、璧流离、奇石异物，赍黄金杂缯而往。所至国皆禀食为耦，蛮夷贾船，转送致之。亦利交易，剽杀人。又苦逢风波溺死，不者数年来还。大珠至围二寸以下。平帝元始（一至五）中，王莽辅政，欲耀威德，厚遗黄支王，令遣使献生犀牛。自黄支船行可八月，到皮宗；船行可二月，到日南、象林界云。黄支之南，有已程不国，汉之译使自此还矣。"

此文虽简，要可考见汉代与南海交通之梗概。一可知发航地在今之雷州半岛，所乘者是中国船舶，在远海中则由蛮夷贾船转送。二可知入海者是属黄门之译长，赍黄金杂缯而往，市明珠、璧流离、奇石异物而归。黄门隶少府，证以唐宋市舶多由中官兼领一事，可以推想汉代通南海者亦为中官。《新唐书》卷四三下引贾耽入四夷道里，谓出峡（满剌加峡）地人多钞暴，乘舶者畏惮之，与此文"亦利交易，剽杀人"一语合；盖南海中土人劫掠行旅之事古今同然也。所难知者仅为汉使所历之国；诸国名经两千年之传写，难保毫无讹误，故历来诸考据家几人持一说。然藤田丰八、[①]费琅（G. Ferrand）[②]等并以黄支当《西域记》卷十之达罗毗荼国（Drāviḍa）都城建志补罗（Kāncīpura，今 Conjeveram），立说较为可取。藤田以为都元国即《通典》卷一八八之都昆或都军国，而位之于马来半岛；以邑卢没国当《新唐书·南蛮传》盘盘国东南之拘蒌蜜，而位之于缅甸沿岸；以谌离国当贾耽入四夷道里中之骠国悉利城；以夫甘都卢国当缅之蒲甘（Pugan，Pagan）城；以皮宗当马来半岛之 Pisang 岛。虽不乏臆断，然大致可取。费琅立说多与藤田合，且以《宋史》卷四八九注辇（Cola）传载大中祥符八年（一○一五）注辇使臣娑里三文之行程比附考之，立说更为精审。将来容有新说，然于黄支为建志一说似不易推翻。考纪元前南印度之古国最著名者有二，曰朱罗（Cola），立国于 Trichinopoly 同 Tanjore 二城间；曰般荼（Pāṇḍya），立国于 Madura 城一带；旋有拔罗婆（Pallava）朝，代案达罗（Andhra）而兴，臣服二国，建都于建志补罗，文化甚盛。[③]《汉书·地理志》之黄支似指此国，则在纪元前一二世纪时，汉使足迹已至南印度矣。

纪元后西南海外诸国之通中国曾见《后汉书》著录者有四：

卷一一六《南蛮·西南夷传》云："永宁元年（一二○）掸国王雍由调复遣使者诣阙朝贺，献乐及幻人，能变化吐火，自支解，易牛马头，又善跳丸，数乃至千。自言我海西人，海西即大秦也。掸国西南通大秦。"

卷六本纪云：永建六年（一三一）"十二月日南徼外叶调国掸国遣使贡献"。注引《东观记》曰："叶调国王遣使师会诣阙贡献；以师会为汉归义，叶调邑君，赐其君紫绶；又掸国王雍由，亦赐金印紫绶。"又卷一一六《西南夷传》云："永建六年（一三一）日南徼

① 《东西交涉史之研究》《南海篇》《前汉对于西南海上交通之记录》。

② 《昆仑及南海古代航行考》。

③ Jouveau-Dubreuil 撰 Les Pallava，见《法属印度史学杂志》，一九一六至一九一七年刊，二二九至三三一页。

外叶调王便遣使贡献。帝赐调便金印紫绶。"

　　卷一一八《西域天竺传》云："天竺国一名身毒，在月氏之东南数千里，俗与月氏同，而卑湿暑热。其国临大水，乘象而战；其人弱于月氏，修浮图道，不杀伐，遂以成俗。从月氏高附国以西南至西海，东至磐越国，皆身毒之地。身毒有别城数百，城置长，别国数十，国置王，虽各小异而俱以身毒为名。其时皆属月氏，月氏杀其王而置将，令统其人。土出象、犀、玳瑁、金、银、铜、铁、铅、锡。西与大秦通，有大秦珍物，又有细布、好罽氍、诸香、石密、胡椒、姜、黑盐。和帝（八九至一〇五）时数遣使贡献，后西域反畔乃绝。至桓帝延熹二年（一五九）、四年（一六一），频从日南徼外来献。世传明帝（五八至七五）梦见金人长大，顶有光明，以问群臣，或曰西方有神，名曰佛，其形长丈六尺，而黄金色。帝于是遣使天竺，问佛道法，遂于中国图画形像焉。楚王英始信其术，中国因此颇有奉其道者。后桓帝（一四七至一六七）好神，数祀浮图老子，百姓稍有奉者，后遂转盛。"

　　同卷《大秦传》云："大秦国……与安息、天竺交市于海中，利有十倍。其人质直，市无二价，谷食常贱，国用富饶。邻国使到其界首者乘驿诣王都，至则给以金钱。其王常欲通使于汉，而安息欲以汉缯彩与之交市，故遮阂不得自达。至桓帝延熹九年（一六六），大秦王安敦遣使至日南徼外献象牙、犀角、玳瑁，始乃一通焉。其所表贡并无珍异，疑传者过焉。"

　　综考右引诸文，当时从"日南徼外"来献者计有四国，曰掸国，曰叶调，曰天竺，曰大秦。掸国地处上缅甸，其来也或遵陆而非循海；所献大秦幻人疑是南天竺之幻人，盖南天竺一名Dakṣiṇāpatha，即《法显行传》之达嚫，传称"掸国西南通大秦"，疑即此大秦。印度昔亦以幻术名，《法苑珠林》卷七六云："唐贞观二十年（六四六）西国有五婆罗门来到京师，善能音乐、祝术、杂戏，截舌抽腹，走绳续断。又至显庆（六五六至六六一）以来，王玄策等数有使人向五印度，西国天王为汉使设乐，或有腾空走索，履屐绳行，男女相避，歌戏如常，或有女人手弄三仗刀矟枪等，掷空手接，绳走不落，或有截舌自缚，解伏依旧，不劳人功。如是幻戏，种种难述。"可以为证。《三国志》卷三十注引《魏略·西戎传》，谓大秦"俗多奇幻，口中出火，自缚自解，跳十二丸，巧妙非常"，盖指地中海大秦人之幻术，与掸国条所言者殆有别也。

叶调曾经伯希和考订为 Yavadvipa 之对音，费琅氏又以南海方言证其不误，然则指今之爪哇矣。[1]惟藤田丰八独持异说。其说[2]以为叶字不宜作葉音读，而应作摄音读，因假定其为斯调之同名异译，复又以斯调为私诃条之简称，由是以此三名并指锡兰岛。案锡兰岛之古称，梵文俗语写作 Sihadipa，支娄迦谶译《杂譬喻经》作私诃叠，失译人名《杂譬喻经》作私诃絜，余若《艺文类聚》卷七六引支僧载《外国事》，《水经注》卷二引竺芝《扶南记》，《酉阳杂俎》卷一〇，并作私诃条，业经伯希和等考订精确，自无可疑。[3]第若以私调为其省称，未免牵强附会。案私调一名，《太平御览》卷七八七引《南州异物志》《扶南土俗》，又卷六九九引《吴时外国传》，《洛阳伽蓝记》卷四，《齐民要术》卷十，并见著录，然核其方位与锡兰岛并不相合。

《太平御览》卷三五九引《吴时外国传》："加营国王好马，月支贾人常以舶载马到加营国，国王悉为售之，若于路失羁绊，但将头皮示王，王亦售其半价。"观此文可见加营国不在印度本部而在海中。《御览》卷七八七引《南州异物志》云："斯调海中洲名也，在歌营东南可三千里，上有三国，城市街巷，土地沃美。"若采加营即是诃陵一说，[4]则加营可当爪哇，而斯调殆指爪哇东南之一岛矣。

如前所考，叶调与斯调，非指一地，故余采伯希和等之考订，而以叶调当今之爪哇。纪元二世纪时，脱烈美（Ptolémée）书志有云："大麦岛（Iabadiu）地土饶沃，多产金，都银城（Argyre）在国之西极。"烈维（Sylvain Lévi）曾取《正法念处经》梵本"至耶婆岛（Yava），七宝庄严，金银岛金矿为饰"等语对勘，因考订此

---

① 参看《交广印度两道考》，八八至八九页。
② 见《南海篇》，六五三至六九四页。
③ 《交广印度两道考》，一三三至一三四页。
④ 《西域南海史地考证译丛》，一七八至一七九页。

耶婆岛即脱烈美书之大麦岛，并指今之爪哇也。①顾爪哇、苏门答剌二岛邻处，世不无混称二岛为 Yavadvipa 者，马可波罗（Marco Polo）书名此二岛曰大小爪哇，即其例也。要在纪元以前，印度移民东徙，文化东渐，苏门答剌、爪哇、马来半岛、越南半岛并为印度文化传播之地，叶调使臣之入朝中国，事应有之。其行程应循彭家（Banka）门沿苏门答剌、马来半岛、越南半岛行，而抵交广，是亦马来群岛人之远祖，自恒河东南赴爪哇海所遵之古道也。②

　　中国之识天竺，天竺之识中国，源来已久，贡献虽始于汉和帝时，两地交通为时必更古也。当时通道有二：一为西域道，一为南海道，南海道之开辟或更在西域道之先。证以《后汉书·天竺传》之文："和帝时数遣使贡献，后西域反畔乃绝。至桓帝延熹二年、四年频从日南徼外来献。"具见有南北两道可通。由是可以推想及于佛教输入问题，交通既不限于一道，输入之地则不应仅由西域一途。伯希和曾云："就实际言，吾人对于佛教最初输入中国之事，毫无所知……吾人且不能确知佛教由何处输入。其关系纪元前二年遣使求经之史文，固言使臣往大月氏国诵浮图经还汉；其说近似，而不能必其为是。但吾人不应忘者，纪元六五年时，业已证明扬子江下流已有桑门佛徒，③而在二世纪末年，除洛阳之安息一派外，江苏省中佛法甚盛，并由是传播及于山东；此事不能证明其亦来自中亚及月氏也。当纪元一世纪时，云南及缅甸之通道，二世纪时交州、南海之通道，亦得为佛法输入之所必经。一六六年大秦帝安敦之使臣，即由交州登陆。三世纪初年译经建业之康僧会，其先康居人，其父因商贾移于交趾。二二六年大秦人秦论所抵之地亦为交趾。二五五或二五六年所出《法华三昧经》，亦在交趾翻译。二世纪末年黄巾之乱，独交州差安，中国学者避难于其地者，为数不少。观其种族信仰之杂，与夫商业之盛，有所纪录，自亦为意中必有之事。"④又可见南海一道亦为佛教输入之要途；南海之交趾犹之西域之于阗也。旧

---

① 《正法念处经阎浮提洲地志勘校录》，五三至五四页。
② 《昆仑及南海古代航行考》，六九至七〇页。
③ 事见《后汉书·楚王英传》。
④ 《北平图书馆馆刊》，六卷三号，二九至三〇页。

日传说或以佛教输入事在哀帝元寿元年（纪元前二年，见《三国志》卷三十注引《魏略》），或以事在明帝永平四年至十八年间（六一至七五）[1]，皆属传说而非史实。《后汉书·天竺传》后志明帝感梦事，亦为传说之一种，殆出袁宏《后汉纪》，亦非实录。是欲寻究佛教最初输入之故实，应在南海一道中求之。

---

[1] 参看河内《远东法国学校校刊》，一九一〇年刊，Henri Maspero 撰《汉明帝感梦遣使求经事考证》。

第二章

康泰等之使海南诸国

三国时孙权曾数遣使往海外，第一次黄龙二年（二三〇）春正月"遣将军卫温、诸葛直将甲士万人浮海求夷洲及亶洲。亶洲在海中，长老传言秦始皇帝遣方士徐福，将童男童女数千人入海，求蓬莱神山及仙药，止此洲不还，世相承有数万家。其上人民时有至会稽货布，会稽东县人海行亦有遭风流移至亶洲者，所在绝远，卒不可得至，但得夷洲数千人还"。三年（二三一）春二月"卫温、诸葛直皆以违诏无功下狱诛"。

事见《三国志·吴志》卷二，考《后汉书·东夷传》（卷一一五）："又有夷洲及澶洲，传言秦始皇遣方士徐福将童男女数千人入海，求蓬莱神仙不得，徐福畏诛不敢还，遂止此洲，世世相承，有数万家人民，时至会稽市。会稽东冶县人有入海行遭风流移至澶洲者，所在绝远，不可往来。"注云："沈莹《临海水土志》曰，夷洲在临海东南，去郡二千里，土地无霜雪，草木不死，四面是山。豀人皆髡发穿耳，女人不穿耳。土地饶沃，既生五谷，又多鱼肉，有犬尾短如麞尾状。此夷舅姑子妇卧息共一大床，略不相避。地有铜铁，唯用鹿格为矛以战斗，摩砺青石以作弓矢。取生鱼肉杂贮大瓦器，以盐卤之，历月余日乃啖食之，以为上肴也。"

亶洲或澶洲"所在绝远"，颇难考其有位。夷洲"在临海东南，去郡二千里"，似只有琉球群岛可以当之。但是卫温等春季入海，正是东北季候风盛时，又安知其所至之夷洲不在南海？史莱格（Schlegel）曾假定徐福漂流之地在吕宋，虽未言其理由，或亦以此季候风为准耳。

孙权第二次遣使则为耀兵海外。《三国志·吴志》卷二，赤乌五年（二四二）七月"遣将军聂友、校尉陆凯以兵三万讨珠崖、儋耳"。则用兵至于琼州矣。次年十二月"扶南王范旃遣使献乐人及方物"，与此事似不无关系，然其成绩皆不如朱应、康泰等宣化海南诸国一事之重要。

此事未见《三国志》著录，仅首见于《梁书》（卷五四）海南诸国传。其总叙云："海南诸国大抵在交州南及西南大海洲上，相去近者三五千里，远者二三万里，其西与西域诸国接。汉元鼎中遣伏波将军路博德开百越，置日南郡。其徼外诸国自武帝以来皆朝贡；后汉桓帝世大秦、天竺皆由此道遣使贡献，及吴孙权时遣宣化从事朱应、中郎康泰通焉。其所经及传闻则有百数十国，因立记传。晋代通中国者盖鲜，故不载史官；及宋齐至者有十余国，始为之传。自梁革运，其奉正朔，修贡职，航海岁至，逾于前代矣。"

《三国志》虽未著朱应、康泰之名，然载有遣从事南宣国化之事。《吴志》卷十五《吕岱传》云："岱既定交州，复进讨九真，斩获以万数。又遣从事南宣国化，暨徼外扶南、林邑、堂明诸王各遣使奉贡。"案交州之平在黄武五年（二二六），孙权召岱还时在黄龙三年（二三一），则遣从事南宣国化之时应在此六年间。《南齐书》卷五八《扶南传》云："至王槃况死，国人立其大将范师蔓，蔓病，姊子旃篡立，杀蔓子金生；十余年蔓少子长袭杀旃，以刃镵旃腹曰：汝昔杀我兄，今为父兄报汝。旃大将范寻又杀长，国人立以为王，是吴晋时也。"康泰等至扶南时所见扶南王，应是范寻以前诸王，尤应是范旃；前引赤乌六年（二四三）范旃遣使入贡之文，即其一证。又考《梁书》（卷五四）《中天竺国传》云："吴时扶南王范旃遣亲人苏物使其国，从扶南发投拘利口循海大湾中，正西北入，历湾边数国，可一年余到天竺江口，逆水行七千里乃至焉。天竺王惊曰：海滨极远，犹有此人。即呼令观视国内，仍差陈宋等二人以月支马四匹报聘，遗物等还。积四年方至，其时吴遣中郎康泰使扶南，及见陈宋等具问天竺土俗，云佛道所兴国也。"又考《水经注》卷一引康泰《扶南传》曰："昔范旃时有嘽杨国人家翔梨，尝从其本国到天竺，辗转流贾至扶南，为旃说天竺土俗，道法流通，金宝委积，山川饶沃，恣其所欲，左右大国世尊重之。旃问之，今去何时可到，几年可回。梨言天竺去此可三万余里，往还可三年，逾及行四年方返，以为天地之中也。"此事应在范旃遣苏物使天竺之前。嘽杨与道明似是同名异译。总之皆范旃在位时事也。然《梁书》卷五四《扶南传》云："吴时遣中郎康泰宣化从事朱应使于寻国。"康泰等至扶南，又似在范寻在位时，然则其奉使在外有一二十年矣。

《梁书》卷五四《中天竺传》又云："黄武五年（二二六）有大秦贾人，字秦论，来到交趾，交趾太守吴邈遣使诣权。权问方土谣俗，论具以事对。时诸葛恪讨丹阳，获黝歙短人。论见之曰，大秦希见此人。权以男女各十人差吏会稽刘咸送论，咸于道物故，论乃径还本国。"此事与康泰等之奉使至少有间接关系，盖交州为东西人往来之要地，吕岱或因秦论之还本国，因而遣从事南宣国化欤？

朱应、康泰等所立记传，今可考者，朱应有《扶南异物志》，《隋书·经籍志》《唐书·艺文志》并著录，今佚。《南史》卷十九《刘杳传》云："沈约又云：何承天纂文奇博，其书载张仲师及长颈王事，此何所出。杳曰，仲师长尺二寸，唯出《论衡》；长颈是毗骞王，朱建安《扶南以南记》云，古来至今不死。约即取二书寻检，一如杳言。"朱建安疑是朱应；《扶南以南记》疑是《扶南异物志》之别名。《北堂书钞》卷一三二引有"应《志》云：斯调国王作白珠交给帐，遣遗天竺之佛神"。疑亦指朱应《扶南异物志》。宋膺《异物志》别为一书，章宗源《隋书经籍志考证》谓宋膺即朱应之讹，误也。

康泰书亦佚，今散见《水经注》《艺文类聚》《通典》《太平御览》等书。诸书题名不一，《太平御览》作《吴时外国传》《吴时外国志》《扶南土俗》；《艺文类聚》作《吴时外国志》《扶南记》；《通典》作《扶南传》;《水经注》作《康泰扶南记》《扶南传》。《北平图书馆馆刊》第四卷第六号二五页向达[1]云:"全书体制若何,不甚可知。今就散见群书之《吴时外国传》与《扶南记》观之,所述大致相同:《外国传》记扶南事颇夥,而《扶南记》所志亦不尽为扶南。如《水经注》卷一引《扶南记》,从迦那调洲西南到枝扈黎大江口,渡江而西极为大秦之一段文字,与《御览》卷七七一帆引《吴时外国传》文略同,少有繁简之殊而已。如属两书,似不应如此雷同。故杨守敬氏以为'《吴时外国传》其总书名,《扶南传》又其书之一种'(《水经注疏要删》卷一)。余疑不惟所谓《扶南传》者为《吴时外国传》中之一部分,即《扶南记》《扶南土俗》与《外国传》亦实为一书。《扶南记》等名如非原书之子题,则系传抄者以意分之,后时沿袭,遂成二书耳。"其说是也。

　　朱应书既全佚,幸有康泰书散见群籍中,欲考吴时南宣国化事,应裒辑其仅存之文互勘之。友人向觉明(达)有志为此,然未见其辑本。伯希和或有辑本,然未刊布。日本学者驹井义明曾在《所谓孙权之南方遣使》一文中略为钩稽;[2]惜所据者是《说郛》卷六十之《扶南土俗》,未免疏舛。所辑国名十二:(一)蒲罗中国,(二)优钹国,(三)横趺国,(四)比擄国,(五)马五洲,(六)薄叹洲,(七)耽兰洲,(八)巨延洲,(九)滨郁专国,(十)乌文国,(十一)斯调国,(十二)林阳国。所辑不全,又未广事校订,故于所考康泰行程殊多臆断。其结论谓康泰等沿林邑(安南)南下,经扶南(柬埔寨)滨郁专国、林阳国(暹罗),渡金邻大湾(暹罗湾),沿乌文国(马来半岛)、耽兰洲(Tantalam),经蒲罗中国(Johore)、薄叹洲(Bintang)、诸薄(Palembang)、马五洲(Baṅka)、比擄洲(Billiton)、巨延洲(Borneo),又北向经优钹、横趺、道明等国(缅甸沿岸),抵恒河(Gaṅga)口南下,至斯调洲(Ceylan)而还。[3]

　　① 《北平图书馆馆刊》第四卷第六号,《汉唐间西域及海南诸国古地理书叙录》。
　　② 见《历史丨地理》第二十五卷第六号,五四五至五五九页。
　　③ 原地名皆用假名译写,兹为复原如上文。

案康泰书所志国名不仅限此，别有加营国，见《太平御览》卷三五九引康泰《吴时外国传》；加那调州见同书卷七七一引康泰《吴时外国传》，[1]后条云："从加那调州乘大舶，船张七帆，时风一月余日，乃入大秦国也"，则并志及大秦国矣。据伯希和说：加营似是《太平御览》卷七九〇引《南州异物志》之歌营，可以令人思及唐代之诃陵，则得为爪哇矣。[2]伯希和又云：《南州异物志》谓斯调在歌营东南三千里，不得谓是锡兰，应从费琅（G. Ferrand）之说，在南海群岛中觅之。[3]如伯希和之说不误，驹井义明所拟康泰等之行程，泰半可以推翻。且其所采藤田丰八斯调即私诃条（Sihadipa）之考订，亦不无可议。释藏中锡兰岛名有私诃叠、私诃絮、斯黎等译法，与竺芝《扶南记》之私诃条，法显《行传》之师子国，《大唐西域记》之僧伽罗，并是锡兰岛之同名异称，[4]然非考证其有脱文，不得谓其为私诃条之省译也。窃以康泰等足迹似未逾满刺加海峡，或曾附扶南舶，历游南海诸岛，绝未亲至印度，可断言也。《梁书·天竺传》云："其时吴遣中郎康泰使扶南，及见陈宋等，具问天竺土俗"，可以证之。"其所经及传闻有百数十国，因立记传"，传中所言非尽亲历之地，天竺、大秦，甚至加那调州，皆属传闻之地也。考证古地今名，必须先详各地之沿革，不得因其今名一二声韵偶合，遽断定为古地，驹井、耽兰、比擄之今地考订，皆坐此误。若以声韵偶合之法求之，尽可将比擄之别写北擄考作淳泥（Borneo），而乌文国之古读且与今之 Oman 大体相符，然则谓康泰等远至波斯湾欤？

前此曾言欲考康泰等之行程，应襄辑现存之文比较而互勘之。执此而论，《说郛》引《扶南土俗》乌文国条"乌文国昔混滇初载贾人大泊所成比国"，不如《太平御览》卷七八七"乌文国昔混填初载贾人大舶入海所成此国"引文之佳。《太平御览》卷三四七引《吴时外国传》明著混填是摸趺国人，卷七八七引《扶南土俗》谓"横趺

---

① 参看《西域南海史地考证译丛》，一七八及一八〇页。

② 《西域南海史地考证译丛》，一七八页。

③ 同书，一七九页。

④ 参看《交广印度两道考》，一三四页。

国在优钹之东南","优钹国者在天竺之东南可五千里",摸跌、横跌
两名显是同一国名传写之误,虽未知孰是,要可作互勘之助也。①前
引《吴时外国传》加那调州条谓此州乘大舶一月余日可入大秦国,
则此州似在印度洋西部,然《水经注》卷一引康泰《扶南传》曰:
"从迦那调洲西南入大湾,可七八百里,乃到枝扈黎大江口,度江径
西行,极大秦也。"枝扈黎,《史记》卷一二三《正义》引《括地志》
作拔扈利,视为恒河之别名,殆为 Vaggumuda 或 Phalgumati 之对
音,则此迦那调洲又可位置在缅甸沿岸矣。此又一互勘之益,未先
互勘,不可预下断语也。

　　古时往来东西之海舶,吾人知有中国舶、天竺舶、波斯舶,兹
据康泰《吴时外国传》又知有扶南舶。《太平御览》卷七六九引文
云:"扶南国伐木为船,长者十二寻,广六尺,头尾似鱼,皆以铁镊
露装。大者载百人,人有长短桡及篙各一。从头至尾约有五十人或
四十余人,随船大小,行则用长桡,坐则用短桡,水浅乃用篙,皆
撑上应声如一。"万震《南州异物志》亦载有关于南海船舶之文两
条,一见《太平御览》卷七六九:"外域人名船曰舶(原误船,兹改
正),大者长二十余丈,高去水三二丈,望之如阁道,载六七百人,
物出万斛。"一见《御览》卷七七一:"外徼人随舟大小式作四帆,
前后沓载之。有卢头木,叶如牖,形长丈余,织以为帆。其四帆不
正前向,皆使邪移相聚,以取风吹。风后者激而相射,亦并得风力。
若急则随宜增减之,邪张相取风气,而无高危之虑。故行不避迅风
激波,所以能疾。"

---

① 《西域南海史地考证译丛》,一七三至一七六页。

第三章

法显之归程

自汉迄晋佛法盛行，其通道要不外乎西域、南海两道。当时译经广州或建业之外国沙门疑多由海道至中国，[①] 惟其行程难以考见。其可考者，在东晋一代只能上溯至于法显。

法显以晋隆安三年（三九九）[②] 偕同伴数人，发自长安，在外十五年，于义熙十年（四一四）还至青州。[③] 所撰行传，在诸经录及《隋书·经籍志》中，有《历游天竺记传》《佛国记》《法显传》等编，现仅存一本行世，有题《佛国记》者，有题《法显传》者，似皆非是，今暂改题曰《法显行传》，以期名实相符。法显之去也遵陆，其归也循海，兹仅录其归程，始于多摩梨帝（Tāmraliptī，Tamluk）国。

"多摩梨帝国即是海口，其国有二十四僧伽蓝，尽有僧住，佛法亦兴。法显住此二年，写经及画像。于是载商人大舶，泛海西南行，得冬初信风，昼夜十四日到师子国。[④] 彼国人云：相去可七百由延。

① 如《高僧传》卷一之康僧会即其一例。中国沙门之西行求法亦有取此道者：《高僧传》卷四于法兰"远适西域欲求异闻，至交州遇疾，终于象林"，又一例也。

② 《高僧传》卷三法显传作隆安三年，适当己亥；《法显行传》作弘始二年，岁在己亥。案姚兴于晋隆安三年七月改元弘始，《行传》弘始二年应是元年之误，旧籍中元二两字互讹之例不少见也。

③ 今本《佛国记》后题"是岁甲寅晋义熙十二年"，案甲寅为义熙十年，二字疑衍，且与在外十五年之年数亦相符也。

④ 师子国名首见于此，前此载籍未见著录，正史中《宋书》始（转下页）

其国大，在洲上，东西五十由延，南北三十由延，左右小洲乃有百数，其间相去或十里、二十里，或二百里，皆统属大洲。多出珍宝珠玑，有出摩尼珠地方可十里，王使人守护，若有采者，十分取三。其国本无人民，止有鬼神及龙居之。诸国商人共市易，市易时鬼神不自现身，但出宝物题其价直，商人则依价直直取物。因商人来往住故，诸国人闻其土乐，悉亦复来，于是遂成大国。其国和适，无冬夏之异，草木常茂，田种随人，无有时节。佛至其国，欲化恶龙，以神足力，一足蹑王城北，一足蹑山顶，两迹相去十五由延。于王城北迹上起大塔，高四十丈，金银庄校，众宝合成。塔边复起一僧伽蓝名无畏山，有五千僧，起一佛殿，金银刻镂，悉以众宝，中有一青玉像，高二丈许，通身七宝，炎光威相，严显非言所载，右掌中有一无价宝珠。法显去汉地积年，所与交接，悉异域人，山川草木举目无旧。又同行分析，或留或亡，顾影唯己，心常怀悲，忽于此玉像边，见商人以晋地一白绢扇供养，不觉凄然，泪下满目。其国前王遣使中国，取贝多树子，于佛殿旁种之，高可二十丈。其树东南倾，王恐倒故，以八九围柱拄树，树当拄处心生，遂穿柱而下，入地成根，大可四围许，柱虽中裂，犹裹在其外，人亦不去。树下起精舍，中有坐像，道俗敬仰无倦。城中又起佛齿精舍，皆七宝作。王净信梵行，城内人信敬之情亦笃。其国立治已来，无有饥荒丧乱。众僧库藏多有珍宝，无价摩尼。其王入僧库游观，见摩尼珠即生贪心，欲夺取之。三日乃悟，即诣僧中稽首悔前罪心，告白僧言：愿僧立制，自今以后，勿听王入其库看，比丘满四十腊，然后得入。其城中多居士、长者、萨薄[1]商人，屋宇严丽，巷陌平整，四衢道头皆作说法堂。月八日，十四日，十五日，铺施高座，道俗四众皆集听法。其国人云：都可五六万僧，悉有众食。王别于城内供五六千人众食，须者则持本钵往取，随器所容，皆满而还。佛齿常以三月

（接上页）有传。此岛名称甚多，释藏中有作私诃条者（Sihadipa），有作宝渚（Ratnadvipa）者，有作僧伽罗或僧诃罗（Simhala）者，皆指今之锡兰（Ceylan），今名古译，首见《诸蕃志》，作细兰。参看《交广印度两道考》，一三三至一三四页。

  [1] 萨薄殆为 sārthavāha 之省译，此言商队主。参看《西域南海史地考证译丛》，一一二页。

中出之，未出十日，王庄校大象，使一辩说人著王衣服骑象上，击鼓喝言：菩萨从三阿僧祇劫苦行，不惜身命，以国妻子及挑眼与人，割肉贸鸽，截头布施，投身饿虎，不吝髓脑，如是种种苦行，为众生故成佛。在世四十九年，说法教化，令不安者安，不度者度，众生缘尽，乃般泥洹。泥洹已来一千四百九十七年，世间眼灭，众生长悲，却后十日，佛齿当出，至无畏山精舍。国内道俗欲植福者，各各平治道路，严饰巷陌，办众华香供养之具。如是唱已，王便夹道两边作菩萨五百身以来种种变现，或作须大拏，或作睒变，或作象王，或作鹿马，如是形像，皆彩画庄校，状若生人。然后佛齿乃出，中道而行，随路供养，到无畏精舍佛堂上，道俗云集烧香然灯，种种法事昼夜不息，满九十日，乃还城内精舍。城内精舍至齐日则开门户，礼敬如法。无畏精舍东四十里有一山，山中有精舍名跋提，可有二千僧。僧中有一大德沙门，名达摩瞿谛，其国人民皆共宗仰，住一石室中，四十许年常行慈心，能感蛇鼠，使同止一室而不相害。城南七里有一精舍，名摩诃毗诃罗，有三千僧。住有一高德沙门，戒行清洁，国人咸疑是罗汉。临终之时，王来省视，依法集僧而问，比丘得道耶，其便以实答，言是罗汉。既终，王即案经律以罗汉法葬之于精舍东四五里，积好大薪，纵广可三丈余，高亦尔，近上著栴檀沈水诸香木，四边作阶，上持净好白氎，周币蒙覆，上作大轝床，似此间辒车，但无龙鱼耳。当阇维时，王及国人四众咸集，以华香供养，从轝至墓所。王自华香供养，供养讫，轝著覆上，苏油遍灌，然后烧之。火然之时，人人敬心，各脱上服及羽仪伞盖，遥掷火中，以助阇维。阇维已，即检取骨，即以起塔。法显至，不及其生存，唯见葬时。王笃信佛法，欲为众僧作新精舍，先设大会饭食僧。供养已，乃选好土牛一双，金银宝物庄校角上，作好金犁，王自耕顷四边，然后割给民户田宅，书以铁券。自是已后，代代相承，无敢废易。法显在此国，闻天竺道人于高座上诵经云，佛钵本在毗舍离，今在犍陀卫竟，若千百年（法显闻诵之时有定岁数，但今忘耳。）当复至西月氏国，若千百年当至于阗国住，若千百年当至屈茨国，若千百年复来到汉地住，若千百年当复至师子国，若千百年当还中天竺。到中天已，当上兜术天上，弥勒菩萨见而叹曰，释迦文佛钵至，即共诸天华香供养七日。七日已，还阎浮提，海龙王持入龙宫。至弥勒将成道时，钵还分为四，复本频那山上。弥勒成道已，四天王当复应念，佛如先佛法贤劫，千佛共用此钵，钵去已，佛法渐灭。佛法灭后，人寿转短，乃至五岁十岁之时，糯米酥油皆悉化灭，人民极恶，捉木则变成刀杖，共伤割杀。其中有福者逃避入山，恶人相杀尽已，还复来共，相谓言，昔人寿极长，但为恶甚，作诸非法，故我等寿命遂尔短促，乃至十岁，我今共行诸善，起慈悲心，修行仁义。如是各行信义，辗转寿倍，乃至八万岁。弥勒出世初转法轮时，先度释迦，遗法，弟子出家人及受三归五戒斋法供养三宝者，第二第三次度有缘者。法显尔时欲写此经，其人云，此无经本，我止口诵耳。法显住此国二年，更求得《弥沙塞律》藏本，得《长阿含》《杂阿含》，复得一部《杂藏》，此悉汉土所无者。得此梵本已，即载商人大船，上可有二百余人，后系一小船，海行艰险，以备大船毁坏。得好信风，东下二日，便值大风，船漏水入，商人欲趣小船，小船上人恐人来多，即斫绁断。商人大怖，命在须臾，恐船水漏，即取粗财货掷著水中，法显亦以军持及澡灌并余物弃掷海中，但恐商人掷去经像，唯一心念观世音，及归命汉地众僧，我远行求法，愿威神归流，得到所止。如是大风昼夜十三日，到一岛边，潮退后，见船漏处即补塞之。于是复前，海中多有抄贼，遇辄无全。大海弥漫无边，不识东西，唯望日月星宿而进，若阴雨时，为逐风去，亦无准。当夜暗时，但见大浪相搏，晃然火色鼋鼍水性怪异之属，商人荒遽，不知那向，海深无底，又无下石柱处。至天晴已，乃知东西。还复望正而进，若值伏石，则无活路。如是九十日许，乃到一国，名耶婆提。①其国外道婆罗门兴盛，佛法不足言。停此国五月日，复随他商人大船，上亦二百许人，赍五十日粮。以四月十六日发，法显于船上安居，东北行趣广州。一月余日，夜鼓

---

① 耶婆提即《后汉书》之叶调，刘宋以来著录之阇婆，梵语之 Yavadvipa，指今之爪哇，亦有考作今之苏门答剌者。参看《交广印度两道考》，八六至九〇页；《苏门答剌古国考》，九三页。

二时，遇黑风暴雨，商人贾客皆悉惶怖。法显尔时亦一心念观世音及汉地众僧，蒙威神佑，得至天晓。晓已，诸婆罗门议言，坐载此沙门，使我不利，遭此大苦，当下比丘，置海岛边，不可为一人令我等危险。法显本檀越言，汝若下此比丘，亦并下我，不尔，便当杀我，汝其下此沙门，吾到汉地，当向国王言汝也，汉地王亦敬信佛法，重比丘僧。诸商人踌躇不敢便下。于时天多连阴，海师相望僻误，遂经七十余日，粮食水浆欲尽，取海咸水作食，分好水，人可得二升，遂便欲尽。商人议言，常行时正可五十日便到广州，尔今已过其多日，将无僻耶。即便西北行求岸，昼夜十二日，长广郡界牢山南岸，便得好水菜。但经涉险难，忧惧积日，忽得至此岸，见藜藿菜依然，知是汉地。然不见人民及形迹，未知何许。或言未至广州，或言已过，莫知所定。即乘小船入浦觅人，欲问其处，得两猎人，即将归，令法显译语问之。法显先安慰之，徐问汝是何人，答言，我是佛弟子，又问，汝入山何所求，其便诡言，明当七月十五日，欲取桃腊佛，又问此是何国，答言，此青州长广郡界，统属刘家。[1] 闻已，商人欢喜，即乞其财物，遣人往长广。太守李嶷[2] 敬信佛法，闻有沙门持经像乘船泛海而至，即将人从至海边，迎接经像归至郡治。商人于是还向扬州，刘法[3]青州请法显一冬一夏。

---

① 法显抵青州时，在义熙十年（四一四），距宋武帝受禅仅有六年，此刘家似指刘裕。但当时镇青州者是刘敬宣（从吴廷燮《东晋方镇年表》），南燕之灭在义熙六年（四一〇），州人或不知有朝廷，此刘家亦得指敬宣也。参看本页注③。

② 案《魏书》卷八三《李峻传》："峻字珍之，梁国蒙县人，元皇后兄也。父方叔，刘义隆（即宋文帝，四二四至四五三）济阴太守。高宗遣间使谕之，峻与五弟诞、嶷、雅、白、永等前后归京师。拜峻镇西将军、泾州刺史、顿丘公，雅、嶷、诞等皆封公位显；后进峻爵为王，征为太宰薨。"《行传》之李嶷应指此李嶷，后其孙自拔南归。《南齐书》卷二七《李安民传》云："李安民兰陵承人也。祖嶷卫军参军，父钦之殿中将军，补薛令，安民随父之县，元嘉二十七年（四五〇）没虏，率部曲自拔南归。"

③《晋书》卷十《安帝纪》：义熙十一年（四一五）"夏四月乙卯，青冀二州刺史刘敬宣为其参军司马道赐所害"。《行传》法字疑衍，应作刘青州。敬宣，牢之长子，《晋书》卷八四有传："卢循反，以冠军将军从大军南讨。循平（案其事在义熙七年）迁左卫将军、散骑常侍，又迁征虏将军、青州刺史，寻改镇冀州。为其参军司马道赐所害。"当时冀州沦没，侨置而已，传云改镇，殆为兼领。《晋书·安帝纪》义熙十年（四一四）"秋七月淮北大风坏庐舍"，法显在海中所遇黑风暴雨，殆为同一暴风，则又可证法显等漂至牢山湾之时应在义熙十年。

夏坐讫，法显远离诸师久，欲趣长安，但所营事重，遂便南下向都，就诸师出经律。法显发长安，六年到中国，停六年还，三年达青州。凡所游历经三十国，沙河已西迄于天竺，众僧威仪法化之美，不可详说。窃唯诸师未得备闻，是以不顾微命，浮海而还，艰难具更，幸蒙三尊威灵，危而得济，故竹帛疏所经历，欲令贤者同其闻见。"

"是岁甲寅晋义熙十二①年，岁在寿星，夏安居末，迎法显道人既至，留共冬斋。因讲集之际，重问游历，其人恭顺，言辄依实。由是先所略者，劝令详载。显复具叙始末，自云顾寻所经，不觉心动汗流，所以乘危履险不惜此形者，盖是志有所存，专其愚直，故投命于不必全之地，以达万一之异。于是感叹斯人，以为古今罕有。自大教东流，未有忘身求法如显之比。然后知诚之所感，无穷否而不通，志之所奖，无功业而不成。成夫功业者，岂不由忘夫所重，重夫所忘者哉。"

据右录《法显行传》，法显自昔多摩梨帝今 Tamluk 港载商人大舶，乘冬初信风西南行十四日到昔师子国，今锡兰岛。留住二年，复载商人大船得好信风东下，二日便值大风，飘流十三日，到一岛，补船破漏复前，行九十日许，到昔耶婆提，今爪哇或苏门答剌。停此国五月日，复随他商人大船，赍五十日粮，以四月十六日发，东北行趣广州。一月余日，夜鼓二时遇黑风暴雨，天多连阴，海师误路，经七十余日，不见海岸。即便西北行求岸，昼夜十二日到山东之牢山湾南岸，时在七月十四日。则其在锡兰出发时，应在义熙九年夏秋之间，盖夏秋二季为西南信风发时，冬春二季为东北信风发时；帆船往来南海者悉视信风为准也。《行传》云："商人议言，常行时正可五十日便到广州"，具见当时广州、耶婆提间频有商舶往来云。②

---

① 甲寅是义熙十年，二字疑衍。细绎传语，法显似在长广稍息，青州人迎之至广固坐腊，因撰此传。至义熙十一年夏，司马道赐之乱起，遂南下至建业。

② 草此章毕，获读足立喜六《考证法显传》。用力虽勤，所见版本虽多，然过于重视东禅寺本，校勘颇疏，于《津逮秘书》本之异文多未举出；所考法显回国作传年月似有误解，故不采其说。

第四章
南北朝时往来南海之僧人

法显后往来南海间之沙门，行程可以考见者，约有十人。

佛驮跋陀罗，此云觉贤，迦维罗卫人。智严①西至罽宾，咨询国众，孰能流化东土，众佥推贤。严既要请苦至，贤遂愍而许焉。于是舍众辞师，裹粮东逝，步骤三载，绵历寒暑，既度葱岭，路经六国，国主矜其远化，并倾怀资奉。至交趾，乃附舶循海而行，经一岛下，贤以手指山曰：可止于此。舶主曰：客行惜日，调风难遇，不可停也。行二百余里，忽风转吹舶还向岛下，众人方悟其神，咸师事之，听其进止。后遇便风，同侣皆发，贤曰不可动，舶主乃止，既而有先发者，一时覆败。后于暗夜之中，忽令众舶俱发，无肯从者，贤自起收缆，唯一舶独发，俄尔贼至，留者悉被抄害。顷之至青州东莱郡。②案智严西行在法显之后，归国或在法显之前。觉贤于义熙十四年（四一八）译经建康，以元嘉六年（四二九）卒。其来也应循陆道至交州，然后附舶循海，而至东莱。

智严，西凉州人，周流西国，要请觉贤东还。元嘉四年（四二七）译经建康。常疑不得戒，每以为惧，遂更泛海重到天竺，至罽宾无疾而化。③

---

① 《高僧传》卷三有传。
② 节录《高僧传》卷二本传。
③ 节录《高僧传》卷三本传，并参考同卷《法显传》。

昙无竭，此云法勇，姓李，幽州黄龙人。宋永初元年（四二〇）招集同志二十五人远适天竺，后于南天竺随舶放海达广州。[1]

道普，高昌人，经游西域，遍历诸国。慧观法师欲重寻涅槃后分，乃启宋太祖资给，遣普将书吏十人西行寻经。至长广郡，舶破伤足，因疾而卒。[2]

求那跋摩，此云功德铠，年二十出家受戒，至年三十，迟师违众，林栖谷饮，孤行山野，遁迹人世。后到师子国，观风弘教，识真之众，咸谓已得初果，仪形感物，见者发心。后至阇婆国，[3]初未至一日，阇婆王母夜梦见一道士飞舶入国，明旦果是跋摩来至。王母敬以圣礼，从受五戒。母因劝王曰：宿世因缘得为母子，我已受戒，而汝不信，恐后生之因，永绝今果。王迫以母敕，即奉命受戒，渐染既久，专精稍笃。顷之，邻兵犯境，王谓跋摩曰：外贼恃力，欲见侵侮，若与斗战，伤杀必多，如其不拒，危亡将至，今唯归命师尊，不知何计。跋摩曰：暴寇相攻，宜须御捍，但当起慈悲心，勿兴害念耳。王自领兵拟之，旗鼓始交，贼便退却。王遇流矢伤脚，跋摩为咒水洗之，信宿平复。王恭信稍殷，乃欲出家修道，因告群臣曰：吾欲躬栖法门，卿筹可更择明主。群臣皆拜伏，劝请曰：王若舍国，则子民无依，且敌国凶强，恃强相对，如失恩覆则黔首奚处，大王天慈，宁不愍命，敢以死请，伸其悃愊。王不忍固违，乃就群臣请三愿，若许者当留治国：一愿凡所王境，同奉和尚；二愿尽所治内，一切断杀；三愿所有储财，赈给贫病。群臣欢喜，佥然敬诺，于是一国皆从受戒。王后为跋摩立精舍，躬自琢材，伤王脚指，跋摩又为咒治，有顷平复。道化之声播于遐迩，邻国闻风，皆遣使要请。时京师名德沙门慧观、慧聪等，远挹风猷，思欲餐禀，以元嘉元年（四二四）九月，面启文帝，求迎请跋摩。帝即敕交州刺史，令泛舶延致。观等又遣沙门法长、道冲、道儁等往彼祈请，并致书于跋摩及阇婆王婆多伽等，必希顾临宋境，流行道教。跋摩

① 节录《高僧传》卷三本传。
② 附见《高僧传》卷二《昙无谶传》。
③ 此阇婆疑指苏门答剌。

以圣化宜广，不惮游方，先已随商人竺难提舶，欲向一小国，会直便风，遂至广州。①

求那跋陀罗，此云功德贤，中天竺人，及受具戒，博通三藏。前到师子诸国，皆传送资供，既有缘东方，乃随舶泛海。中途风止，淡水复竭，举舶忧惶，跋陀曰：可同心并力念十方佛，称观世音，何往不感。乃密诵咒经，恳到礼忏，俄而信风暴至，密云降雨，一舶蒙济，其诚感如此。元嘉十二年（四三五）至广州。②

僧伽婆罗，梁言僧养，亦云僧铠，扶南国人也。幼而颖悟，早附法律，学年出家，偏业《阿毗昙论》。声荣之盛，有誉海南，具足已后，广习律藏。勇意观方，乐崇开化，闻齐国宏法，随舶至都，住正观寺，为天竺沙门求那跋陀弟子。天监五年（五〇六），被征召于扬都寿光殿、华林园、正观寺、占云馆、扶南馆等五处传译经论。普通五年（五二四），因疾卒于正观。③

曼陀罗，梁言宏弱，扶南国人。大赍梵本远来贡献，敕与婆罗共译经三部。虽事传译，未善梁言，故所出经文多隐质。④

拘那罗陀，陈言亲依，或云波罗末陀，亦云真谛，本西天竺优禅尼国人。群藏广部，罔不措怀。艺术异能，遍素谙练，虽遵融佛理，而以通道知名。远涉艰关，无惮夷险，历游诸国，随机利见。大同中敕直使张氾等，送扶南献使返国，⑤仍请名德三藏大乘诸论杂华经等。彼国乃屈真谛，并赍经论以大同十二年（五四六）八月十五日达于南海。⑥沿路所经，乃停两载，以太清二年（五四八）闰八月始届京邑。陈武永定二年（五五八）七月还返豫章，又上临川、晋安诸郡。真谛虽传经论，道缺情离，本意不申，更观机坏，遂欲

---

① 节录《高僧传》卷三本传。传后遗文云：避难浮于海，阇婆及林邑，业行风所飘，随缘之宋境。则至广州前曾莅林邑矣。
② 节录《高僧传》卷三本传。
③ 节录《续高僧传》卷一本传。
④ 附见《续高僧传》卷一《僧伽婆罗传》。
⑤ 《梁书》卷五十四《扶南传》：大同五年（五三九）复遣使献生犀，又言其国有佛发，长一丈二尺，诏遣沙门释云宝随使往迎之。疑指此役。
⑥ 大同十二年四月改元中大同，则大同十二年无八月，年月必有一误。

泛舶往棱伽修国，^①道俗留之，遂停南越。天嘉六年（五六五）又泛小舶至梁安郡，^②更装大舶欲返西国，又循人事，权止海隅，已而发自梁安，泛舶西引，业风赋命，飘还广州，以太建元年（五六九）遘疾卒。^③

　　须菩提，陈言善吉，扶南国人也。于扬州至敬寺为陈主译经。^④

　　右录六朝间往来南海之沙门十人，其中扶南国沙门三人，而由扶南延至者一人，具见当时扶南为佛教东被之一大站，重要与西域之和阗、龟兹等也。^⑤中国海港名见诸传者，有山东半岛北岸之东莱，南岸之长广，然与南海交通频繁之大港，要不外交、广二州。顾外国船舶所莅，且溯江而上至于江陵。《高僧传》卷二《佛驮跋陀罗传》载跋陀在长安预言本乡有五舶俱发，后适江陵遇外国舶主，既而讯访，果是天竺五舶。虽预言之偶合，要足证长江中有外国船舶往来。诸僧行程约略可考者，求那跋摩经行锡兰、阇婆、占城而至广州。拘那罗陀经行狼牙修、扶南而至广州。其先或曾假道锡兰，盖其为优禅尼（Ujjayanī）国人，而锡兰为东渡必经之地也。

---

　　①　棱伽修，《梁书》卷五四有传，作狼牙修，马来半岛北部之 Laṅkāsuka 国也。

　　②　梁梁安郡治在今湖北黄安县南，此处梁安应是传写之误。

　　③　节录《续高僧传》卷一本传。

　　④　附见《续高僧传》卷一《真谛传》。

　　⑤　《高僧传》卷四《于法兰传》云：兰尝慨大法虽兴，经道多阙，乃远适西域欲求异闻，至交州遇疾，终于象林。既至交州，遵陆南行，似欲至扶南访求异闻者。

第五章
常骏等之使赤土

炀帝纂业，甘心远夷，志求珍异，故师出于流求（今台湾），兵加于林邑（今安南中圻），而其最有关系南海之交通者则为常骏等使赤土一事。

"炀帝即位，募能通绝域者。大业三年（六〇七），屯田主事常骏，虞部主事王君政等请使赤土，帝大悦，赐骏等帛各百匹，时服一袭，而遣赍物五千段，以赐赤土王。其年十月，骏等自南海郡乘舟，昼夜二旬，每值便风，至焦石山，而过东南，泊陵伽钵拔多洲，西与林邑相对，上有神祠焉。又南行至师子石，自是岛屿连接。又行二三日，西望见狼牙须国之山，于是南达鸡笼岛，至于赤土之界。其王遣婆罗门鸠摩罗以舶三十艘来迎，吹蠡击鼓，以乐隋使，进金锁以缆骏船。月余至其都，遣其子那邪迦请与骏等礼见，先遣人送金盘贮香花并镜镊，金合二枚贮香油，金瓶八枚贮香水，白叠布四条，以拟供使者盥洗。其日未时，那邪迦又将象二头，持孔雀盖以迎使人，并致金花金盘以藉诏函，男女百人奏蠡鼓，婆罗门二人导路至王宫。骏等奉诏书上阁，王以下皆坐。宣诏讫，引骏等坐，奏天竺乐事毕，骏等还馆。又遣婆罗门就馆送食，以草叶为盘，其大方丈，因谓骏曰：今是大国中人，非复赤土国矣，饮食疏薄，愿为大国意而食之。后数日，请骏等入宴，仪卫导从如初见之礼。王前设两床，床上并设草叶盘，方一丈五尺，上有黄白紫赤四色之饼，牛羊鱼鳖猪蟾蜴之肉百余品。延骏升床，从者坐于地席，各以金钟置酒，女乐迭奏，礼遣甚厚。寻遣那邪迦随骏贡方物，并献金芙蓉冠，龙脑香，以铸金为多罗叶，隐起成文以为表，金函封之，令婆罗门以香花奏蠡鼓而送之。既入海，见绿鱼群飞水上。浮海十余日，至林邑东南，并山而行，其海水阔千余步，色黄气腥，舟行一日不绝，云是大鱼粪也。循海北岸，达于交址。骏以六年（六一〇）春与那邪迦于弘农谒帝，帝大悦，赐骏等物二百段，俱授秉义尉，那邪迦等官赏各有差。"[1]

考《隋书》卷二本纪：大业四年（六〇八）三月壬戌，百济倭、赤土、迦逻舍国并遣使贡方物。景寅，遣屯田主事常骏使赤土，致罗刹。五年（六〇九）二月辛丑，赤土国遣使贡方物。纪传所载出使年月微有出入，未详孰是。

《隋书·赤土传》曰："赤土国，扶南之别种也。在南海中，水行百余日达。所都土色多赤，因以为号；东波斯刺国，西婆罗娑国，南诃罗旦国，北拒大海，地方数千里。"执此以考赤土之方位，仅知此国在林邑之西，暹罗湾之南，国人属猛吉蔑种（Môn-Khmer）而已。顾常骏等行程所经，有狼牙须国之山，此狼牙须应为《梁书》狼牙修，《续高僧传》棱伽修之同名异译。考义净《南海寄归内法传》卷一注云："从那烂陀东行五百驿，皆名东裔，乃至尽穷，有大黑山，计当土蕃南畔。传云：蜀川西南行可一月余，便达斯岭。次此南畔通近海涯，有室利察呾罗国，次东南有郎迦戌国，次东有杜和钵底国，以东极至临邑国。"义净之郎迦戌国应亦是狼牙须之同名异译，而位在室利察呾罗国之东南。此室利察呾罗国即《唐书》中之骠国，骠即是从前称霸 Prome 之 Pyu 族。[2]杜和钵底国即 Menam 下流之 Dvaravati，临邑即林邑之别写，今安南中圻也。由是考之，狼牙须之方位在骠国之南，而赤土又在此狼牙须国之南，

---

① 见《隋书》卷八二《赤土传》。

② 参看伯希和《交广印度两道考》，三五页；《西域南海史地考证译丛》续编，九八页。

殆为 Kra 地峡南方之一国也。常骏等发自广州，沿安南沿岸行，过
Camao 岬，入暹罗湾，沿真腊、缅甸海岸行（因有岛屿连接之语），
至马来半岛北部东岸，望见狼牙须国之山，南行过马来半岛东岸之
一岛，而名之曰鸡笼岛，然后抵于赤土国界。则此赤土应在马来半
岛之中，旧考谓在暹罗境内误也。①

---

① 参看《东西交涉史之研究》南海篇，一至三七页，狼牙修国考。

第六章
贾耽所志广州通海夷道

唐代海上交通较前为盛,《唐书·艺文志》著录地理类书一百零六部,其中关系四裔者,有贾耽《古今郡国县道四夷述》《皇华四达记》,戴斗《诸蕃记》,达奚通《海南诸蕃行记》,高少逸《四夷朝贡录》等编,现皆不传。《新唐书·地理志》后附录有贾耽所记入四夷之路七,殆为采诸《古今郡国县道四夷述》者,其广州通海夷道,业经伯希和(Pelliot)、希尔特(Hirth)等考证详明,兹录述于后:①

"广州东南海行二百里,至屯门山,乃帆风西行二日至九州石。又南二日至象石。又西南三日行至占不劳山,山在环王国东二百里海中。又南二日行至陵山。又一日行至门毒国。又一日行至古笪国。又半日至奔陀浪洲。又两日行到军突秀山。又五日行至海硖,蕃人谓之质,南北百里,北岸则罗越国,南岸则佛逝国。佛逝国东水行四五日至诃陵国,南中洲之最大者。又西出硖,三日至葛葛僧祇国,在佛逝西北隅之别岛,国人多钞暴,乘舶者畏惮之。其北岸则箇罗国,箇罗西则哥谷罗国。又从葛葛僧祇四五日行至胜邓洲。又西五日行至婆露国。又六日行至婆国伽蓝洲。又北四日行至师子国,其北海岸距南天竺大岸百里。又西四日行经没来国,南天竺之最南

①　参看伯希和《交广印度两道考》;希尔特《诸蕃志译注》本,一〇页至一六页。

境，又西北经十余小国，至婆罗门西境。又西北二日行至拔飒国，又十日行经天竺西境小国五至提飒国。其国有弥兰大河，一曰新头河，自北渤昆山来，西流至提飒国，北入于海。又自提飒国西二十日行，经小国二十余，至提罗卢和国，一曰罗和异国。国人于海中立华表，夜则置炬其上，使舶人夜行不迷。又西一日行至乌剌国，乃大食国之弗利剌河，南入于海。小舟溯流二日至末罗国，大食重镇也。又西北陆行千里至茂门王所都缚达城。自婆罗门南境从没来国至乌剌国，皆缘海东岸行，其西岸之西皆大食国。"[1]

　　贾耽所记南海路程如此，兹取伯希和所考证之今地释之，伯希和之考证止于印度南端，其后则采希尔特之说，希说不可从者则采他说。

　　屯门在大屿山及香港二岛之北，海岸及琵琶洲之间。九州石似即后之七洲（Taya）。象石得为后之独珠山（Tinhosa）。占不劳山为安南之峋崂占（Culao Cham）。

　　环王国即昔之林邑，后之占城。陵山得为安南归仁府北之 Sahoi 岬。门毒国疑指今之归仁。古笪乃 Kauthara 之对音，今安南衙庄之梵名也。奔陀浪即后之宾童龙，梵名 Pāṇḍuraṅga 之对音，今安南之藩笼（Phannang）省地也。军突弄山即后之昆仑山，今 Pulo Condore 也。"海硖蕃人谓之质"，伯希和考作满剌加硖，希尔特则从 Gerini 说考作星加坡硖。

　　罗越显是马来半岛之南端。佛逝国乃室利佛逝国（Śrivijaya）之省称，当时南海中之大国也，都苏门答剌岛之巴林冯（Palembang），后称旧港。[2]诃陵乃梵语（Kalinga）之省称，与印度之羯棱伽同名，今爪哇也。葛葛僧祇国疑在 Brouwers 群岛中。箇罗应是九世纪时大食人著录之 Kalah，疑指 Kedah，地在马来半岛西岸。哥谷罗对音与大食人著录之 Qaqola 同，疑在 Kedah 之西北或西南一岛中。胜邓洲似在苏门答剌岛之 Deli 或 Langkat 区中。婆露得为义净之婆鲁师。伽蓝洲一名或指翠蓝屿，今 Nicobar 群岛也。师子国即锡兰，

---

① 见《新唐书·地理志》卷四三下。
② 参看费琅（G. Ferrand）《苏门答剌古国考》。

已见前考。

没来国指 Malabar 沿岸，疑特指 Quilon，六世纪时 Cosmas 书著录有 Malé 城，七世纪时玄奘《西域记》著录有秣罗矩吒（Malaquta），一名摩剌耶（Malaya）者，即其地之梵名也。九世纪时大食人行纪作 Kulam-Malé，宋译之故临，元译之俱兰，明译之葛兰也。拔飒疑指昔之 Barygaza，今之 Broach。提飒指 Daibul 或 Diul。[1] 今印度河（Indus）大食人名曰 Nahr Mihrān，即弥兰河之对音；梵名作 Sindhu，即新头河之对音。渤昆山殆指《西域记》之钵露罗（Bolor），今之 Balfi；然得亦为昆仑之讹。缘《梁书》卷五四《中天竺传》云："国临大江名新陶（Sindhu），源出昆仑也。"提罗卢和国，桑原隲藏引 Macoudi 书考作 Djerrarah，并引海中立华表，夜置炬其上以导船舶事证之。[2]

乌刺国应指 Al-Ubullah。弗利刺河应是 Euphrates 河。末罗国应指 Basra。缚达城应指 Bagdad，宋译作白达，元译作报达者是已。[3] 大食国，阿刺壁（Arabi）帝国也。

---

① 参看《西域南海史地考证译丛》，一一一页注一二。
② 参看《唐宋贸易港研究》杨炼译本，二五页。
③ 参看《唐宋贸易港研究》，二六至三〇页；《西域南海史地考证译丛》，一一一页。

第七章

唐代往来南海之僧人

贾耽所志通海夷道，盖为当时波斯、大食舶往来之要道，而于其他航线皆略。前引真谛传，六世纪时扶南、棱伽修两国为佛教东被之两大站，贾耽时扶南已改为真腊，有陆道可通，别有著录，[①]然于棱伽修则遗而不书，盖其不在东西往来之要道中也。是欲考当时南海海舶所经诸国，应取释藏诸传补之。

玄奘足迹虽未至南海，然于《西域记》卷十三摩呾吒（Samatata）条后著录有南海六国。"东北大海滨山谷中有室利差呾罗（Sriksetra）国；次东南大海隅有迦摩浪迦（Kamalanga）国；次东有堕罗钵底（Dvaravati）国；次东有伊赏那补罗（Isanapura）国；次东有摩诃瞻波（Mahacampa）国，即此云林邑是也；次西南有阎摩那洲（Yavanadvipa）国。凡此六国，山川道阻，不入其境，然风俗壤界，声问可知。"案室利差呾罗国即《南海寄归内法传》之室利察呾罗，《唐书》之骠国，今之 Prome。迦摩浪迦国应为后之白古（Pegu）。堕罗钵底国即《南海寄归内法传》之杜和钵底，在今 Menam 江之下流。伊赏那补罗国即真腊，今之柬埔寨（Kamboja）。摩诃瞻波即后之占城，当时据有今安南之中圻、南圻。[②]阎摩那洲国疑是耶婆洲（Yavadvipa）之误，殆指苏门答剌大岛，盖当时南海

① 参看《交广印度两道考》，五九至六二页，驩州通真腊道。
② 参看本书第五章。

中大洲，除此岛或爪哇外莫属也。①

唐代僧人叙述南海最详者要为义净。净字文明，姓张氏，范阳人也，年十有五，便萌其志，欲游西域。咸亨二年（六七一）年三十有七，方遂发足。初至番禺，得同志数十人，及将登舶，余皆退罢。净奋励孤行，备历艰险，所至之境，皆洞言音，凡遇酋长，俱加礼重；鹫峰、鸡足咸遂周游，鹿苑、祇林并皆瞻瞩，诸有圣迹，毕得追寻。经二十五年，历三十余国，以天后证圣元年（六九五）乙未仲夏还至洛河。②

净于其所撰《大唐西域高僧传》卷下述其行程云："于时咸亨二年（六七一）坐夏杨府，初秋忽遇龚州使君冯孝诠，随至广府，与波斯舶主期会南行。复蒙使君命往岗州，重为檀主，及弟孝诞使君，存轸使君，郡君宁氏，郡君彭氏等合门眷属，咸见资赠，争抽上贿，各舍奇飧，庶无乏于海途，恐有劳于险地，笃如亲之惠，顺给孤之心，共作归依，同缘胜境，所以得成礼谒者，盖冯家之力也。又岭南法俗，共鲠去留之心，北土英儒，俱怀生别之恨。至十一月遂乃面翼轸，背番禺，指鹿园而遐想，望鸡峰而太息。于时广莫初飙，向朱方而百丈双挂，离箕创节，弃玄朔而五两单飞；长截洪溟，似山之涛横海，斜通巨壑，如云之浪滔天。未隔两旬，果之佛逝（Śrivijaya, Palembang），经停六月，渐学声明，王赠支持，送往末罗瑜（Malayu, Jambi）国。（原注云：今改为室利佛逝也。）复停两月，转向羯荼（Kedah），至十二月举帆还乘王舶，渐向东天矣。从羯荼北行十日余，至裸人国（Nicobar 岛），向东望岸，可一二里许，但见椰子树槟榔林森然可爱。彼见舶至，争乘小艇，有盈百数，皆将椰子芭蕉及藤竹器来求市易。其所爱者，但唯铁焉，大如两指，得椰子或五或十。丈夫悉皆露体，妇女以片叶遮形，商人戏授其衣，即便摇手不用。传闻斯国，当蜀川西南界矣。此国既不出铁，亦寡金银，但食椰子薯根，无多稻谷，是以卢呵最为珍贵（原注云：此国名铁为卢呵），其人容色不黑，量等中形。巧织团藤

---

① 参看《交广印度两道考》，九五至九六页。
② 见《宋高僧传》卷一。

箱，余处莫能及。若不共交易，便放毒箭，一中之者，无复再生。从兹更半月许，望西北行，遂达耽摩立底（Tāmraliptī，Tamluk）国，即东印度之南界也。……十载求经，方始旋踵言归，还耽摩立底。未至之间，遭大劫贼，仅免割刃之祸，得存朝夕之命。于此升舶，过羯荼国，所将梵本三藏五十余万颂，唐译可成千卷，权居佛逝矣。"

《大唐西域求法高僧传》卷下《贞固传》云："净于佛逝江口升舶，附书凭信广州，见求墨纸，抄写梵经，并雇手直。于时商人风便，举帆高张，遂被载来，求住无路，是知业能装饰，非人所图，遂以永昌元年（六八九）七月二十日达于广府。……所将三藏五十余万颂，并在佛逝，终须覆往。……谁能共往收取，随译随受，须得其人。众金告曰：有僧贞固……斯为善伴。……广府法俗，悉赠资粮，即以其年十一月一日附商舶去番禺，望占波而陵帆，指佛逝以长驱。"

综观右文，义净于六七一年仲冬自广府发足，次年十二月乘佛逝王舶进向东天，应在六七三年春初达耽摩立底。求经十载，则其重还耽摩立底登舟，得在六八二年或六八三年夏秋间，缘其后来权居佛逝，不径还本国，必因西南信风已息，计停留佛逝有六年矣。六八九年因风便还广府，同年冬又偕贞固同至佛逝，后于六九五年仲夏始还至洛，则最后留居佛逝时为年亦久，合计其往来南海之时间，应有十余年。南海情形净必详悉，惜未留存行传，今仅在《求法高僧传》《南海寄归传》中窥其大略。

《南海寄归内法传》卷一注云："从那烂陀（Nalanda）东行五百驿，皆名东裔，乃至尽穷，有大黑山（Arakan？），计当土蕃（Tibet）南畔，传云是蜀川西南行可一月余便达斯岭。次此南畔逼近海涯有室利察呾罗（Śrikṣetra）国；次东南有郎迦戍（Laṅkāsuka）国；次东有杜和钵底（Dvaravati）国；次东极至临邑（Campa）国；并悉极遵三宝。"诸国名本书五、六两章别有考。

同书卷一记南海诸洲云："从西数之有婆鲁师洲、末罗游洲，即今尸利佛逝国是，莫诃信洲、诃陵洲、呾呾洲、盆盆洲、婆里洲、掘伦洲、佛逝补罗洲、阿善洲、末迦漫洲，又有小洲不能具录。"又云："斯乃咸遵佛法多是小乘，唯末罗游少有大乘耳。诸国周围，或可百里，或数百里，或可百驿，大海虽难计里，商舶惯者准知。良为掘伦初至交、广，遂使总唤昆仑国焉，唯此昆仑头卷体黑，自余诸国与神洲不殊，赤脚敢曼总是其式，广如南海录中具述。骦州正南步行可余半月，若乘船才五六潮即至上景，南至占波，即是临邑。此国多是正量，少兼有部。西南一月至跋南国，旧云扶南。先是裸国人多事天，后乃佛法盛流，恶王今并除灭，迥无僧众，外道杂居，斯即瞻部南隅，非海洲也。"

义净所述诸洲，今知婆鲁师洲是 Baros；末罗游洲在 Jambi 河流域；莫诃信洲，爪哇《史颂》有地名 Mahasin，应是其对音，《太平寰宇记》卷一七七[1]作摩诃新，今地未详；诃陵洲应指爪哇，前已有考；咀咀洲、盆盆洲疑在马来半岛；婆里洲应是 Bali；余四洲未详，疑均在婆里之东也。[2]

载籍中屡著录之昆仑国及昆仑奴，兹据义净之解释："良为掘伦初至交、广，遂使总唤昆仑国焉。"顾载籍中之国以昆仑名者不只一地，似为卷发黑身人之总称，可取慧琳《一切经音义》卷八一之解释证之。其文曰："昆仑语，上音昆，下音论，时俗语便亦作骨论，南海州岛中夷人也。甚黑，裸形，能驯伏猛兽犀象等。种类数般，即有僧祇（Zangi）、突弥、骨堂、阁蔑（Khmer）等，皆鄙贱人也。国无礼义，抄劫为活，爱啖食人如罗刹恶鬼之类也。言语不正，异于诸蕃，善入水，竟日不死。"此文中突弥、骨堂虽未详为何种，要皆指南海中卷发黑身之人，故《旧唐书》卷一九七《林邑传》后云："自林邑以南，卷发黑身，通号昆仑。"[3]则昔日昆仑国

---

① 《太平寰宇记》卷一七七云："金（疑为室或舍之误）利毗逝国在京西南四万余里，经旦旦国、诃陵国、摩诃新国、多隆国、者埋国、婆楼国、多郎婆黄国、摩罗逝（应是游之误）国、真腊国、林邑国，西达广州。"

② 参看费琅《昆仑及南海古代航行考》，三十至三六页。

③ 首先著录黑身昆仑者，似为《晋书》卷三二《孝武文李太后传》："后为官人，在织坊中形长而色黑，官人皆谓之昆仑。"此外关于昆仑之考证者可参看《交广印度两道考》，六五至七四页；《昆仑及南海古代航行考》；《西域南海史地考证译丛》，一八七至一八八页。

泛指南海诸国，北至占城，南至爪哇，西至马来半岛，东至婆罗洲（Borneo）一带，其至远达非洲东岸，皆属昆仑之地也。

义净《大唐求法高僧传》载西行求法之僧人凡六十，而取海道者过半数，兹节录其关系南海之文于下方：

有新罗僧二人，莫知其讳，发自长安，远之南海，泛舶至室利佛逝国西婆鲁师国，遇疾俱亡。

常愍禅师者，并州人也，附舶南征，往诃陵国。从此附舶往末罗瑜国，复从此国欲诣中天，然所附商舶载物既重，解缆未远，忽起沧波，不经半日，遂便沉没。当没之时，商人争上小舶，互相战斗。其舶主既有信心，高声唱言：师来上船。常愍曰：可载余人我不去也，所以然者，若轻生为物，顺菩提心，亡己济人，斯大士行。于是合掌西方，称弥陀佛，念念之顷，船沉身没，声尽而终。春秋五十余矣。有弟子一人，不知何许人也，号啕悲泣，亦念西方，与之俱没。

明远法师者，益州清城人也，梵名振多提婆（原注：唐云思天），振锡南游，届于交阯，鼓舶鲸波，到诃陵国，次至师子洲，为君王礼敬，乃潜形阁内，密取佛牙，望归本国，以兴供养。既得入手，翻被夺将，不遂所怀，颇见陵辱。向南印度，传闻师子洲人云：往大觉中方，寂无消息，应是在路而终，莫委年几。

义朗律师者，益州成都人也，与同州僧智岸并第一人名义玄，俱至乌雷，同附商舶，挂百丈，陵万波。越舸扶南，缀缆郎迦戍，蒙郎迦戍国王待以上宾之礼。智岸遇疾，于此而亡。朗公既怀死别之恨，与弟附舶向师子洲，披求异典，顶礼佛牙，渐之西国。传闻如此，而今不知的在何所，师子洲既不见，中印度复不闻，多是魂归异代。年四十余耳。

会宁律师，益州成都人也，麟德年中（六六四至六六五），杖锡南海，泛舶至诃陵洲，停住三载，遂共诃陵国多闻僧若那跋陀罗（此云智贤）译经。会宁既译得《阿笈摩》本，遂令小僧运期奉表赍经，还至交府，驰驿京兆，奏上阙庭，冀使未闻，流布东夏。运期从京还达交阯，告诸道俗，蒙赠小绢数百匹，重诣诃陵，报德智贤，与会宁相见，于是会宁方适西国。比于所在，每察风闻，寻听五天，绝无踪绪，准斯理也，即其人已亡，春秋可三十四五矣。

运期师者，交州人也，与昙润（一作闰）同游，仗智贤受具。旋回南海，十有余年，善昆仑音，颇知梵语，后便归俗，住室利佛逝国。于今现在，年可四（一作三）十矣。

木叉提婆者，交州人也（原注：唐云解脱天也），不闲本讳，泛舶南溟，经游诸国，到大觉寺，遍礼圣踪，于此而殒，年可二十四五矣。

窥冲法师者，交州人，即明远室洒也，梵名质呾啰提婆，与明远同舶而泛南海，到师子洲，向西印度，见玄照师，共诣中土。到王舍城，遘疾竹园，淹留而卒，年三十许。

慧琰师者，交州人也，即行公①之室洒，随师到僧诃罗国（锡兰），遂停彼国，莫辨存亡。

智行法师者，爱州人也，梵名般若提婆（原注：唐云慧天），泛南海，诣西天，遍礼尊仪，至弶伽（恒河）河北，居信者寺而卒，年五十余矣。

大乘灯禅师者，爱州人也，梵名莫诃夜那钵地已波（原注：唐云大乘灯也），幼随父母泛舶往杜和罗钵底国，方始出家。后随唐使刿绪相逐入京，于慈恩寺三藏法师玄奘处进受具戒。居京数载，颇览经书，而思礼圣踪，情契西极。遂越南溟，到师子国，观礼佛牙，备尽灵异。过南印度，复届东天，往耽摩立底国，既入江口，遭贼破舶，唯身得存。后在俱尸城般涅槃寺而归寂灭，于时年余耳顺矣。

彼岸法师，智岸法师，并是高昌人也，少长京师，传灯在念。既而归心胜理，遂乃观化中天，与使人王玄廓②相随。泛舶海中，遇疾俱卒。所将经论咸在室利佛逝国矣。

昙润法师，洛阳人也，渐次南行，达于交阯，泛舶南上，期西印度，至诃陵北渤盆国，③遇疾而终，年三十矣。

---

① 殆指后条之智行法师。
② 王玄廓应是王玄策之讹，参看《清华学报》第八卷第一期《王玄策事辑》。
③ 此渤盆国与《南海寄归传》之盆盆洲应为一地。

义辉论师，洛阳人也，到郎迦戍国，因疾而亡，年三十余矣。[①]

道琳法师者，荆州江陵人也，梵名尸罗钵颇（原注：唐云戒光）。欲寻流讨源，远游西国，乃杖锡遄逝，鼓舶南溟，越铜柱而届郎迦，历诃陵而经裸国。所在国王礼待，极致殷厚。经乎数载，到东印度耽摩立底国。……自尔之后，不委何托。净回至南海羯荼（Kedah）国，有北方胡至云，有两僧胡国逢见，说其状迹，应是其人，与智弘相随，拟归故国，闻为途贼所拥还，乃覆向北天，年应五十余矣。

昙光律师者，荆州江陵人也。南游溟渤，望礼西天，承已至诃利鸡罗（Harikera）国，在东天之东。年在盛壮，不委何之。

慧命师者，荆州江陵人也。泛舶以行，至占波，遭风而屡遭艰苦，适马援之铜柱，息上景而归唐。

善行师者，晋州人，净之门人也。随至室利佛逝，有怀中土，既染痾疾，返棹而归，年四十许。

灵运师者，襄阳人也，梵名般若提婆。与僧哲同游，越南溟，达西国，于那烂陀画慈氏真容，赍以归唐。

僧哲禅师者，沣州人也，泛舶西域，到三摩呾吒国，住王寺。净来时，闻尚在，年可四十许。僧哲弟子玄游者，高丽国人也，随师于师子国出家，因住彼矣。

智弘律师者，洛阳人，即聘西域大使王玄策之侄也。与无行禅师同至合浦升舶，长泛沧溟，风便不通，漂居上景，覆向交州。住经一夏，既至冬末，复往海滨神湾，随舶南游，到室利佛逝国。自余经历，具在行禅师传内。后闻与琳公为伴，不知今在何所。

无行禅师者，荆州江陵人也，梵名般若提婆（原注：唐云慧天）。与智弘为伴，东风泛舶，一月到室利佛逝国。国王见从大唐天子处来，倍加钦上。后乘王舶，经十五日达末罗瑜洲，又十五日到羯荼国。至冬末转舶西行，经三十日到那伽钵亶那（Nagapattana，Negapatam）。从此泛海，二日到师子洲，观礼佛牙。从师子洲复东北泛海，一月到诃利鸡罗（Harikera，Karikal）国，此国乃是东

---

① 以上并见《大唐西域求法高僧传》卷上。

天之东界，即赡部洲之地也。义净见时，春秋五十有六。

法振禅师者，荆州人也。共同州僧乘悟禅师，梁州乘如律师，整帆上景之前，鼓浪河陵之北，巡历诸岛，渐至羯荼。未久之间，法振遇疾而殒，年可三十五六。既而一人斯委，彼二情疑，遂附舶东归，有望交阯，覆至瞻波（原注：即林邑国也），乘悟又卒。瞻波人至传说如此，而未的委，独有乘如言归故里。

大津师者，沣州人也。永淳二年（六八三），振锡南海，爰初结旅，颇有多人，及其角立，唯斯一进。乃赍经像，与唐使相逐，泛舶月余，达尸利佛逝洲。停斯多载，解昆仑语，颇习梵书。净于此见，遂遣归唐，望请天恩，于西方造寺。遂以天授二年（六九一）[1]五月十五日附舶而向长安，附新译杂经论十卷，《南海寄归内法传》四卷，《西域求法高僧传》两卷。

贞固律师者，郑地荥川人也，梵名娑罗笈多（原注：译为贞固），永昌元年义净因风便还至广州，所赍梵本，尽在佛逝，觅伴共往收取，得固偕行。是年十一月一日同附商舶，共之佛逝，后与义净同返广府。

贞固弟子一人，俗姓孟，名怀业，梵号僧迦提婆。随师共至佛逝，解昆仑语，颇学梵书。后恋居佛逝，不返番禺。

道宏者，梵名佛陀提婆（原注：唐云觉天），汴州雍丘人也，俗姓靳。与义净、贞固等共至佛逝，同还广府。

法朗者，梵名达磨提婆（原注：唐云法天），襄州襄阳人也。随义净同越沧海，经余一月，届乎佛逝。学经三载，梵汉渐通。往诃陵国，在彼经夏遇疾而卒。[2]

右录三十三人并经义净著录，尚有数人往来南海，别见诸僧传中，兹亦荟录如下：

那提三藏，此言福生，梵言则云布如乌伐邪，中印度人。曾往执师子国，又东南上棱伽山，南海诸国随缘达化。承脂那东国盛传大乘，乃搜集经律论五百余夹，以永徽六年（六五五）创达京师。

---

① 一作天授三年，则为六七二年矣。

② 以上并见《大唐西域求法高僧传》卷下。

显庆元年（六五六），敕往昆仑诸国采取异药，既至南海，诸王归敬，为别立寺。龙朔三年（六六三），还返慈恩。其年，南海真腊国为那提素所化者，奉敬无已，思见其人，合国宗师假途远请，乃云国有好药，唯提识之，请自采取。下敕听往，返迹末由。①

跋日罗菩提，此云金刚智，南印度摩赖耶（Malaya）国人也。曾游师子国，登楞伽山，泛海东行，历佛誓裸人等二十余国，开元七年（七一九）建于广州。开元二十年（七三二）卒于洛阳，寿七十一。

阿目佉跋折罗，此云不空金刚，省称不空，北印度人也。幼随叔父观光东国，年十五师事金刚智三藏。智殁，空奉遗旨令往五天并师子国。天宝元年（七四二）冬，至南海郡，及将登舟，采访使召诫番禺界蕃客大首领伊习宾等曰：今三藏往南天竺师子国，宜约束船主，好将三藏并弟子含光、慧辩等二十七人国信等达彼，无令疏失。乃附昆仑舶离南海，经诃陵而达师子国。天宝五年（七四六）还京。大历九年（七七四）卒，春秋七十。②

般剌若，北印度迦毕试（Kapiśi）国人。泛海东迈，垂至广州，风飘却返抵执师子国之东。又集资粮，重修巨舶，遍历南海诸国，建中元年（七八〇）至于广州。

莲华，中印度人也。兴元元年（七八四）杖锡谒德宗，乞钟一口，归天竺声击。敕广州鼓铸毕，令送于南天竺金堆寺。华乃将此钟于宝军国毗卢迦那塔所安置。后以乌荼（Orissa）国王书献中国天子。③

慧日，俗姓辛氏，东莱人也。遇义净三藏，心恒羡慕，遂誓游西域。始者泛舶渡海，自经三载，东南海中诸国，昆仑、佛誓、师子洲等经过略遍，乃达天竺。在外总一十八年，方还长安。④

右录《求法高僧传》《续高僧传》《宋高僧传》所载往来南海之僧人凡四十人，兹姑举其行程可考者，行程未详者尚未计焉。诸传

①　见《续高僧传》卷五。
②　以上并见《宋高僧传》卷一，又卷二十七有《舍光传》。
③　以上并见《宋高僧传》卷三。
④　见《宋高僧传》卷二十九。

所记行程，大致与贾耽广州通海夷道合，惟略其分道耳。行程最详者为义净、道琳、无行三传。义净之行程发自广州，历佛逝、末罗瑜、羯荼、裸人、耽摩立底；道琳发足地未详，历占波、诃陵、裸国、耽摩立底；智弘、无行发足合浦，暂住交州，复历佛逝、末罗瑜、羯荼、那伽钵亶那等国。又据诸传综考当时之发航地，首广州，次交州，偶亦为今合浦境内之旧治，与钦县境内之乌雷。止航地或为苏门答剌岛内之室利佛逝国，或为印度南端之师子洲，或为印度东岸之耽摩立底、那伽钵亶那、诃利鸡罗。至广州与印度间所经诸港，则有交州、占波、马来半岛东岸之郎迦戍，爪哇岛内之诃陵，苏门答剌岛内之室利佛逝、末罗瑜，马来半岛西岸之羯荼，翠蓝屿中之裸人国。昔之扶南，后之真腊，虽一见于《布如乌伐邪传》，似不复为海舶维舟之地也。

此姑就僧人往来之行程言之，东西商贾所莅之地，似不仅限于此。广州为通商之要港，固不待论，余若交州、泉州、扬州，甚至长江上游，亦为蕃舶所已经，[1]特不及广州之盛耳。[2]

---

[1] 参看桑原骘藏《中国阿剌伯海上交通史》，二〇至三〇页；武堉幹《唐宋时代上海在中国对外贸易上之地位观》，八至十九页。

[2] 元开撰《唐大和尚东征传》（大正新修《大藏经本》）载天宝九年（七五〇）"广州有婆罗门寺三所，并梵僧居住。江中有婆罗门、波斯、昆仑等舶，不知其数，并载香药珍宝，积载如山，舶六七丈，师子国、大石国、骨唐国、白蛮、赤蛮等往来居住，种类极多。"《资治通鉴》卷二三四贞元八年（七九二）六月"岭南节度使奏：近日海舶珍异，多就安南市易，欲遣判官就安南收市，乞命中使一人与俱。上欲从之，陆贽上言以为：远国商贩，惟利是求，缓之斯来，扰之则去。广州素为众舶所凑，今忽改就安南，若非侵刻过深，则必招携失所，曾不内讼，更荡上心。况岭南、安南，莫非王土，中使外使，悉是王臣，岂必信岭南而绝安南，重中使以轻外使，所奏望寝不行。"（参看《陆宣公奏议》卷十八）

第八章

宋代之南海

宋代载籍首先著录南海之行程者，厥为《宋史》卷四八九《注辇传》载大中祥符八年（一〇一五）注辇国使臣娑里三文所历之航路。其文曰："三文离本国，舟行七十七昼夜，历郁勿丹山（Nagapattaña？）、娑里西兰山（Soli Silan？）。至占宾国又行六十一昼夜，历伊麻罗里山至古罗国，国有古罗山，因名焉。又行七十一昼夜，历加八山、占不牢山、舟宝龙山至三佛齐国。又行十八昼夜，度蛮山水口，历天竺山，至宾头狼山望东西王母冢，距舟所将百里。又行二十昼夜，度羊山、九星山，至广州之琵琶洲。离本国凡千一百五十日至广州焉。"

注辇梵名 Coḷa，阿剌壁文作 Cūliyān，当时译名不作朱罗而作注辇，殆从阿剌壁语而悉其国名也。唐译亦作珠利邪。[①] 是乃南印度之古国，与般茶（Pāṇḍya）并属达罗毗荼（Drāviḍa）种。[②] 纪元前拔罗婆（Pallava）朝兴，并此二国，建都于建志补罗（Kāncīpura），汉代所通之黄支，应是此国。[③] 七世纪以来拔罗婆常与西方遮娄其（Calukya）朝争战，国势遂衰。[④] 九世纪初年注辇

---

① 见《大唐西域记》卷十。

② Drāviḍa 亦作 Dramida，转作 Damila，故今名此族曰 Tamil 或 Tamoul 也。

③ 参看本书上编第一章。

④ 《旧唐书》卷一九八《天竺传》云：天授二年（六九一，《册府元龟》卷九七〇作天授三年）南天竺王遮娄其拔罗婆并来朝，即指此国也。

复兴，十世纪初年战胜摩诃剌侘（Mahārāṣṭra）之遮娄其王，大拓疆域，一〇一二至一〇三五或一〇四二年间在位之王名罗阇因陀罗朱罗提婆一世（Rājendra Coladeva I），曾兼并乌荼（Orissa）、白古（Pegu）、满剌加（Malaka），兵力所加，且至苏门答剌岛之室利佛逝国，榜葛剌（Bengale）湾之地咸隶其版图。① 当时入贡之注辇王或指此王，然《宋史》载其国主名罗荼罗乍，则为前王 Rajaraja 矣，此王在位年始九八五，终一〇一二或一〇一三。足证贡使在道延滞之时甚久，千一百五十日始达广州，非伪言也。

　　贡使所历之地，今可考者，注辇是 Coromandel，古罗或是马来半岛之 Kra，三佛齐即苏门答剌岛之 Palembang，天竺山即马来半岛东西海中之 Pulaw Aor，宾头狼即昔之 Pāṇḍuraṅga，今安南之藩笼省。②

　　宋代私人撰述所言南海最详者，则为周去非之《岭外代答》。去非字直夫，永嘉人，卷首自序题淳熙戊戌冬十月五日，则成书时在一一七八年矣。卷二海外诸蕃国条云：

　　"诸蕃国大抵海为界限，各为方隅而立国，国有物宜，各从都会以阜通，正南诸国，三佛齐（Palembang）其都会也。东南诸国，阇婆（Java）其都会也。西南诸国，浩乎不可穷：近则占城（Campa）、真腊（Kamboja）为宛里诸国之都会；远则大秦③为西天竺诸国之都会；又其远则麻离拔（Malabar）国，为大食（Abbassides）诸国之都会；又其外则木兰皮（Murābiṭ，指西班牙南部与非洲北都）国为极西诸国之都会。三佛齐之南，南大洋海也，海中有屿万余，人莫居之，愈南不可通矣。阇婆之东，东大洋海也，水势渐低，女人国在焉；愈东则尾闾之所泄，非复人世；稍东北向则高丽、百济耳。西南海上诸国不可胜计，其大略亦可考。姑以交阯定其方隅：直交阯之南，则占城、真腊、佛罗安（Beranang，在马来半岛南部）也；交阯之西北则大理、黑水、吐蕃也；于是西有

----

① 见 Tanjore 此王纪功碑。参考 Epigraphia Indica 第九至十一卷（一九〇七至一九一二年刊）Kelhorn，Jacobi，Sewell 诸氏所撰关于注辇、般荼朝代诸论文。

② 参看费琅昆仑及南海古代航行考汉译本，一〇五至一一〇页。

③ 此处大秦疑指南印度之 Dakṣiṇāpatha，此言南土，今作 Dékhan 者是己。

大海隔之，是海也名曰细兰（Sīlan 即锡兰），细兰海中，有一大洲名细兰国。渡之而西，复有诸国：其南为故临（Kūlam, Quilon）国；其北为大秦国、王舍城、天竺国。又其西有海曰东大食海，渡之而西，则大食诸国也，大食之地甚广，其国甚多，不可悉载。又其西有海名西大食海，渡之而西，则木兰皮诸国凡千余。更西则日之所入，不得而闻也。"①

又卷三航海外夷条云："今天下沿海州郡，自东北而西南，其行至钦州止矣。沿海州郡类有市舶，国家绥怀外夷，于泉、广二州置提举市舶司；故凡蕃商急难之欲赴诉者，必提举司也。岁十月，提举司大设蕃商而遣之；其来也当夏至之后，提举司征其商而覆护焉。诸蕃国之富盛多宝货者，莫如大食国，其次阇婆国，其次三佛齐国，其次乃诸国耳。三佛齐国者，诸国海道往来之要冲也；三佛齐之来也，正北行，舟历上下竺（Pulaw Aor）与交洋（交阯湾），乃至中国之境；其欲至广者，入自屯门，欲至泉州者，入自甲子门。阇婆之来也，稍西北行，舟过十二子石（Karimata），而与三佛齐海道合于竺屿之下。大食国之来也，以小舟运，而南行至故临（Quilon）国，易大舟而东行至三佛齐国，乃复如三佛齐之入中国。其他占城、真腊之属，皆近在交阯洋之南，远不及三佛齐国、阇婆之半，而三佛齐、阇婆又不及大食国之半也。诸蕃国之入中国，一岁可以往返，唯大食必二年而后可。大抵蕃舶风便而行，一日千里，一遇朔风，为祸不测。幸泊于吾境，犹有保甲之法，苟泊外国，则人货俱没。若夫默伽（Mekka）国、勿斯里（Misr，今埃及）等国，其远也不知其几万里矣。"

又卷二三佛齐国条云："三佛齐（Palembang）国在南海之中，

---

① 去非所闻似不尽为大食人之说，去非百余年前报达（Bagdad）人马苏的 Mas'ūdī 撰《金珠原》（一八六一年法文译本）谓自西至东有七海：曰箇斯海，即今波斯湾；曰剌儿海（Lārwī），即今阿剌壁海；曰哈儿康海（Harkand），即今榜葛剌（Bengale）湾；曰箇罗海（Kalah），即今马来半岛东岸与晏陀蛮（Andaman）翠蓝屿（Nicobar）群岛间之海；曰军徒弄海（Kundrang），指暹罗湾；曰占波海，指今南海西部；曰涨海（Čankhay），指今南海东部。去非所谓东大食海乃指阿剌壁海，西大食海殆指地中海矣。

诸蕃水道之要冲也：东自阇婆诸国，西自大食、故临诸国，无不由其境而入中国者。"

又同卷阇婆国条云："阇婆（Java）国又名莆家龙（Pekalongan），在海东南，势下故曰下岸。广州自十一月十二月发舶，顺风连昏旦一月可到。"

又同卷故临国条云："故临（Quilon）国与大食国相通，广舶四十日到蓝里（Lāmurī，在苏门答剌岛西北角，即后之南巫里）住冬，次年再发舶，约一月始达其国。"

又同卷注辇国条云："注辇（Coromandel）国是西天南印度也。欲往其国，当自故临国（Quilon）易舟而行。"①

卷三大食诸国条云："有麻离拔（Malibar，Malabar）国，广东自中冬以后发船，乘北风行，约四十日到地名蓝里（Lāmurī）。……至次冬再乘东北风六十日顺风方到。……元祐三年（一〇八八）十一月大食麻啰拔国遣人入贡，即此麻离拔也。"

又同卷云："大食国西有巨海，海之西有国不可胜计，大食巨舰所可至者，木兰皮（Murābiṭ）国尔。盖自大食之陀盘地国②发舟，正西涉海一百日而至。"

又同卷西天诸国条云："其地之西有东大食海，越之而西则大食诸国也。其地之南有洲名曰细兰（Sīlan，Ceylan）国，其海亦曰细兰海。"

周去非后详记海国事者，有《诸蕃志》，赵汝适提举福建路市舶时所作，乃亲询海国之事于贾胡，复杂采史传类书及前人撰述而成者也。所采录者以《岭外代答》之记载为最多。前有自序，③后

---

① 观此足见当时注辇无舟直达中国，须绕道而至故临，然则注辇使臣娑里三文所历之娑里西兰山得为锡兰山，而娑里二字应是阿剌壁语名注辇人之别称 Suli 之对音，即《瀛涯胜览》所谓锁里者是已。十一世纪上半叶中，注辇王曾侵入锡兰，夺取般荼国宝物，因名锡兰曰娑里西兰，表示其为属国。

② 陀盘地国无考，传写应有讹误，当时波斯湾之海港有 Ubollah，Basra，Sirāf 诸港，而宋代来中国之商人，以来自 Sirāf 港者为最多。《桯史》卷十一谓：泉州蕃客有名尸罗围者，《诸蕃志》卷上大食国条谓：有番商曰施那帏，大食人也，皆人以地名。参看桑原隲藏撰《唐宋贸易港研究》，一七至四六页。

③ 此序《函海》本及《学津讨源》本并阙，惟见《艺风藏书记》（转下页）

题宝庆元年九月日朝散大夫提举福建路市舶赵汝适序，则其书成于一二二五年矣。所记既出耳闻，非本亲历，故所述诸国，编次先后，漫无条理，然其记事在《宋史》之前，颇足以资参证。兹仅取其所记之海国地名，考其现在方位。[1]列举之先后，自东而西，首列大陆沿岸诸国邑，次列海中诸岛。

（一）占城，今安南中圻，土名占波（Campa），国都号新州，今归仁也。属国有旧州、乌丽、日丽、越里、微芮、宾瞳龙、乌马拔、弄容、蒲罗甘兀、亮宝、毗齐。旧州在今茶荞，宾瞳龙乃梵名 Pāṇḍuraṅga 之对音，今藩笼省地，余皆无考。

（二）真腊，"接占城之南，东至海，西至蒲甘（Pagan），南至加罗希（Crahi），自泉州舟行，顺风月余日可到，其地约方七千余里，国都号禄兀（Angkor）。"[2]"登流眉、波斯兰、罗斛、三泺、真里富、麻罗问、绿洋、吞里富、蒲甘、窊里、西棚、杜怀浔番，皆其属国也。"准是观之，宋时之真腊较今柬埔寨（Kamboja）之地为广：罗斛（Lavo）、蒲甘既为其属国，而国境南至加罗希，则据有暹罗、缅甸之南部与马来半岛之北部矣。

（三）登流眉国，"在真腊之西"，旧考位置此国于马来半岛之Ligor，疑为《宋史》丹眉流之倒误，然则与单马令为一国矣。

（四）单马令国，梵名 Tāmbraliṅga 之对音也，又曰啰亭国，Yirudiṅgan 之对音也，在加罗希之南。

（五）凌牙斯国，[3]即古之狼牙修，"自单马令风帆六昼夜可到，亦有陆程"。此国亦在马来半岛，已见前考。

（六）佛啰安国，"自凌牙斯加四日可到，亦可遵陆"。其邻蓬丰（Pahang）、登牙侬（Trenganu）、吉兰丹（Kelantan）。旧考此国

（接上页）卷三略云："汝适被命此来，暇日阅诸蕃图，有所谓石床、长沙之险，交洋、竺屿之限，问其志则无有焉；乃询诸贾胡，俾列其国名，道其风土，与夫道里之聊属，山泽之蓄产；译以笔言，芟其秽渫，存其事实，名曰《诸蕃志》。"

[1]　德国 F. Hirth 同美国 W. W. Rockhill 有合译本，写以英文，一九一二年在圣彼得堡出版。惟译本考证不无舛误，兹仅择取其可从者著于篇。

[2]　参看《西域南海史地考证译丛》，一二〇至一二二页。

[3]　后亦作凌牙斯加，古爪哇语对音作 Laṅgkàsuka。

在 Beranang，地处马来半岛西部。

（七）蒲甘国，即今 Pagan。据大食人之记载，此国之境界与榜葛剌（Bengale）、迦摩缕波（Assam）两国为邻。

（八）注辇国，梵文作 Coḷa，阿剌壁语作 Cūligyān，又作锁里（Suli），又作马八儿（Ma'abar），葡萄牙文作 Choromandel，荷兰文作 Coromandel。附见之鹏茄啰国，应是明代之榜葛剌（Bangala, Bengale）。此国古称鸯伽（Anga），[①]一转为 Vanga，再转为今名 Bangala。

（九）南毗国，"在西南之极，自三佛齐便风，月余可到"。旧考谓南毗即麻啰拔[②]一带，而南毗是 Namburi[③]之对音。"故临、胡茶辣、甘琶逸、弥离沙、麻啰华、冯牙啰、麻哩抹、都奴何哑哩喏嗷啰啰哩，皆其共种国也。其国最远，番舶罕到。"案故临指 Kūlam（Quilon）；胡茶辣指 Guzerat；甘琶逸指 Cambay，大食语名 Kambāyat；麻啰华指 Malava（Malwa）；冯牙啰或为 Mangalore；麻哩抹或为 Malabar；弥离沙未详；麻哩抹以下国名应有讹误，要必包括有明代载籍著录之下里（Hīlī）、狠奴儿（Honore）二国。"故临国自南毗舟行，顺风五日可到。泉舶四十余日到蓝里住冬，至次年再发，一月始达。……每岁自三佛齐（Palembang）、监篦（Kāmpar）、吉陀（Kedah）等国发船博易。"

（十）胡茶辣国即 Guzerat，《大唐西域记》卷十一之瞿折罗国也。

（十一）弼斯啰国即 Basra，贾耽之末罗也。

（十二）甕蛮国，今 Oman 也。

（十三）麻嘉国，今 Mekka 也。

（十四）层拔国，非洲沿岸之 Zanzibar 也。

---

① 鸯伽国名见《正法念处经》，参看烈维《正法念处经阎浮提洲地志勘校录》，十页。

② 《大唐西域记》卷十，秼罗矩吒（Malakuṭa）"国南滨海，有秼剌邪（Malaya）山"。其地因山得名，故梵名秼剌邪婆罗（Malayavāra），犹言秼剌邪国，大食人转为 Malaya-bār，欧罗巴人又省称为 Malabar，印度西岸之称也。

③ 《瀛涯胜览》柯枝（Cochin）条云："国有五等人，一等名南昆"，此南昆在张昇改订本中作南毗，则为国中一阶级之称矣。

（十五）弼琶啰国即 Berbera，今 Somali 沿岸也。

以上皆为南海及印度洋沿岸之陆地国名，以下为岛国。

（十六）三屿，"乃麻逸（Mait）之属，曰加麻延、巴姥酉、巴吉弄等各有种落，散居岛屿，舶舟至则出而贸易，总谓之三屿"。案麻逸指菲律宾，加麻延应是 Calamian；巴姥酉疑为巴老万之误，则为 Palawan 之对音；与此二岛相邻之大岛只有 Busuanga 可以当之，则巴吉弄传写亦有讹误矣。

（十七）麻逸国，"在渤泥之北"。案渤泥指 Borneo，麻逸是 Mait 之对音，犹言黑人之国，指菲律宾群岛中之 Mindaro 岛。"三屿、白蒲延（Babuyan）、蒲里噜（Polillo）、里银东流新里汉等皆其属也。"诸属地中只有两名可考，余名应有讹误，其中或有吕宋（Luzon）之古译也。

（十八）渤泥国，"在泉之东南，去阇婆（Java）四十五日程，去三佛齐（Palembang）四十日程，去占城（Campa）与麻逸（Mindaro）各三十日程，皆以顺风为则"。渤泥即 Borneo 岛，核以距离，王居应在岛之东北，殆为 Brunei 欤？附见之马喏居岛应是《明史》之美洛居（Maluccas）群岛。

（十九）阇婆国，"又名莆家龙（Pekalongan），于泉州为丙己方。率以冬月发船，盖藉北风之便，顺风昼夜行月余可到。东至海，水势渐低，女人国在焉；愈东则尾闾之所泄，非复人世；泛海半月至昆仑国（Goron？）。南至海三日程，泛海五日 ① 至大食国。西至海四十五日程。北至海四日程。西北泛海十五日至渤泥国，又十日至三佛齐国，又七日至古逻国，又七日至柴历亭，抵交趾，达广州"。案莆家龙在今爪哇岛北岸，当时商舶所聚或国王所居疑在此处。

（二十）苏吉丹，"即阇婆之支国，而接新拖（Sunda），东连打板（Tuban）"。此国应在爪哇岛之中部，然亦有考证其为 Sukadana 之对音，而位置在渤泥岛北部或苏门答剌岛之东北者。属国中可考者曰打板（Tuban），曰戎牙路（Jangala），曰麻篱（Bali），曰底勿（Timor）。丹戎武啰亦作丹重布啰，乃梵语 Tonjongpura 之对

---

① 五日泛海至大食，应有脱文，否则此大食应指南海中之一大食。

音，爪哇人以名渤泥岛，然南海中以此为名者甚众，未能必其是也。属国中之芭离疑是麻篱之同名异译；孙他疑是新拖之同名异译；故论疑是昆仑之同名异译。

（二十一）新拖国似在爪哇西部。

（二十二）三佛齐，"间于真腊、阇婆之间，[1]管州十有五。在泉之正南，冬月顺风月余方至凌牙门（Liṅga）"。"蓬丰（Pahang）、登牙侬（Trenganu）、凌牙斯加（Laṅkāsuka）、吉兰丹（Kelantan）、佛罗安（Beranang）、日罗亭（Yirudiṅgan）、潜迈（Khmer ?）、拔沓（Battaks）、单马令（Tāmbraliṅga）、加罗希（Grahi）、巴林冯（Palembang）、新拖（Sunda），监篦（Kāmpar）、蓝无里（Lāmurī）、细兰（Ceylan）皆其属国也。"[2] "东接戎牙路"，"原注云或作重迦卢（Jangala）"。案戎牙路昔在爪哇东部，今苏儿把牙（Surabaya）区内。

（二十三）监篦国，"其国当路口，舶船多泊此，从三佛齐国风帆半月可到。旧属三佛齐，后因争战，遂自立为王。……五日水路到蓝无里国"。案此国即爪哇史书中之 Kāmpe，今之 Kāmpar。

（二十四）蓝无里国，"北风二十余日到南毗管下细兰国"。案此国昔在苏门答剌西北哑齐（Achin）岬附近，昔日海舶必经之要港也。大食人昔称苏门答剌全岛为 Al-Ramni，旧译蓝里或本于此。

（二十五）晏陀蛮国，"自蓝无里去细兰国，如风不顺，飘至一所地名晏陀蛮，海中有一大屿，内有两山，一大一小"。案Andaman 岛之名首见于此。

（二十六）细兰国，"自蓝无里风帆将至其国，必是电光闪烁，知是细兰也。……岁进贡于三佛齐"。案师子国之别名 Sīlan，旧译名似以此细兰为最古。附见之细轮叠山，亦锡兰山之别译，盖从大食语名 Sirandib 转出者也。[3]

第九章
元代之南海

　　元代海上交通频繁，盛时至置泉州、上海、澉浦、温州、广东、杭州、庆元市舶司七所以通诸番货易，[①]复用兵于安南、缅甸、占城、爪哇诸国，使臣往来不绝于道，皆非前代之所能及也。惟交通之事不尽经载籍著录，兹仅取其重大者述之：（一）杨庭璧之使马八儿、俱蓝等国；（二）史弼等之征爪哇；（三）周达观之随使招谕真腊；（四）汪大渊之附舶历游南海。

　　世祖至元间行中书省左丞唆都等奉玺书十通招谕诸蕃。未几占城（Campa）、马八儿（Ma'abar, Coromandel）国俱奉表称藩。余俱蓝（Kūlam, Quilon）诸国未下。行省议遣使十五人往谕之，帝曰：非唆都等所可专也，若无朕命不得擅遣使。十六年（一二七九）十二月，遣广东招讨司达鲁花赤杨庭璧招俱蓝；十七年（一二八〇）三月至其国，国主令其弟书回回字降表附庭璧以进，约来岁遣使入贡。十月授哈撒儿海牙俱蓝国宣慰使，偕庭璧再往招谕。十八年（一二八一）正月自泉州入海，行三月抵僧伽那山（Singhala, Ceylan），舟人以阻风乏粮，劝往马八儿国，或可假陆路以达俱蓝国，从之。四月至马八儿国新村马头登岸，其国宰相私言今算弹（Sultan）兄弟五人皆聚加一（Cail, Kayal）之

　　① 见《元史》卷九十四市舶门。

地，议与俱蓝交兵，及闻天使来，对众称本国贫陋，此是妄言：凡
回回国金珠宝贝尽出本国，其余回回尽来商贾；此间诸国皆有降
心，若马八儿既下，我使人持书招之，可使尽降。时哈撒儿海牙
与庭璧以阻风不至俱蓝，遂还；哈撒儿海牙入朝计事，期以十一
月俟北风再举。至期朝廷遣使，令庭璧独往，十九年（一二八二）
二月抵俱蓝国，国主及相迎拜玺书；三月遣其臣入贡；时也里可
温（ärkä'un）、兀咱儿撒里马及木速蛮（musulman）主马合麻等
亦在其国，闻诏使至，皆相率来告，愿纳岁币，遣使入觐；会苏木
达（Sūmūtra）国亦遣使因俱蓝主乞降，庭璧皆从其请。四月还至
那旺国（Nicobar？），庭璧复说下其主；至苏木都剌（Sūmūtra）
国，国主亦纳款，遣其臣入朝。二十年（一二八三）马八儿国遣使
入朝，五月将至上京，帝即遣使迓诸途。二十三年（一二八六）海
外诸蕃国以杨庭璧奉诏招谕，至是皆来降，诸国凡十，曰马八儿
（Ma'abar），曰须门那（Sūmanāt），曰僧急里（Cranganore），曰
南无力（Lāmurī），曰马兰丹，曰那旺（Nicobar？），曰丁呵儿
（Trenganu），曰来来（Laṭa, Lar），曰急兰亦𦨲（Kelantan？），
曰苏木都剌（Sūmūtra），遣使贡方物。[①]

　　元代用兵海外诸蕃，惟爪哇之役为大。初室利佛逝国势强时，
南海诸国多为属国，爪哇岛西部久在役属之列，岛中诸土酋多徙
处东部。九二五年前后，土酋名蒲辛多（Mpu Sindok）者，在今
Brantas 境内首建一重要王国，传至一〇三五年顷，后裔名爱儿棱
加（Airlaṅga）者在位时，分国二子：一曰戎牙路（Jaṅgala），
在今苏儿把牙（Surabaya）一带；一曰葛的里（Keḍiri），亦称答
哈（Daha）。十三世纪初年，有酋长名更安格罗（Ken Angrok）
者，夺据戎牙路国土，一二二二年时，又并葛的里国，建设杜马班
（Tumapel）王国。末王葛达那加剌（Kertanagara）时，驱室利佛
逝人于岛外，并占据苏门答剌岛。一二九二年，葛的里总督札牙迦
端（Jayakatwan）叛，杀杜马班王，元世祖适在斯时用兵爪哇。[②]

　　① 见《元史》卷二一〇马八儿等国传。
　　② 见 Grousset, Histoire de l'Extrême-Orient, t. I, pp. 158-159.

至元二十九年（一二九二）二月，世祖因爪哇黥诏使孟琪面，诏福建行省，除史弼、亦黑迷失、高兴平章政事，征爪哇，弼总军事，亦黑迷失总海道事，会福建、江西、湖广三行省兵凡二万，发舟千艘，给粮一年。十一月三省军会泉州，十二月自后渚启行，风急涛涌，舟掀簸，士卒皆数日不能食，过七洲洋、万里石塘，军次占城，先遣使谕降南巫里（Lāmurī）、速木都剌（Sūmūtra）、不鲁不都（Pulo Buton？）、八剌剌（Perlak）诸小国。明年（一二九三）正月至东董、西董山，牛崎屿，入混沌大洋，橄榄屿、假里马答（Karimata）、勾阑等山①驻兵，伐木造小舟以入。时爪哇国王葛达那加剌已为札牙迦端（《元史》作葛郎主哈只葛当）所杀，王婿罗登必阇耶（Raden Vijaya）（即《元史》之土罕必阇耶）攻札牙迦端不胜，退保麻喏八歇（Majapahit）。②史弼等进至杜并（Tuban）③分军下岸，水陆并进，弼率水军自杜并由戎牙路港口至八节涧（Pachekan？），高兴、亦黑迷失等率马步军自杜并陆行，遣军乘钻锋船由戎牙路子麻喏八歇浮梁前进赴八节涧。罗登必阇耶遣使以其国山川户口及地图迎降求救。三月一日会军八节涧，涧上接杜马班王府，下通莆奔大海，乃爪哇咽喉必争之地，分军镇之。大军方进，罗登必阇耶遣使来告，札牙迦端追杀至麻喏八歇，请官军救之。同月七日札牙迦端兵三路攻罗登必阇耶。八日黎明，亦黑迷失等迎敌于西南不遇；高兴等由东南路与敌战，杀数百人，余奔溃山谷；日中西南路敌又至，兴再战至晡，又败之。十五日分军为三道，伐葛的里，期十九日会答哈，听炮声接战。水军溯流而上，亦黑迷失等由西道，兴等由东道进，罗登必阇耶军继其后。十九日至答哈，国主以兵十余万交战，自卯至未，连三战，敌败奔溃，拥入河，死者数万人，杀五千余人；国主入内城拒守，官军围之，且招其降，是夕国主出降，抚谕令还。四月二日遣罗登必阇耶还其地，具入贡礼，以万户二人率兵二百护送。十九日罗登必阇耶背叛逃去，

① 此勾阑山疑是 Gelam 之对音。
② 此麻喏八歇在苏儿把牙之西南，葛的里之东北，后土罕必阇耶建国即以此地为国名，《瀛涯胜览》作满者伯夷。
③ 《元史·爪哇传》作杜并足，足字疑衍。

留军拒战，乘大军还，夹路攘夺。弼自断后，且战且行，行三百里，二十四日得登舟。舟行六十八日，夜达泉州，士卒死者三千余人，得札牙迦端妻子官属百余人，俘获金宝香布直五十余万，并南没理（Lāmurī）国所上金字表及金银犀象等物进献。[①]元军既还，罗登必阇耶建立麻喏八歇帝国，迄于十五世纪末年，斥地至于苏门答剌、马来半岛与马来群岛东部诸地。[②]

真腊即今之柬埔寨（Kamboja），古之扶南，元代似未入贡中国，中国曾屡遣使招谕其王归附。《元史》卷十六，至元十八年（一二八一）十月，诏谕干不昔国来归附；《元史》卷十七，至元二十九年（一二九二）七月，阿里（Ali）愿自修船同张存从征爪哇军，往诏占城、干不察；《元史》卷二一〇，至元十九年（一二八二）十二月，招真腊国使速鲁蛮（Sulayman）请往招谕占城。案干不昔、干不察并是 Kamboja 之同名异译，至元十八年（一二八一）之使臣疑即速鲁蛮，此招谕真腊事之见诸纪传者也。元贞元年（一二九五）六月，成宗又遣使招谕真腊，有周达观者从行，次年发明州，大德元年（一二九七）使还，达观记所闻见而成《真腊风土记》一书，《元史》未立真腊传，是年遣使事亦未见本纪著录，此记可补《元史》之佚阙也。全书凡四十则，兹仅录总叙于后。

"真腊国或称占腊，其国自称曰甘孛智（Kamboja），今圣朝按西番经，名其国曰澉浦只，盖亦甘孛智之近音也。自温州开洋，行丁未针，历闽广海外诸州港口，过七洲（Paracels）洋。经交阯（Tonkin）洋到占城；又自占城顺风可半月到真蒲，乃其境也。又自真蒲行坤申针，过昆仑（Pulo-Condor）洋，入港；港凡数十，惟第四港（Mytho）可入，其余悉以沙浅故不通巨舟，然而弥望皆修藤古木，黄沙白苇。仓卒未易辨认，故舟人以寻港为难事。自港口北行，顺水可半月，抵其地曰查南（Kampon Chnan），乃其属郡也。又自查南换小舟，顺水可十余日，过半路村佛村（Porsat）渡

---

① 参看《元史》卷一三一《亦黑迷失传》，又卷一六二《史弼高兴传》，卷二一〇《爪哇传》。

② 见本章注三引《远东史》第一册，一五九至一六〇页。

淡洋（Toulé-sap），可抵其地曰干傍（Kampon），取城五十里。按
《诸蕃志》称其地广七千里，其国北抵占城半月路，西南距暹罗半月
程，南距番禺^①十日程，其东则大海也，旧为通商来往之国。圣朝诞
膺天命，奄有四海，唆都元帅之置省占城也，尝遣一虎符百户，一
金牌千户，同到本国，竟为拘执不返。元贞之乙未（一二九五）六
月，圣天子遣使招谕，俾余从行。以次年丙申（一二九六）二月离
明州，二十日自温州港口开洋，三月十五日抵占城，中途逆风不利，
秋七月始至，遂得臣服。至大德丁酉（一二九七）六月回舟，八月
十二日抵四明泊岸。其风土国事之详，虽不能尽知，然其大略亦可
见矣。"^②

  元人南海行纪，今传世者仅有汪大渊《岛夷志略》一书。大渊
字焕章，南昌人，始末未详，据卷首至正己丑（一三四九）三山吴
鉴序，知其人在至正时常附海舶浮海，越数十国，纪所闻见而成
此书。此书久无刻本，今所见者有三本：一为《四库全书》所录
之天一阁本，一为丁氏善本书室本，一为知服斋丛书本，并错讹难
读。今人注释者有三家：一为沈曾植之《岛夷志略广注》，一为日本
人藤田丰八之《岛夷志略校注》，一为美国人 Rockhill 之译注（见
一九一四年《通报》），然皆不无疏舛。全书著录之岛夷凡九十九条，
兹仅著录南海中今地之可考者于后，其考证讹误者不录。

  三岛，即《诸蕃志》之三屿，在今菲律宾群岛中。

  麻逸，亦见《诸蕃志》，《文献通考》四裔考阇婆条作摩逸，乃
Mait 之对音，今 Mindoro 岛之故名也。

  龙涎屿，殆指今之 Bras 岛。

  交阯，今安南北圻及中圻北部。

  占城，今安南中圻及南圻地。

  民多朗，应是《岭外代答》之宾陁陵，在宾童龙附近。

  宾童龙，《岭外代答》作宾瞳胧，皆是 Pāṇḍuraṅga 之对音，今

---

  ① 番禺二字疑误，抑有脱文。
  ② 参看《史地丛考续编》，四八至一○四页，《真腊风土记笺注》；《西域南
海史地考证译丛续编》，一三三至一三九页，《真腊风土记补注》。

安南藩笼省地也。

真腊，今柬埔寨。

丹马令，即《诸蕃志》之单马令，即 Tāmbraliṅga 之对音，在马来半岛南部。

麻里噜，疑是《诸蕃志》之蒲里噜，或指吕宋本岛东岸之 Polillo，然未能必其是也。

彭坑，即《诸蕃志》之蓬丰。今马来半岛之 Pahang。

吉兰丹，并见《诸蕃志》，今马来半岛之 Kelantan。

丁家庐，《诸蕃志》作登牙侬，今马来半岛之 Trenganu。

罗斛，今暹罗南部之 Lophuri。

八节那间，应是《元史·爪哇传》之八节涧，那字疑衍。

三佛齐，应指 Jambi，在苏门答剌岛中。

渤泥，首见樊绰《蛮书》，《宋史》作勃泥，《诸蕃志》作渤泥，一作佛泥，今 Borneo。

暹，今暹罗北部。

爪哇，今爪哇岛，本条之门遮把逸，即《元史·爪哇传》之麻喏巴歇，《史弼传》之麻喏八歇，《瀛涯胜览》之满者伯夷，均 Majapahit 之同名异译。

重迦罗，《诸蕃志》并作戎牙路（Jaṅgala）。本条之杜瓶，《诸蕃志》作打板，《元史·爪哇传》作杜并足，今 Tuban。

文诞，疑是 Bandan 之对音，指今 Banda。

苏禄，指今 Sulu，苏禄译名首见此书。

龙牙犀角，《梁书》作狼牙修，《诸蕃志》作凌牙斯加，此外尚有其他译名，并是 Laṅkāsuka 之对音，在今马来半岛北部。

旧港，《诸蕃志》作巴林冯，今 Palembang。

班卒，《诸蕃志》作宾窣，皆 Pansūr 或 Fansūr 之译名，在今苏门答剌之 Barus。

假里马打，《元史·史弼传》作假里马答，今 Karimata。

文老古，明译作美洛居，今 Moluccas，此岛名首见于是书。

古里地闷，疑是吉里地闷之误，乃 Gili Timor 之对音，吉里犹言岛也。

龙牙门，《诸蕃志》作凌牙门（Liṅga），星加坡之旧海岬也。单马锡（Tumasik）即星加坡之旧称。

昆仑山，又名军屯山，即 Pulo Condore。

东西竺，即 Pulo Aor，此言竹岛。

急水湾，在哑齐（Acheh，Achin）附近。

淡洋，今 Tamyang，《元史》世祖至元三十一年本纪作毯洋。

须文答剌，《元史》作速木都剌（Sūmūṭra），今 Pase 河上之 Samudra 村。

僧加剌，《元史》作信合纳，皆 Singhala 之同名异译，今锡兰岛也。

勾栏山，《元史》作勾阑，今 Gelam。

班达里，《元史》卷九四市舶条禁海商以细货于马八儿（Ma'bar）、唄喃（Kūlam）、梵答剌亦纳（Fandaraina）三番国交易，此梵答剌亦纳与班达里皆同名异译，国在印度西岸。

喃哑哩，《诸蕃志》作蓝无里，《元史》作南巫里，皆 Lambri 或 Lāmurī 之对音。

北溜，即 Maldives 群岛，《瀛涯胜览》作溜山国。

下里，即 Hīlī，在今印度西岸之 Cannanore，其城今已无存。

高郎步，在小唄喃条中作高浪阜，均 Colombo 之对音。

大佛山，界于逻里（Galle）、高郎步（Colombo）之间，应是今之 Dondera Head。

须文那，《元史·马八儿传》作须门那，即 Sumānāt，今 Somnath。

小唄喃，即 Kūlam，今 Quilon。

古里佛，即《明史》之古里，今 Calicut。

朋加剌，即 Bangala（Bengal），《明史》作榜葛剌。

万年港，疑即渤泥（Borneo）岛中之 Brunei，《明史》作文莱。

马八儿，即 Ma'bar，今 Coromandel。

天堂，《西使记》作天房国，即默伽（Mekka）。

层摇罗，应从沈氏《广证》之说改作层拔罗，即《诸蕃志》之层拔国，今非洲沿岸之 Zangibar 也。

甘埋里，疑指印度南端之 Comari，梵文原作 Kumari。

罗婆斯，殆指今之翠蓝屿（Nicobar），大食人名此岛曰 Laṅgabālūs，藤田谓罗婆斯疑为婆罗斯（Bālūs）之倒误，亦足以备一说。

乌爹，殆为《西域记》之乌荼（Uḍra），今之 Orissa 也。

第十章

郑和之下西洋

今日南海以西之地，今名曰印度洋或南洋者，昔概称曰南海或西南海，惟于暹罗湾南之海特名曰涨海而已。[①] 至于明初则名之曰西洋，故《明史》卷三二三《婆罗传》云："婆罗（Borneo）又名文莱（Brunei），东洋尽处，西洋所自起也。"耶稣会士东来，又名欧罗巴洲或葡萄牙国为大西洋，印度或卧亚（Goa）曰小西洋。自古迄今，其名凡三变。明初洪武、永乐间奉使西洋之行人中官为数甚众，而其名最显者则为郑和，即俗传三宝太监或三保太监者是已。[②]

和姓马氏，世为云南昆阳州人，其先殆为元初从西域徙居云南者；永乐时赐姓郑，为内官监太监。[③] 成祖欲耀兵异域，示中国富强，命和及其侪王景弘等通使西洋，自永乐三年至宣德七年，和等先后七奉使，历南海及印度洋沿岸凡三十余国。随使者有会稽人马欢，太仓人费信，应天人巩珍。兹三人者，归志其事，各撰一书；巩珍《西洋番国志》已佚而不传，马欢《瀛涯胜览》，费信《星槎胜览》尚存。[④] 参以《明实录》，《明史》纪传，茅元仪《武备志》载下

① 此涨海译名并见大食、波斯人撰述中，大食人谓自波斯达中国逾海七，最东之海曰Čankhay，即涨海也。

② 参看《明史》真腊、暹罗、三佛齐、渤泥、满剌加、苏门答剌、西洋琐里、古里、柯枝、榜葛剌、拂菻等传。

③ 见《滇绎》卷三载李至刚撰马哈只墓志铭。

④ 此二书版本甚多，《瀛涯胜览》可参看拙撰《瀛涯胜览校注》本，《星槎胜览》可参看罗振玉影印天一阁藏旧钞本。

西洋地图，及其他明人所撰外纪类之撰述，足以考见郑和下西洋之盛事也。[1]

近人研究郑和下西洋事者，以伯希和之《郑和下西洋考》为最详，然于《明实录》[2]及新发现之碑文概未征引，故于郑和七次下西洋年月多仍《明史》纪传之误。今考钱毂《吴都文粹续集》第二十卷载《娄东刘家港天妃宫石刻通番事迹记》及长乐三峰塔寺石刻《天妃灵应记》，[3]乃知《实录》与《明史》皆不及碑文之详确。特重

---

[1]　关于资料方面者，可参考《小说月报》第二十卷第一号觉明（向达）撰《关于三宝太监下西洋的几种资料》；伯希和撰《郑和下西洋考》。

[2]　伯希和在一九三五年《通报》中撰有《补考》，曾将《明实录》略为征引，然尚未完备。

[3]　刘家港碑文系由郑君鹤声检出。拙译伯希和《郑和下西洋考》出版后，承陈几士先生寄赠南山寺碑拓本一纸，足以考见郑和七次下西洋年月，兹转录于下：

《天妃之神灵应记》（碑额为"天妃灵应之记"六字篆书）

皇明混一海宇，超三代而轶汉唐，际天极地，罔不臣妾。其西域之西，迤北之北，固远矣，而程途可计；若海外诸番，实为遐壤，皆捧琛执贽，重译来朝。皇上嘉其忠诚，命和等统率官校旗军数万人，乘巨舶百余艘，赍币往赉之，所以宣德化而柔远人也。自永乐三年，奉使西洋，迨今七次。所历番国：由占城国、爪哇国、三佛齐国、暹罗国，直逾南天竺锡兰山国、古里国、柯枝国，抵于西域忽鲁谟斯国、阿丹国、木骨都束国，大小共三十余国。涉沧溟十万余里，观夫海洋，洪涛接天，巨浪如山；视诸夷域，迥隔于烟霞缥缈之间，而我之云帆高张，昼夜星驰，涉彼狂澜，若履通衢者，诚荷朝廷威福之致，尤赖天妃之神护祐之德也。神之灵，固尝著于昔时，而盛显于当代；溟渤之间，或遇风涛，即有神灯烛于帆樯，灵光一临，则变险为夷，虽在颠连，亦保无虞。及临外邦，番王之不恭者，生擒之，蛮寇之侵掠者，剿灭之；由是海道清宁，番人仰赖，皆神之赐也。神之感应，未易殚举，昔尝奏请于朝，纪德太常，建宫于南京龙江之上，永传祀典。钦蒙御制纪文，以彰灵贶，褒美至矣。然神之灵，无往不在；若长乐南山之行宫，余由舟师累驻于斯，伺风开洋，乃于永乐十年奏建以为官军祈报之所，既严且整。右有南山塔寺，历岁久深，荒凉颓圮，每就修葺，数载之间，殿堂禅室，弘胜旧规。今年春，仍往诸番，舣舟兹港，复修佛宇神宫，益加华美；而又发心施财，鼎建三清宝殿一所于宫之左，雕妆圣像，粲然一新，钟鼓供仪，靡不具备。佥谓如是庶足以尽恭事天地神明之心，众愿如斯，咸乐趋事，殿庑宏丽，不日成之，画栋连云，如翚如翼。且有青松翠竹，掩映左右，神安人悦，诚胜境也。斯土斯民，岂不咸臻福利哉？人能竭忠以事君，则事无不立；尽诚以事神，则祷无不应。和等上荷圣君宠命之隆，下致远夷敬信之厚，统舟师之众，掌钱帛之多，夙夜拳拳，惟恐弗逮，敢不竭忠以国事，尽诚于神明乎？师旅之安宁，往回之康济者，乌可不知所自乎？是用著神之德于石，并记诸番往回之岁月，以贻永久焉。

一永乐三年，统领舟师至古里等国，时海寇陈祖义聚众三佛齐国，劫掠番商，亦来犯我舟师，即有神兵阴助，一鼓而殄灭之，至五年回。

一永乐五年，统领舟师，往爪哇、古里、柯枝、暹罗等国，王各（转下页）

为考订于下方。

郑和第一次奉使在永乐三年（一四〇五）六月己卯，业经《明史》本纪著录，核以祝允明《前闻记》于所载第七次下西洋年月，宝船自刘家河出发之时应在秋后，则《明史》所著录者乃奉诏年月，而非出发年月矣。《明史·郑和传》云：是年"六月命和及其侪王景弘等通使西洋。将士卒二万七千八百余人，多赍金币，造大舶，修四十四丈，广十八丈者六十二，自苏州刘家河泛海至福建。复自福建五虎门扬帆，首达占城，以次遍历诸番国，宣天子诏，因给赐其君长，不服则以武慑之。五年（一四〇七）九月和等还，诸国使者随和朝见；和献所俘旧港（Palembang）酋长，帝大悦，爵赏有差。旧港者，故三佛齐国也，其酋陈祖义剽掠商旅，和使使招谕，祖义诈降，而潜谋邀劫，和大败其众，禽祖义，献俘，戮于都市"。南山寺碑云："永乐三年统领舟师至古里（Calicut）等国，时海寇陈祖义聚众三佛齐国，劫掠番商，亦来犯我舟师，即有神兵阴助，一鼓而殄灭之；至五年回。"则知是役和在永乐三年奉使，永乐五年还京师，然《明史》及碑文均未明著还京月日。考《明实录》卷七一："永乐五年九月壬子，太监郑和使西洋诸国还，械至海贼陈祖义等。郑和至旧港遇祖义等，遣人招谕之，祖义诈降，而潜谋邀劫官军，

（接上页）以珍宝珍禽异兽贡献，至七年回。

　一永乐七年，统领舟师，往前各国，道经锡兰山国，其王亚烈苦奈儿负固不恭，谋害舟师，赖神显应知觉，遂生擒其王，至九年归献，寻蒙恩宥，俾归本国。

　一永乐十一年，统领舟师，往忽鲁谟斯等国，其苏门答剌国，有伪王苏斡剌寇侵本国，其王宰奴里阿比丁遣使赴阙陈诉。就率官兵剿捕，赖神默助，生擒伪王，至十三年归献。是年满剌加国王亲率妻子朝贡。

　一永乐十五年，统领舟师往西域，其忽鲁谟斯国，进狮子、金钱豹、大西马；阿丹国进麒麟，番名祖剌法，并长角马哈兽；木骨都剌东国进花福禄并狮子，卜剌哇国进千里骆驼并驼鸡；爪哇、古里国，进麋里羔兽。若乃藏山隐海之灵物，沉沙栖陆之伟宝，莫不争先呈献；或遣王男，或遣王叔王弟，赍捧金叶表文朝贡。

　一永乐十九年，统领舟师遣忽鲁谟斯等国使臣久侍京师者悉还本国，其各国王益修职贡，视前有加。

　一宣德六年，仍统舟师往诸番国，开读赏赐，驻泊兹港，等候朔风开洋。思昔数次，皆仗神明助佑之功，如是勒记于石。宣德六年岁次辛亥仲冬吉日正使太监郑和、王景弘，副使太监李兴、朱良、周满、洪保、杨真、张达、吴忠，都指挥朱真、王衡等立，正一住持杨一初稽首请立石。

和等觉之，整兵堤备。祖义率众来劫，和出兵与战，祖义大败。杀贼党五千余人，烧战船十艘，获其七艘，及伪铜印二颗，生擒祖义等三人。既至京师，并悉斩之。——苏门答剌、古里、满剌加、小葛兰（Quilon）、阿鲁（Aru）等国王遣使比者牙、满黑的等来朝贡方物。"又知郑和还京月日在永乐五年九月初二壬子，而其所历之地远至印度西岸。

郑和第二次奉使，《明史·郑和传》谓在永乐六年（一四〇八）九月，然据《明史》本纪云："永乐五年（一四〇七）九月癸亥（阴历十三日），郑和复使西洋。"又南山寺碑云："永乐五年，统领舟师，往爪哇、古里、柯枝、暹罗等国，王各以珍宝珍禽异兽贡献，至七年回。"碑载第二次奉诏之年与《明史》本纪合，则和于五年九月初二日还京，同月十三日复奉诏使西洋。《明实录》对于此次使西洋事虽无著录，然卷七一云："九月乙卯（初五日）命都指挥汪浩改造海运船二百四十九艘，备使西洋诸国"，足以间接证明第二次下西洋奉诏时在五年九月，而《明史·郑和传》文有脱漏也。

郑和第三次奉使，即《郑和传》之第二次奉使。传谓在永乐六年（一四〇八）九月。本纪云："永乐六年九月癸亥，郑和复使西洋。"《实录》卷八三云："九月癸酉，太监郑和赍敕使古里、满剌加、苏门答剌、阿鲁、加异勒（Kayal）、爪哇、暹罗、占城、柯枝、阿拨把丹、小柯兰（Quilon）、南巫里、甘巴里（Koyampadi？）诸国，赐其王锦绮纱罗。"南山寺碑云："永乐七年（一四〇九）统领舟师，往前各国，道经锡兰山国（Ceylan），其王亚烈苦奈儿（Alagakkonāra）负固不恭，谋害舟师；赖神显应知觉，遂生擒其王，至九年（一四一一）归献，寻蒙恩宥，俾归本国。"《明史》与《实录》干支微有不合，第三次奉诏使西洋事要在六年九月，复证以南山寺碑，知宝船出发时似在次年春季也。郑和是役还京年月，《明史》本纪及《明实录》并作永乐九年六月乙巳。《实录》卷一一六云："乙巳，内官郑和等使西洋诸番国还，献所俘锡兰山国王亚烈苦奈儿并其家属。和等初使诸番至锡兰山，亚烈苦奈儿侮慢不敬，欲害和，和觉而去。亚烈苦奈儿又不辑睦邻国，屡邀劫其往来使臣，诸番皆苦之。及和归，复经锡兰山；遂诱和至国中，令其子纳颜索金银宝物，不与，潜发番兵五万余劫和舟，而伐木拒绝，绝和归路，使不得相援。和等觉之，即拥众回船，路已阻绝。和语其下曰：贼大众既出，国中必虚，且谓我客军孤怯，不能有为，出其不意攻之，可以得志。乃潜令人由他道至船，俾官军尽死力拒之；而躬率所领兵二千余，由间道急攻土城破之，生擒亚烈苦奈儿并家属头目。番军复围城，交战数合，大败之，遂以归。群臣请诛之，上悯其愚无知，命姑释之，给与衣食；命礼部议择其属之贤者立为王，以承国祀。"考旧钞本《星槎胜览》卷首载费信随使年月，信此次曾在行中，据云："一于永乐七年（一四〇九）随正使太监郑和等往占城、爪哇、满剌加、苏门答剌、锡兰山、小唄喃、柯枝、古里等国开读赏赐，至永乐九年（一四一一）回京。"较之前引《实录》所列国名，少阿鲁、加异勒、暹罗、阿拨把丹、①南巫里、甘巴里六国。考《明史》暹罗、南巫里、加异勒、甘巴里等传皆著录有郑和是役使诸国之文，殆因费信著录之国名未全，抑苚此六国者为分艐欤？

　　郑和第四次奉使，《明史》本纪作永乐十年（一四一二）十一月丙辰，案是年十一月无丙辰，应是丙申之误。《明实录》卷一三四云："永乐十年十一月丙申，遣太监郑和等赍敕往赐满剌加、爪哇、占城、苏门答剌、阿鲁、柯枝、古里、南渤利（Lambri）、彭亨（Pahang）、急兰丹（Kelantan）、加异勒、忽鲁谟斯（Ormuz）、比剌（Brawa？）、溜山（Maldives）、孙剌（Sunda？）诸国王锦绮纱罗彩绢等物有差。"又卷一六六云："永乐十三年（一四一五）七月癸卯，郑和等奉使西洋诸番国还"，与《明史》本纪记录年月日合。南山寺碑云："一永乐十一年（一四一三）统领舟师，往忽鲁谟斯等国。其苏门答剌国，有伪王苏斡剌寇侵本国，其王宰奴里阿比丁遣使赴阙陈诉；就率官兵剿捕，赖神默助，生擒伪王，至十三

①　据《明史》卷三二六《甘巴里传》，甘巴里"邻境有阿拨把丹小阿兰二国"。小阿兰应是小柯兰之误，《实录》卷八三有此译名，即别译作小葛兰或小唄喃者是已，盖指今之 Quilon 也。甘巴里旧有作 Cambay 者，有作 Koyampadi（Coimbatore）者，其地要在印度境中，则阿拨把丹殆是 Jurfattan 对音传写之误。然伯希和不以此说为然，而以 Jurfattan 属《明史》卷三二六之沙里湾泥。

年归献。是年满剌加国王亲率妻子朝贡。"碑载之年乃出发年，故较《实录》晚一年。擒苏斡剌或苏斡剌事，《实录》卷一八六记载较详。据云："永乐十三年（一四一五）九月壬寅，苏门答剌国王宰奴里阿必丁遣王子剌查加那因等贡方物。太监郑和献所俘苏门答剌贼首苏斡剌等。初和奉使至苏门答剌赐其王宰奴里阿必丁彩帛等物。苏斡剌乃前伪王弟，方谋弑宰奴里阿必丁以夺其位；且怒使臣赐不及己，领兵数万，邀杀官军。和率众及其国兵与战，苏斡剌败走，追至南渤利国，并其妻子俘以归。至是献于行在，兵部尚书方宾言苏斡剌大逆不道，宜付法以正其罪；遂命刑部按法诛之。"马欢《瀛涯胜览》记载此事尤详，其文曰："其苏门答剌国王，先被那孤儿（Battak）花面王侵掠，战斗身中药箭而死。有一子幼小不能与父报仇。其王之妻与众誓曰：有能报夫死之仇，复全其地者，吾愿妻之，共主国事。言讫，本处有一渔翁，奋志而言，我能报之，遂领兵众当先杀败花面王复雪其仇。花面王被杀，其众退伏，不敢侵扰。王妻于是不负前盟，即与渔翁配合，称为老王，家室地赋之类，悉听老王裁制。永乐七年，效职进贡方物，而沐天恩。永乐十年，复至其国，其先王之子长成，阴与部领合谋弑义父渔翁，夺其位，管其国。渔翁有嫡子名苏斡剌，领众挈家逃去，邻山自立一寨，不时率众侵复父仇。永乐十三年，正使太监郑和等统领大艅宝船到彼，发兵擒获苏斡剌，赴阙明正其罪。其王子感荷圣恩，常贡方物于朝廷。"苏斡剌《实录》作前伪王弟，马欢作先王子，欢为身亲目击之人，应从其说作前王子。是役也，郑和等所历之地不仅远至忽鲁谟斯，且抵非洲东岸麻林（Melinde）、木骨都束（Mogedoxu）、不剌哇（Brawa）等国。[①]

[①]　永乐十三四年入贡诸国，据《实录》卷一六八云："九月庚申赐苏门答剌、古里、柯枝、麻林诸番国使臣宴。"又卷一六九云："十月癸未古里、柯枝、喃渤利、甘巴里、满剌加、麻林、忽鲁谟斯、苏门答剌诸番国使臣辞归，悉赐钞币及永乐通宝钱有差。"又卷一七〇云："十一月壬子麻林国及诸番国进麒麟、天马、神鹿等物。"又卷一八二云："永乐十四年十一月戊子古里、爪哇、满剌加、占城、苏门答剌、南巫里、沙里湾泥、彭亨、锡兰山、木骨都束、溜山、喃渤利（即南巫里之重见）、不剌哇、阿丹、麻林、剌撒、忽鲁谟斯、柯枝诸国及旧港宣慰司各遣使贡马及犀象方物。"

郑和第五次奉使年月，《明史·郑和传》云：永乐"十四年（一四一六）冬，满剌加、古里等十九国咸遣使朝贡，辞还；复命和等偕往赐其君长。十七年（一四一九）七月还"。本纪云：永乐"十四年十二月丁卯，郑和复使西洋"。"十七年秋七月庚申，郑和还"。《明实录》卷一八三并著录郑和传略而未详之十九国名："永乐十四年丁卯，古里、爪哇、满剌加、占城、锡兰山、木骨都束、溜山、喃渤利、不剌哇、阿丹、苏门答剌、麻林剌撒、忽鲁谟斯、柯枝、南巫里、沙里湾泥、彭亨诸国及旧港宣慰司使臣辞还，悉赐文绮袭衣。遣中官郑和等赍敕及锦绮纱罗彩绢等物偕往赐各国王。仍赐柯枝国王可亦里印诰，并封其国中之山为镇国山，上亲制碑文赐之。"《实录》所载国名喃渤利、南巫里一国重见，实得十八国也。南山寺碑云："一永乐十五年（一四一七），统领舟师往西域，其忽鲁谟斯国进狮子、金钱豹、大西马；阿丹国进麒麟，番名祖剌法，并长角马哈兽；木骨都束国进花福禄并狮子；卜剌哇国进千里骆驼并驼鸡；爪哇、古里国进縻里羔兽。若乃藏山隐海之灵物，沉沙栖陆之伟宝，莫不争先呈献，或遣王男，或遣王叔王弟，赍捧金叶表文朝贡。"碑载出发年较《明史》《实录》晚一年，与前例正同，盖史所录者奉敕年，而碑所记者出发年也。[①]

郑和第六次奉使往返年月，《明史》本纪云："永乐十九年（一四二一）春正月癸巳，郑和复使西洋，二十年（一四二二）八月郑和还。"[②]南山寺碑云："一永乐十九年，统领舟师遣忽鲁谟斯等国使臣久侍京师者悉还本国，其各国王益修职贡，视前有加。"碑载出发年月与史文合，则郑和此次奉命即出发，盖春季东北季候风将息，不容久待也。惟《读书敏求记》《西洋番国志》条下云："永乐十九年十月十六日，敕内官郑和、孔和卜花、唐观保：今遣内官洪保等，

---

① 《明实录》卷一九〇载有永乐十五年内官张谦使西洋还一事，其人殆未与郑和等偕行。其文曰："永乐十五年六月己亥遣人赍勒往金乡劳使西洋诸番内官张谦及指挥千百户旗军人等。初谦等奉命使西洋诸番，还至浙江金乡卫海上，猝遇倭寇，时官军在船者才百六十余人，贼可四千，鏖战二十余合，大败贼徒，杀死无算，余众遁去。上闻而嘉之，赐敕奖劳官军，升赏有差。"

② 余所录《明实录》止于永乐十五年，以后尚待检对。

送各番国使臣回还，合用赏赐，即照依坐去数目关给与之"，似郑和在十九年十月尚未出发。然此次郑和旅行，证以《明史·外国传》，曾远至非洲东岸，行程恐不只一年；疑郑和先于十九年春率大䑸宝船出发，洪保后于同年十月率分䑸继往。证以《瀛涯胜览》天方条载宣德五年事足以推测得之。其文曰："宣德五年（一四三〇），钦蒙圣朝差正使太监内官郑和等往各番国开读赏赐，分䑸到古里国时，内官太监洪见本国差人往彼，就选差通事等七人，赍带麝香磁器等物，附本国船只到彼，往回一年，买到各色奇货异宝麒麟狮子驼鸡等物，并画天堂图真本回京。"此太监洪某证以南山寺碑应是洪保，第七次所统者既是分䑸，想第六次亦然，未与郑和所统大䑸同行也。

郑和第七次旅行前尚有一役不见碑文及《明史》本纪记载，仅见《明史·郑和传》著录。其文曰："永乐二十二年（一四二四）正月，旧港酋长施济孙请袭宣慰使职，和赍敕印往赐之；比还，而成祖已晏驾，洪熙元年（一四二五）二月，仁宗命和以下番诸军守备南京，南京设守备，自和始也。"成祖晏驾，事在永乐二十二年七月辛卯，则和此行往返不过数月，殆以是役仅赴旧港，而非遍历诸番，碑文故不列于七次旅行之内欤。案《郑和传》"南京设守备自和始"一语，亦颇可疑；《明史》卷八仁宗本纪云："永乐二十二年九月戊子始设南京守备，以襄城伯李隆为之。"卷一四六《李濬传》云："濬卒，子隆嗣……成祖既迁都，以南京根本地，命隆留守，仁宗即位，命镇山海关，未几复守南京。"则始为南京守备者又为李隆，而非郑和，此事非检《实录》不能决也。

郑和第七次旅行，《明史》本纪佚载其事，惟《郑和传》云："宣德五年（一四三〇）六月，帝践阼岁久，而诸番国远者犹未朝贡；于是和、景弘复奉命历忽鲁谟斯等十七国而还。"南山寺碑云："一宣德六年（一四三一），仍统舟师往诸番国，开读赏赐；驻泊兹港，等候朔风开洋。"此次旅行，详细行程，备载祝允明《前闻记》中，[①]录志于下，兼可考见前此六次旅行之里程也。

"宣德五年（一四三〇）闰十二月六日龙湾开舡。十日到徐山打

---

① 《纪录汇编》本卷二〇二。

围，二十日出附子门。二十一日到刘家港。六年（一四三一）二月二十六日到长乐港。^①十一月十二日到福斗山。十二月九日出五虎门。行十六日，二十四日到占城。七年（一四三二）正月十一日开舡。行二十五日，二月六日到爪哇斯鲁马益。^②六月十六日开舡。行十一日，二十七日到旧港。七月一日开舡。行七日，八日到满剌加。八月八日开舡。行十日，十八日到苏门答剌。十月十日开舡。行二十六日，^③十一月六日到锡兰山别罗里。十日开舡。行九日，十八日到古里国。二十二日开舡。行三十五日，十二月二十五日到忽鲁谟斯。^④八年（一四三三）二月十八日开船回洋。行二十三日，三月十一日到古里。二十日大𬶨船回洋。行十七日，四月六日到苏门答剌。十二日开船。行九日，二十日到满剌加。五月十日回到昆仑洋。二十三日到赤坎。二十六日到占城。六月一日开舡。行二日，三日到外罗山。九日见南澳山。十日晚望见望郎回山。六月^⑤十四日到崎头洋。十五日到碗碟屿。二十日过大小赤。二十一日进太仓。七月六日到京。十一日关赐奖衣宝钞。"

右录第七次之行程，除吉里、忽鲁谟斯一段外，皆为"大𬶨宝船"之行程：由龙湾至长乐港，由长乐港至占城，由占城到爪哇之苏儿把牙，由苏儿把牙到苏门答剌之旧港或渤淋邦，由旧港到满剌加，由满剌加到苏门答剌西北角之哑齐，由哑齐到锡兰，由锡兰到古里；归程由古里历经哑齐、满剌加、占城等地径航太仓。然于"分𬶨"所至之国未能遍举，今考分𬶨出发之地大致有五：

（一）为昔日占城之新州，今日安南之归仁。其航线大致有三：一为赴渤泥岛文莱（Brunei）之航线；一为赴暹罗之航线；一为赴

---

① 郑和每次似须停泊长乐。乾隆《长乐县志》卷十《祥异志》载："永乐十年壬辰三宝太监驻军十洋街，人物蓁集如市。"又卷四《祀典志》载："南山三峰塔寺，明永乐十一年太监郑和同僧重修。"虽均涉及第四次旅行事，要可推想其余五次亦曾停舟长乐也。

② 《瀛涯胜览》爪哇条云："苏鲁马益番名苏儿把牙。"即此斯鲁马益，皆Surabaya之对音。

③ 原误三十六日，兹改正。

④ 原误鲁乙忽谟斯，兹改正。

⑤ 六月二字应衍。

爪哇岛苏儿把牙之航线。后一线应经过假里马打（Karimata）、麻叶甕（Billiton）两岛之间。大艐宝船所循者，盖为此第三线，自是由苏儿把牙历旧港、满剌加哑鲁而至苏门答剌岛西北之苏门答剌港。

（二）为苏门答剌港，今 Pase 河上之 Samudra 村也。其航线有二：一为赴榜葛剌之航线；一为赴锡兰之航线。兹二航线虽在哑齐分道，似皆经过喃渤利（Lambri）、翠蓝屿（Nicobar）两地，然后分途航行。大艐宝船所循者，乃后一航线也。

（三）为锡兰岛之别罗里，此地虽不能必为今之何地，要在今之高郎步（Colombo）附近。其航线亦有二：一为西赴溜山（Maldives）群岛之航线；一为西北赴小葛兰（Quilon）之航线，亦即大艐宝船之航线。《明史》言锡兰可通非洲东岸之不剌哇（Brawa），殆为溜山一线之延长线也。

（四）为小葛兰。其航线亦有二：一为径航非洲东岸木骨都束（Mogedoxu）之线；一为北赴柯枝（Cochin）之线，大艐宝船即遵此线经过柯枝而至古里（Calicut），当时宝船似未北行至阿剌壁人之沙里八丹（Zurfattan, Cannanore）及狼奴儿（Honore）二国。

（五）为古里。其航线亦有二：一为西北赴波斯湾口忽鲁谟斯岛之航线；一为赴阿剌壁南岸祖法儿（Zufar）（或应加入今地未详之剌撒，盖《武备志》地图位置此地于阿剌壁半岛）、阿丹（Aden）等国之航线。当时宝船虽未径航默伽，所遣通事七人附载之古里船，应亦循此线西北行而抵秩达（Jidda）也。

下　编

第一章
扶 南 传

扶南一名，首见《三国志·吕岱传》，《晋书》始有传。①《晋书》
卷九十七《扶南传》云：

> 扶南西去林邑（Campa）三千余里，在海大湾中，其境广袤三千
> 里，有城邑宫室。人皆丑黑，拳发保身，跣行，性质直，不为寇
> 盗，以耕种为务，一岁种，三岁获。又好雕文刻缕，食器多以银为
> 之，贡赋以金银珠香。亦有书记府库，文字有类于胡，丧葬婚姻略
> 同林邑。其王本是女子，字叶柳，②时有外国人混溃③者，先事神，梦
> 神赐之弓，又教载舶入海，混溃旦诣神祠，得弓，遂随贾人泛海至
> 扶南外邑。叶柳率众御之，混溃举弓，叶柳惧，遂降之，于是混溃
> 纳以为妻，而据其国。后胤衰微，子孙不绍，其将范寻复世王扶南
> 矣。武帝泰始（二六五至二七四）初，遣使贡献。太康（二八〇至
> 二八九）中又频来。穆帝升平（三五七至三六一）初，复有竺旃檀
> （Candra，Candana）称王，遣使贡驯象，帝以殊方异兽，恐为人患，
> 诏还之。

卷五十七《陶璜传》云：

---

① 见《史地丛考续编》，一至四七页伯希和撰《扶南考》。
② 后引诸文皆作柳叶。
③ 后引诸文皆作混填。

吴既平晋，减州郡兵，璜上言曰：交土荒裔，斗绝一方，或重译而言，连带山海，又南郡去州，海行千有余里，外距林邑，才七百里。夷帅范熊，世为逋寇，自称为王，数攻百姓，且连接扶南，种类猥多，朋党相倚，负险不宾，往隶吴时，数作寇逆，次破郡县，杀害吏。臣以尫驽，昔为故国所采，偏戍在南，十有余年，虽前后征讨，剪其魁杰，深山僻穴，尚有逋窜。又臣所统之卒，本七千余人，南土混湿，多有气毒，加累年征讨，死亡减耗，其见在者二千四百二十人。今四海混同，无思不服，当卷甲消刃，礼乐是务，而此州之人，识义者寡，厌其安乐，好为祸乱。

《南齐书》卷五十八《扶南传》云：

扶南国在日南之南，大海西蛮中，广袤三千余里，有大江水西流入海。① 其先有女人为王，名柳叶。又有激国人混填，梦神赐弓二张，教乘舶入海。混填晨起，于神庙树下得弓，即乘舶向扶南。柳叶见舶，率众欲御之，混填举弓遥射，贯船一面，通中人，柳叶怖遂降，混填娶以为妻。恶其裸露形体，乃叠布贯其首。遂治其国，子孙相传，至王槃况死，国人立其大将范师蔓。蔓病，姊子旃篡立，杀蔓子金生。十余年蔓少子长，袭杀旃，以刃镵旃腹曰：汝昔杀我兄，今为父兄报汝。旃大将范寻又杀长，国人立以为王，是吴晋时也。晋宋世通职贡，宋末扶南王姓憍陈如（Kauṇḍinya），名阇耶跋摩（Jayavarman），遣商货至广州；天竺道人那伽仙（Nagasena）附载欲归国，遭风至林邑，掠其财物皆尽；那伽仙间道得达扶南，具说中国有圣主受命。永明二年（四八四）阇耶跋摩遣天竺道人释那伽仙上表，称扶南国王臣憍陈如阇耶跋摩叩头启曰：天化抚育，感动灵祇，四气调适，伏愿圣主尊体起居康御，皇太子万福，六宫清休，诸王妃主内外朝臣普同和睦，邻境士庶，万国归心，五谷丰熟，灾害不生，土清民泰，一切安稳。臣及人民国土丰乐，四气调和，道俗济济，并蒙陛下光化所被，咸荷安泰。又曰：臣前遣使赍杂物行广州货易，天竺道人释那伽仙于广州，因附臣舶，欲来扶南，海中风漂到林邑，国王夺臣货易，并那伽仙私财。具陈其从中国来

---

① 应从《梁书》作西北流东入于海，上文西蛮疑是西湾之误。

此，仰序陛下圣德仁治，详议风化，佛法兴显，众僧殷集，法事日盛，王威严整，朝望国轨，慈愍苍生，八方六合，莫不归伏。如听其所说，则化邻诸天，非可为喻。臣闻之下情踊悦，若暂奉见尊足，仰慕慈恩，泽流小国，天垂所感，率土之民，并得皆蒙恩佑。是以臣今遣此道人释那伽仙为使上表，问讯奉贡，微献呈臣等赤心，并别陈下情。但所献轻陋，愧惧惟深，伏愿天慈曲照，鉴其丹款，赐不垂责。又曰：臣有奴名鸠酬罗，委臣逃走，别在余处，构结凶逆，遂破林邑，仍自立为王，永不恭从，违恩负义，叛主之愆，天不容载。伏寻林邑，昔为檀和之所破，久已归化，天威所被，四海弥伏，而今鸠酬罗守执奴凶，自专狼强。且林邑、扶南邻界相接，亲人是臣奴，独尚逆去，朝廷遥远，岂复遵举。此国属陛下，故谨具上启。伏闻林邑顿年表献简绝，便欲永隔朝廷，岂有师子坐而安大鼠，伏愿遣军将伐凶逆，臣亦自效微诚，助朝廷剪扑，使边海诸国一时归伏陛下。若欲别立余人为彼王者，伏听敕旨，脱未欲灼然兴兵伐林邑者，伏愿特赐敕在所随宜以少军助臣，乘天之威，殄灭小贼，伐恶从善。平荡之日，上表献金五婆罗（bhara）。①今经此使，送臣丹诚，表所陈启，不尽下情。谨附那伽仙并其伴口具启闻，伏愿愍所启。并献金缕龙王坐像一躯，白檀像一躯，牙塔二躯，古贝（Karpasa）二双，琉璃（vaiḍurya）苏钲二口，玳瑁槟榔柈一枚。那伽仙诣京师，言其国俗事摩醯首罗（Maheśvara）天神，神常降于摩耽山。土气恒暖，草木不落其上。书曰：吉祥利世间，感摄于群生，所以其然者，天感化缘明，仙山名摩耽，吉树敷嘉荣，摩醯首罗天，依此降尊灵，国土悉蒙祐，人民皆安宁，由斯恩被故，是以臣归情，菩萨行忍慈，本迹起凡基，一发菩提心，二乘非所期，历生积功业，六度行大悲，勇猛超劫数，财命舍无遗，生死不为厌，六道化有缘，具修于十地，遗果度人天，功业既已定，行满登正觉，万善智圆备，惠日照尘俗，众生感缘应，随机授法药，佛法遍十方，无不蒙济擢，皇帝圣弘道，兴隆于三宝，垂心览万机，威恩振八表，国土及城邑，仁风化清皎，亦如释提洹，众天中最超，陛下临万民，四海共归心，圣慈流无疆，被臣小国深。诏报曰：具摩醯降灵，流施彼土，虽殊俗异化，遥深欣赞。知鸠酬罗于彼背叛，窃据林邑，聚凶肆掠，殊宜翦讨，彼虽介遐陬，旧修蕃贡，自宋季多难，海译致壅，皇化惟

①　每婆罗合五百六十斤。

新，习迷未革，朕方以文德来远人，未欲便兴干戈。王既款列忠到，远请军威，今诏交部，随宜应接，伐叛柔服，实惟国典，勉立殊效，以副所期。那伽仙屡衔边译，颇悉中土辟狭，今其具宣。上报以绛紫地黄碧缘绫绫各五匹。扶南人黠惠知巧，攻略傍邑不宾之民为奴婢，货易金银彩帛。大家男子截锦为横幅，女为贯头，贫者以布自蔽，锻金镮镖银食器，伐木起屋，国王居重阁，以木栅为城。海边生大箬叶，长八九尺，编其叶以覆屋。人民亦为阁居，为船八九丈，广裁六七尺，头尾似鱼。国王行乘象，妇人亦能乘象，斗鸡及猁为乐。无牢狱，有讼者，则以金指镮若鸡子，投沸汤中，令探之；又烧锁令赤，著手上，捧行七步，有罪者，手皆焦烂，无罪者不伤；又令没水，直者入即不沉，不直者即沉也。有甘蔗，诸蔗，安石榴及橘，多槟榔，鸟兽如中国，人性善不便战，常为林邑所侵袭，不得与交州通，故其使罕至。

《梁书》卷五十四《扶南传》云：

扶南国在日南郡之南，海西大湾中，去日南可七千里，在林邑西南三千余里，城去海五百里，有大江广十里，西北流东入于海。其国轮广三千余里，土地洿下而平博，气候风俗大较与林邑同。出金银铜锡沉木香象牙孔翠五色鹦鹉。其南界三千余里有顿逊国，[①]在海崎上，地方千里，城去海十里，有五王，并羁属扶南。顿逊之东界通交州，其西界接天竺、安息徼外诸国，往还交市。所以然者，顿逊回入海中千余里，涨海无崖岸，船舶未曾得经过也。其市东西交会，日有万余人，珍物宝货，无所不有。又有酒树，似安石榴，采其花汁，停瓮中数日成酒。顿逊之外大海洲中，又有毗骞国，[②]去扶南八千里。传其王身长丈二，头长三尺，自古来不死，莫知其年。王神圣，国中人善恶及将来事，王皆知之，是知无敢欺者，南方号曰长颈王。国俗有室屋衣服，啖粳米。其人言语小异扶南。有山出金，金露生石上，无所限也。国法刑罪人，并于王前啖其肉。国内不受估客，有往者亦杀而啖之，是以商旅不敢至。王常楼居，不血食，不事鬼神，其子孙生死如常人，唯王不死。扶南王

---

① 案 Schlegel 以为即 Tenasserim。

② 案此国似在 Iraouaddy 江及印度洋沿岸。

数遣使与书相报答，常遗扶南王纯金五十人食器，形如圆盘，又如尾坻，名为多罗，受五升，又如碗者，受一升。王亦能作天竺书，书可三千言，说其宿命所由，与佛经相似，并论善事。又传扶南东界即大涨海，海中有火洲，洲上有诸薄国，国东有马五洲。复东行涨海千余里，至自然火洲，其上有树生火中，洲近人剥取其皮，纺绩作布，极得数尺，以为手巾，与焦麻无异，而色微青黑，若小垢污则投火中，复更精洁，或作灯炷，用之不知尽。扶南国俗本裸体，身被发，不制衣裳。以女人为王，号曰柳叶，年少壮健，有似男子。其南曰徼国，有事神鬼者字混填，梦神赐之弓，乘贾人舶入海。混填晨起，即诣庙，于神树下得弓，便依梦乘船入海，遂入扶南外邑。柳叶人众见舶至，欲取之，混填即张弓射其舶，穿度一面，矢及侍者。柳叶大惧，举众降混填。混填乃教柳叶穿布贯头，形不复露。遂治其国，纳柳叶为妻，生子分王七邑。其后王混盘况，以诈力间诸邑，令相疑阻，因举兵攻并之，乃遣子孙中分治诸邑，号曰小王。盘况年九十余乃死，立中子盘盘，以国事委其大将范蔓。盘盘立三年死，国人共举蔓为王。蔓勇健有权略，复以兵威攻伐傍国，咸服属之，自号扶南大王。乃治作大船，穷涨海，攻屈都昆、[①]九稚、[②]典孙[③]等十余国，开地五六千里。次当伐金邻国，[④]蔓遇疾，遣

① 案此名他处未见，仅见有屈都乾、都昆、都军等名。屈都乾，《齐书》卷九七《林邑传》著录，并见《太平御览》卷七九〇，《水经注》卷三六引《林邑记》，于屈都乾外，并有屈都之省称。此处之屈都昆，应即屈都。考《通典》卷一八八，及《太平御览》卷八八八，著录有边斗一云班斗国，都昆一云都军国，拘利一名九离国，比嵩国等四国，"并隋时闻焉，扶南度金邻大湾，南行三千里有此四国"。顾《梁书》屈都昆之后，国名九稚，九稚应为九离之讹，以此证之，屈都昆必为都昆，此国应在马来半岛。

② 案九稚似为《太平御览》卷七九〇之句稚国，《南州异物志》曰：句稚去与游八百里。又曰：歌营国在句稚南，观前注拘利、九离等名，殆由离字讹为稚字也。

③ 案即顿逊。

④ 案此金邻一名常见中国载籍著录，《太平御览》卷七九〇引《异物志》曰：金邻一名金陈，去扶南可二千余里，地出银，人民多好猎，大象生则乘骑，死则取其牙齿。又引《外国传》曰：从扶南西去金陈二千余里，到金陈。《水经注》卷一引竺芝《扶南记》，谓林阳国陆地距金邻国二千里。《太平御览》卷七八七引康泰《扶南土俗》曰：扶南之西南有林阳国，去扶南七千里，土地奉佛，有数千沙门。又引《南州异物志》曰：林阳在扶南西七千余里。《水经注》卷三六引竺芝《扶南记》曰："晋功臣表所谓金濑清径，象渚澄源。"《康熙字典》谓金濑为交趾地名，然此金濑即为金邻也。义净《南海寄归内法传》亦有此金邻国名。十八世纪日本僧人迦叶注解，谓即同传数见之金洲，则为梵文之 Suvarnadvipa，今之 Sūmātra 矣。

太子金生代行。蔓姊子旃时为二千人将，因篡蔓自立，遣人诈金生而杀之。蔓死时有乳下儿名长，在民间，至年二十，乃结国中壮士袭杀旃。旃大将范寻又杀长而自立。更缮治国内，起观阁游戏之。朝旦中晡三四见客。民人以焦蔗龟鸟为礼。国法无牢狱，有罪者先斋戒三日，乃烧斧极赤，令讼者捧行七步。又以金镮鸡卵投沸汤中，令探取之，若无实者，手即焦烂，有理者则不；又于城沟中养鳄鱼，门外圈猛兽，有罪者辄以喂猛兽及鳄鱼，鱼兽不食为无罪，三日乃放。鳄大者长二丈余，状如鼍，有四足，喙长六七尺，两边有齿，利如刀剑，常食鱼，遇得獐鹿及人亦啖，自苍梧以南及外国皆有之。吴时（二二二至二八〇）遣中郎康泰，宣化从事朱应使于寻国，国人犹裸，唯妇人著贯头。泰、应谓曰：国中实佳，但人亵露可怪耳。寻始令国内男子着横幅，今干缦也，[①]大家乃截锦为之，贫者乃用布。晋武帝太康中（二八〇至二八九）寻遣使贡献，穆帝升平元年（三五七），王竺旃檀奉表献驯象。诏曰：此物劳费不少，驻令勿送。其后王憍陈如（Kauṇḍinya），本天竺婆罗门也，有神语曰，应王扶南，憍陈如心悦，南至盘盘，[②]扶南人闻之，举国欣戴，迎而立焉。复改制度，用天竺法。憍陈如死，后王恃梨陁跋摩宋文帝世（四二四至四五三）奉表献方物。齐永明中（四八三至四九三）王阇邪跋摩（Jayavarman）遣使贡献。天监二年（五〇三）跋摩复遣使送珊瑚像并献方物。诏曰：扶南王憍陈如、阇耶跋摩，介居海表，世纂南服，厥诚远著，重译献琛，宜蒙酬纳，班以荣号，可安南将军扶南王。今其国人皆丑黑拳发，所居不穿井，数十家共一池引汲之。俗事天神，天神以铜为像，二面者四手，四面者八手，手各有所持，或小儿，或鸟兽，或日月。其王出入乘象，嫔侍亦然。王坐则偏踞翘膝，垂左膝至地，以白叠敷前，设金盆香炉于其上。国俗居丧则剃除须发，死者有四葬：水葬则投之江流；火葬则焚为灰烬；土葬则瘗埋之；鸟葬则弃之中野。人性贪吝，无礼义，男女恣其奔随。十年（五一一）、十三年（五一四）跋摩累遣使贡献。其年死，庶子留陁跋摩（Rudravarman）杀其嫡弟自立。十六年（五一七）遣使竺当抱老奉表贡献。十八年（五一九）复遣使送天竺旃檀瑞像婆罗（Śāla）树叶，并献火齐珠郁金（curcuma）、苏合（storax）

---

① 案即马来语之 Sarong，柬埔寨语之 Sampot。
② 此国元嘉中（四二四至四五三）初有贡使，其地未详。

078

等香。普通元年（五二〇）、中大通二年（五三〇）、大同元年（五三五）遣使献方物。五年（五三九）遣使献生犀。又言其国有佛发，长一丈二尺，诏遣沙门释云宝迎之。①

同卷《天竺传》云：

汉和帝时（八九至一〇五）天竺数遣使贡献，后西域反叛遂绝。至桓帝延熹二年（一五九）、四年（一六一）频从日南徼外来献。魏晋世绝不复通。唯吴时（二二二至二八〇）扶南王范旃遣亲人苏物使其国，从扶南发投拘利（Takkola？）口，循海大湾中，正西北入，历湾边数国，可一年余到天竺江口，逆水行七千里乃至焉。天竺王惊曰：海滨极远，犹有此人，即呼令观视国内，仍差陈、宋等二人以月支马四匹报旃，遗物等还，积四年方至。其时吴遣中郎康泰使扶南，及见陈、宋等，具问天竺土俗云云。

《新唐书》卷二二二下《扶南传》曰：

扶南在日南之南七千里，地卑洼，与环王②同俗，有城郭宫室。王姓古龙，居重观栅城，楮叶以覆屋。王出乘象。其人黑身鬈发裸行，俗不为寇盗。田一岁种，三岁获。国出刚金，状类紫石英，生水底石上，人没水取之，可以刻玉，扣以羖角乃泮，人喜斗鸡及猪，以金、珠、香为税。治特牧城。俄为真腊所并，益南徙那弗那城。武德（六一八至六二六）、贞观（六二七至六四九）时再入朝，又献白头人二。白头者，直扶南西，人皆素首，肤理如脂，居山穴，四面峭绝，人莫得至，与参半国接。

---

① 下文言阿育王寺塔事，兹略。
② 即昔之林邑，后之占城。

第二章
真腊传

　　真腊国名，始见《隋书》，先为扶南属国，后并扶南东部而有之，即后之柬埔寨（Kamboja）也。[①]《隋书》卷八十二《真腊传》云：

　　　　真腊国在林邑西南，本扶南之属国也，去日南郡舟行六十日，而南接车渠国，西有朱江国。其王姓刹利（Ksatriya）氏，名质多斯那（Citrasēna）。自其祖渐已强盛，至质多斯那遂兼扶南而有之。死，子伊奢那先（Icanasēna）代立，居伊奢那城（Icanasēna）。[②]郭下二万余家，城中有一大堂，是王听政之所。总大城三十城有数千家，各有部帅，官名与林邑（Campa）同。其王三日一听朝，坐五香七宝床，上施宝帐。其帐以文木为竿，象牙金钿为壁，状如小屋，悬金光焰，有同于赤土。前有金香炉，二人侍侧，王着朝霞古贝，瞒络腰腹，下垂至胫；头戴金宝花冠，被真珠璎珞；足履革屣，耳悬金珰；常服白叠，以象牙为屐，若露发则不加璎珞。臣人服

　　①　参看《史地丛书续编》，伯希和撰《真腊风土记笺注》；《西域南海史地考证译丛续编》，戈岱司撰《真腊风土记补注》。
　　②　考吉蔑（Khmèr）碑文，真腊之胜扶南盖在五五〇年前后，波婆拔摩一世（Bhavavarman I）在位时，指挥战役者，似为王弟质多斯那（Citrasena Mahendravarman）（据六〇四年碑）。继质多斯那而为王者名伊奢拔摩（Icanavarman），应是《隋书》之伊奢那先。伊奢拔摩在位时建都城名 Vyādhapura，殆即《隋书》之伊奢那城（见六一六年、六二六年诸碑）。——参看《河内远东法国学校校刊》一九一八年刊第九份 Coedés 撰《真腊古城考》。

制，大抵相类。有五大臣：一曰孤落支，二曰高相凭，三曰婆何多陵，四曰舍摩陵，五曰髯多娄。及诸小臣朝于王者，辄以阶下三稽首；王唤上阶，则跪，以两手抱膊，绕王环坐，议政事讫，跪伏而去。阶庭门阁侍卫有千余人被甲持仗。其国与参半、朱江二国和亲，数与林邑、陀桓二国战争。其人行止皆持甲仗，若有征伐，因而用之。其俗非王正妻子不得为嗣，王初立之日，所有兄弟并刑残之，或去一指，或劓其鼻，别处供给，不得仕进。人形小而色黑，妇人亦有白者，悉拳发垂耳，性气捷劲。居处器物，颇类赤土。以右手为净，左手为秽。每旦澡洗，以杨枝净齿。读诵经咒，又澡洒乃食，食罢还用杨枝净齿，又读经咒。饮食多苏酪、沙糖、粳粟、米饼，欲食之时，先取杂肉羹，与饼相合，手擩而食。娶妻者唯送衣一具，择日遣媒人迎妇，男女二家，各八日不出，昼夜燃灯不息，男婚礼毕，即与父母分财别居。父母死，小儿未婚者，以余财与之，若婚毕财物入官。其丧葬儿女皆七日不食，剔发而哭，僧尼道士亲故皆来聚会，音乐送之，以五香木烧尸，收灰以金银瓶盛送于大水之内，贫者或用瓦，而以彩色画，亦有不焚，送尸山中任野兽食者。其国北多山阜，南有水泽，地气尤热，无霜雪，饶瘴疠毒蠚。土宜粱稻，少黍粟，果菜与日南、九真相类。异者有婆那娑树，无花叶，似柿实，似冬瓜；庵罗树花叶似枣实似李；毗野树花似木瓜，叶似杏，实似楮；婆田罗树花叶实并似枣而小异；歌毕佗树花似林檎，叶似榆而厚大，实似李其大如升；自余多同九真。海中有鱼名建同，四足无鳞，其鼻如象，吸水上喷，高五六十尺；有浮胡鱼，其形似鲋，嘴如鹦鹉，有八足多大。鱼半身出永，望之如山，每五六月中毒气流行，即以白猪、白牛、白羊于城西门外祠之，不然者五谷不登，六畜多死，人众疾疫。近都有陵伽钵婆（Liṅgaparvata）山，上有神祠，每以兵二千人守卫之。城东有神名婆多利，祭用人肉，其王年别杀人，以夜祀祷，亦有守卫者千人，其敬鬼如此。多奉佛法，尤信道士，佛及道士并立像于馆。大业十二年（六一六）遣使贡献，帝礼之甚厚，其后亦绝。

《旧唐书》卷一百九十七《真腊传》云：

真腊国在林邑西北，本扶南之属国昆仑之类。在京师南二万七百里，北至爱州六十日行。其王姓刹利氏，有大城三十余所，王都伊奢那城。风俗被服，与林邑同。地饶瘴疠毒，海中大鱼有时半出，望之如山，每五六月中毒气流行，即以牛豕祠中，不者则五谷不登。其俗东向开户，以东为上。有战象五千头，尤好者饲以饭肉，与邻国战则象队在前，于背上以木作楼，上有四人，皆持弓箭。国尚佛道及天神，天神为大，佛道次之。武德六年（六二三）遣使贡方物。贞观二年（六二八）又与林邑国俱来朝献，太宗嘉其陆海疲劳，赐赍甚厚。[①]南方人谓真腊国为吉蔑国，自神龙（七〇五至七〇六）已后，真腊分为二半，以南近海，多陂泽处谓之水真腊；半以北多山阜谓之陆真腊，亦谓之文单国。高宗（六五〇至六八三）、则天（六九〇至七〇四）、玄宗（七一三至七五五）朝并遣使朝贡。水真腊国其境东西南北约员八百里，东至奔陀浪州，西至堕罗钵底国，南至小海，北接陆真腊，其王所居城号婆罗提拔。国之东界有小城皆谓之国，其国多众。元和八年（八一三）遣李摩那等来朝。[②]

《新唐书》卷二二二下《真腊传》云：

真腊一曰吉蔑（Khmèr），本扶南属国。去京师二万七百里，东距车渠，西属骠，南濒海，北与道明接，东北抵驩州。其王刹利伊舍那，贞观（六二七至六四九）初并扶南，有其地。户皆东向，坐上东。客至屑槟榔、龙脑、香蛤以进。不饮酒，比之淫，与妻饮房中避尊属。有战象五千，良者饲以肉。世与参半、骠通好，与环王乾陀洹数相攻。自武德（六一八至六二六）至圣历（六九八至六九九）凡四来朝。神龙（七〇五至七〇六）后分为二半，北多山阜，号陆真腊半；南际海，饶陂泽，号水真腊半。水真腊地八百

[①] 据六六四年、六六七年碑文，国王阇耶拔摩一世（Jayavarman I）亦曾入贡于唐。——参看同一校刊一九二五年刊第二第三份 Coedès 撰《七世纪时柬埔寨之拓地西南》。

[②] 真腊分为二国时在六六〇年前后。水真腊据扶南旧境，今安南南圻之地，以 Vyādhapura 为都城，殆即《隋书》之婆罗提拔。陆真腊据真腊旧境，今柬埔寨、老挝之地，都城在老挝 Tha-kēk 地方附近。——参看同一校刊一九一八年刊 H. Maspero 撰《八世纪至十四世纪安南柬埔寨国境考》。——八〇二年二国复合为一，时君临此国者名阇耶拔摩二世（Jayavarman II Parameçvara，802–869），似为室利佛逝国所拥立。

里。王居婆罗提拔城。陆真腊或曰文单，曰婆镂，地七百里，王号笪屈。开元（七一三至七四一）、天宝（七四二至七五五）时，王子率其属二十六来朝，拜果毅都尉。大历（七六六至七七九）中副王婆弥及妻来朝，献驯象十一，擢婆弥试殿中监，赐名宾汉。是时德宗（七八〇至八〇四）初即位，珍禽奇兽悉纵之，蛮夷所献驯象畜苑中，元会充廷者凡三十二，悉放荆山之阳。及元和（八〇六至八二〇）中，水真腊亦遣使入贡。文单西北属国曰参半，武德八年（六二五）使者来。道明者亦属国，无衣服，见衣服者共笑之，无盐铁，以竹弩射鸟兽自给。

宋赵汝适撰《诸蕃志》卷上真腊国条云：

　　真腊接占城之南，东至海，西至蒲甘（Pagan），南至加罗希（Grahi）。自泉州舟行顺风月余日可到，其地约方七千余里，国都号禄兀（Angkor），天气无寒。其王妆束大概与占城同，出入仪从则过之，间乘辇，驾以两马或用牛。其县镇亦与占城无异，官民悉编竹覆茅为屋，惟国王镌石为室，有青石莲花池沼之胜，跨以金桥约三十余丈，殿宇雄壮，侈丽特甚。王坐五香七宝床，施宝帐，以纹木为竿，象牙为壁。群臣入朝，先至阶下三稽首，升阶则跪，以两手抱膊，绕王环坐，议政事讫，跪伏而退。西南隅铜台上列铜塔二十有四，镇以各铜象，各重四千斤。战象几二十万，马多而小。奉佛谨严，日用番女三百余人舞献佛饭，谓之阿南，即妓弟也。其俗淫奸则不问，犯盗则有斩首断足烧火印胸之刑。其僧道咒法灵甚，僧衣黄者有室家，衣红者寺居，戒律精严。道士以木叶为衣，有神曰婆多利（Bhadra），祠祭甚谨。以右手为净，左手为秽，取杂肉羹与饭相合，用右手掬而食之。厥土沃壤，田无畛域，视力所及而耕种之。米谷廉平，每两乌铅可博米二斗。土产象牙、暂速细香、粗熟香、黄蜡、翠毛（原注云此国最多）、笃耨脑、笃耨瓢、番油、姜皮、金颜香、苏木、生丝、绵布等物。番商兴贩用金银瓷器、假锦、凉伞、皮鼓、酒糖、醯醢之属，博易。登流眉、波斯兰、罗斛、三泺、真里富、麻罗问、绿萍、吞里富、蒲甘、窊里、西棚、杜怀、浔番皆其属国也。本国旧与占城邻好，岁贡金两，因淳熙四年（一一七七）五月望日占城主以舟师袭其国都，请和不许，杀

之，遂为大仇，誓必复怨。庆元己未（一一九九）大举入占城，俘
其主，戮其臣仆，剿杀几无噍类，更立真腊人为主，占城今亦为真
腊属国矣。[①]唐武德（六一八至六二六）中始通中国，国朝宣和二年
（一一二〇）遣使入贡。其国南接三佛齐属国之加罗希。

《宋史》卷四百八十九《真腊传》云：

> 真腊国亦名占腊，其国在占城之南，东际海，西接蒲甘，南抵
> 加罗希。其县镇风俗同占城。地方七千余里。有铜台，列铜塔二十
> 有四，铜象八以镇其上，象各重四千斤。其国有战象几二十万，马
> 多而小。政和六年（一一一六）十二月遣进奏使奉化郎将鸠摩僧哥，
> 副使安化郎将摩君明稽晤等十四人来贡，赐以朝服。僧哥言万里远
> 国，仰投圣化，尚拘卉服，未称区区向慕之诚，愿许服所赐。诏从
> 之，仍以其事付史馆书诸策，明年（一一一七）三月辞去。宣和二
> 年（一一二〇）又遣郎将摩腊摩秃防来，朝廷官封其王与占城等。
> 建炎二年（一一二八）以郊恩，授其王金衮宾深[②]检校司徒，加食
> 邑，遂定为常制。其属邑有真里富，在西南隅，东南接波斯兰，西
> 南与登流眉为邻，所部有六十余聚落。庆元六年（一二〇〇）其国
> 主立二十年矣。遣使奉表贡方物及驯象二，诏优其报赐，以海道远
> 涉，后勿再入贡。

《明史》卷三二四《真腊传》云：

> 真腊在占城南，顺风三昼夜可至。隋唐及宋皆朝贡。宋庆元
> （一一九五至一一〇〇）中灭占城而并其地，因改国名曰占腊。元

---

① 考美山诸碑，一一九〇年真腊国王阇耶拔摩七世（Jayavarman VII）取占
城都城，掠其神像。《诸蕃志》作庆元己未（一一九九），《通考》仍之，皆误。真
腊既取占婆，分其国为二，北为佛逝（Vijaya），南为宾童龙（Paṇḍuraṅga），各
立一王主其国事。已而南王并佛逝，真腊王讨之，占城王逃入海，不知所终。嗣
后真腊遂于一二〇三至一二二〇年间并有占婆。一二二〇年又立占城旧王子，俾
主国事，占城遂自立。——参看同一校刊一九〇四年刊 Finot 辑美山诸碑文——G.
Maspero 撰《占婆史》第七章。
② 案一一一二迄一一五二年间王真腊者名苏利耶拔摩二世（Sūryavarman
II），在位时曾以舟师攻安南之又安清华沿岸（一一二八至一一二九年间），并攻取
占城都城而掳其王（一一四五）。《宋史》金衮宾深译名疑误。

时仍称真腊。[①]洪武三年（一三七〇）遣使臣郭徵等赍诏抚谕其
国。四年（一三七一）其国巴山王忽尔那遣使进表贡方物贺。明
年（一三七二）正旦诏赐大统历及彩币，使者亦赐给有差。六年
（一三七三）进贡。十二年（一三七九）王参答甘武者持达志遣使
来贡，宴赐如前。十三年（一三八〇）复贡。十六年（一三八三）
遣使赍勘合文册赐其王，凡国中使至，勘合不符者即属矫伪，许
縶缚以闻。复遣使赐织金文绮三十二，磁器万九千，其王遣使来
贡。十九年（一三八六）遣行人刘敏、唐敬偕中官赍磁器往赐。明
年敬等还，王遣使贡象五十九，香六万斤。寻遣使赐其王镀金银
印，王及妃皆有赐。其王参烈宝毗邪甘苦者，遣使贡象及方物。明
年（一三八七）复贡象二十八，象奴三十四人，番奴四十五人，谢
赐印之恩。二十二年（一三八九）三贡。明年（一三九〇）复贡。
永乐元年（一四〇三）遣行人蒋宾兴王枢以即位诏谕其国。明年
（一四〇四）王参烈婆毗牙遣使来朝贡方物。初中官使真腊，有部
卒三人潜遁，索之不得，王以其国三人代之，至是引见。帝曰：华
人自逃于彼，何预而责偿，且语言不通，风土不习，吾焉用之，
命赐衣服及道里费遣还。三年（一四〇五）遣使来贡，告故王之
丧，命鸿胪序班王孜致祭。给事中毕进、中官王琮赍诏封其嗣子参
烈昭平牙为王，进等还，嗣王遣使偕来谢恩。六年（一四〇八）、
十二年（一四一四）再入贡，使者以其国数被占城侵扰，久留不
去，帝遣中官送之还，并敕占城王罢兵修好。十五年（一四一七）、
十七年（一四一九）并入贡。宣德（一四二六至一四三五）、景泰
（一四五〇至一四五六）中，亦遣使入贡，自后不常至。其国城隍周
七十余里，幅员广数千里，国中有金塔金桥殿宇三十余所。王岁时
一会，罗列玉猿、孔雀、白象、犀牛于前，名曰百塔洲。盛食以金
盘金碗，故有富贵真腊之谚。民俗富饶，天时常热，不识霜雪，禾
一岁数稔。男女椎结，穿短衫，围梢布。刑有剔刖，刺配，盗则去
手足。番人杀唐人，罪死，唐人杀番人，则罚金，无金则鬻身赎罪。
唐人者诸番呼华人之称也，凡海外诸国尽然。婚嫁，两家俱八日不
出门，昼燃灯。人死置于野，任鸟鸢食，俄顷食尽者，谓为福报。
居丧但髡其发，女子则额上剪发如钱大，曰用此报亲。文字以麂鹿
杂皮染黑，用粉为小条画于上，永不脱落。以十月为岁首，闰悉用

---

① 元代之真腊可参看《真腊风土记》。

九月，夜分四更。亦有晓天文者，能算日月薄蚀。其地谓儒为班诘（Paṇḍita），僧为芘姑（chauku），道为八思。班诘不知读何书，由此入仕者为华贯，先时项挂一白线以自别，既贵曳白如故。俗尚释教，僧皆食鱼肉，或以供佛，惟不饮酒。其国自称甘孛智，后讹为廿破蔗，万历（一五七三至一六一九）后又改为柬埔寨。[①]

① 兹三名皆为 Kampoja 之同名异译，关于柬埔寨历史之研究者，可参考 Aymonier, Le Cambodge, 1904；Le Clère, Histoire de Cambodge, 1904，《河内远东法国学校校刊》一九一五年刊第二份《吉蔑诸王世系表》。

第三章

阇婆传

印度罗摩延（Ramayana）书首先著录有 Yavadvipa，脱烈美（Ptolémée）书传写作 Iabadiu，《后汉书》传写作叶调，《法显行传》传写作耶婆提，是皆苏门答剌或爪哇古称之同名异译。此外《太平御览》卷七八八有诸薄，又卷七八八有杜薄（应是社薄之讹），疑皆为 Java 之古译。案 Java 土名乃从 Yavadvipa 转出，除诸薄、社薄尚有疑义外，中国史书首先著录者为《宋书》之阇婆婆达，阇婆乃其对音，婆达盖衍文也。稍晚《高僧传》卷三则名作阇婆，《唐书》中阇婆作诃陵，盖为 Kalinga 之对音。降至元代，《岛夷志略》始有新译，名曰爪哇。兹鸠辑史传舆记关系此岛之文于下方：[①]

《宋书》卷九十七阇婆婆达[②]传曰：

> 阇婆婆达国元嘉十二年（四三五）国王师黎婆达陁阿罗跋摩遣使奉表曰：宋国大主大吉天子足下，敬礼一切种智，安隐天人师，降伏四魔，成等正觉，转尊法轮，度脱众生，教化已周，入于涅槃，舍利流布，起无量塔，众宝庄严，如须弥山，经法流布，如日照明，无量净僧，犹如列宿。国界广大，民人众多，宫殿城郭，如忉利天宫，名大宋扬州大国，大吉天子，安处其中，绍继先圣，王有四海，

---

① 参看《交广印度两道考》，八六至一〇二页。
② 《南史》作阇婆达，此婆达与达应衍。

阎浮提内，莫不来服，悉以兹水，普饮一切。我虽在远，亦沾灵润，是以虽隔巨海，常遥臣属，愿照至诚，垂哀纳受，若蒙听许，当年遣信，若有所须，惟命是献。伏愿信受，不生异想，今遣使主佛大陁婆、副使葛抵奉宣微诚，稽首敬礼大吉天子足下，陁婆所启，愿见信受，诸有所请，唯愿赐听，今奉微物，以表微心。

《唐书》卷一九七《诃陵传》曰：

诃陵国（Kalinga）① 在南方海中洲上居，东与婆利（Bali），西与堕婆登，北与真腊（Kamboja）接，南临大海。竖木为城，作大屋重阁，以棕榈皮覆之，王坐其中，悉用象牙为床。食不用匙箸，以手而撮。亦有文字，颇识星历。俗以椰树花为酒，其树生花长三尺余，大如人膊，割之取汁以成酒，味甘，饮之亦醉。贞观十四年（六四〇）遣使来朝。大历三年（七六八）四月皆遣使朝贡。元和十年（八一五）遣使献僧祇童五人，鹦鹉频伽鸟并异种名宝。以其使李诃内为果毅，诃内请回授其弟，诏褒而从之。十三年（八一八）遣使进僧祇女二人，鹦鹉玳瑁及生犀等。

《新唐书》卷二二二下《诃陵传》曰：

诃陵（Kalinga）亦曰社婆（Java），曰阇婆（Java），在南海中，东距婆利（Bali），西堕婆登，南濒海，北真腊（Kamboja）。木为城，虽大屋亦覆以棕榈，象牙为床若席。出玳瑁黄白金犀象。国最富，有穴自涌盐。以柳花椰子为酒，饮之辄醉。宿昔制有文字，知星历。食无匙箸。有毒女，与接，辄苦疮。人死尸不腐，王居阇婆城。其祖吉延东迁于婆露伽斯城，旁小国二十八，莫不臣服。其官有三十二大夫，而大坐敢兄为最贵。山上有郎卑野州，王常登以望海。夏至立八尺表，景在表南二尺四寸。贞观中（六二七至六四九），与堕和罗（Dvaravati）、堕婆登皆遣使者入贡，太宗以玺

---

① 此诃陵确指爪哇。昔日印度移民常以印度古国名名其侨居之地，故恒河以东诸地受印度化者多有梵名，如林邑占城梵名占波（Campa），云南梵名健陀罗（Gand ara），或毗提诃（Videha），皆其例已，则爪哇之以诃陵为名亦无足异，诃陵亦印度国名，《大唐西域记》作羯饺伽。

诏优答。堕和罗丐良马，帝与之。至上元（六七四至六七五）间，国人推女子为王，号悉莫，威令整肃，道不举遗。大食君闻之，赍金一囊，置其郊，行者辄避，如是三年，太子过，以足蹑金，悉莫怒，将斩之，群臣固请，悉莫曰：而罪实本于足，可断趾，群臣复为请，乃斩指以徇。大食闻而畏之，不敢加兵。大历中（七六六至七七九），诃陵使者三至。元和八年（八一三）献僧祇奴四，五色鹦鹉频伽鸟等。宪宗拜内四门府左果毅，使者让其弟，帝嘉美并官之。讫大和（八〇六至八二〇）再朝贡。咸通（八六〇至八七三）中，遣使献女乐。堕和罗亦曰独和罗，南距盘盘，北迦逻舍佛，西属海，东真腊。自广州行五月乃至。国多美犀，世谓堕和罗犀。有二属国，曰昙陵、洹陀。昙陵在海洲中。洹陀一曰耨陀洹，在环王西南海中，与堕和罗接。自交州行九十日乃至。王姓察失利，名婆那，字婆末。无蚕桑，有稻麦麻豆，畜有白象牛羊猪。俗喜楼居，谓为干栏，以白氎朝霞布为衣。亲丧在室不食，燔尸已，则剔发，浴于池，然后食。贞观（六二七至六四九）时并遣使者再入朝，又献婆律膏白鹦鹉，首有十红毛齐于翅，因丐马铜钟，帝与之。堕婆登在环王南，行二月乃至，东诃陵，西迷黎车（Mleccha），北属海。俗与诃陵同。种稻月一熟。有文字，以贝多叶写之。死者实金于口，以钏贯其体，加婆律膏龙脑众香，积薪燔之。

《诸蕃志》卷上阇婆国条曰：

阇婆国（Java）又名莆家龙（Pekalongan），[①] 于泉州为丙巳方。率以冬月发船，盖藉北风之便，顺风昼夜行，月余可到。东至海，水势渐低，女人国在焉。愈东则尾闾之所泄，非复人世。泛海半月至昆仑国。南至海三日程，泛海五日至大食国。西至海四十五日程。北至海四日程。西北泛海十五日至渤泥国（Borneo），又十日至三佛齐国（Palembang），又七日至古逻国（Kalah），又七日至柴历亭，抵交趾，达广州。国有寺二，一名圣佛，一名舍身。有山出鹦鹉，名鹦鹉山。其王椎髻，戴金铃，衣锦袍，蹑革履，坐方床。官吏日谒，三拜而退。出入乘象或腰舆，壮士五七百辈，执兵以从。国人见王皆坐，俟其过乃起。以王子三人为副王。官有司马杰，落佶

---

① 莆家龙乃爪哇北岸名。

连（Rakryan），共治国事，如中国宰相，无月俸，随时量给土产诸物。次有文吏三百余员，分主城池帑廪及军卒。其领兵者，岁给金二十两。胜兵三万，岁亦给金有差。土俗婚聘无媒妁，但纳黄金于女家以取之。不设刑禁，犯罪者随轻重出黄金以赎，惟寇盗则置诸死。五月游船，十月游山，或跨山马，或乘软兜。乐有横笛，鼓板，亦能舞。山中多猴，不畏人，呼以霄霄之声即出，投以果实，则有大猴先至，土人谓之猴王，先食毕，群猴食其余。国中有竹园，有斗鸡斗猪之戏。屋宇壮丽，饰以金碧。贾人至者，馆之宾舍，饮食丰洁。土人被发，其衣装缠胸，下至于膝。疾病不服药，但祷求神佛。民有名而无姓。尚气好斗，与三佛齐有仇，互相攻击。宋元嘉十二年（四三五）尝通中国，后绝。皇朝淳化三年（九九二）复修朝贡之礼。其地坦平，宜种植，产稻麻粟豆，无麦；耕田用牛。民输十一之租，煮海为盐。多鱼鳖鸡鸭山羊，兼椎牛马以食。果实有大瓜、椰子、蕉子、甘蔗、芋，出象牙、犀角、真珠、龙脑、玳瑁、檀香、茴香、丁香、豆蔻、荜澄茄、降真香、花簟、番剑、胡椒、槟榔、硫黄、红花、苏木、白鹦鹉。亦务蚕织，有杂色绣丝、吉贝、绫布。地不产茶，酒出于椰子及虾猱丹树之中。此树华人未曾见，或以桃榔槟榔酿成，亦自清香。蔗糖其色红白，味极甘美。以铜银镴锡杂铸为钱，钱六十准金一两，三十二准金半两。番商兴贩，用夹杂金银及金银器皿、五色缬绢、皂绫、川芎、白芷、朱砂、绿矾、白矾、硼砂、砒霜、漆器、铁鼎、青白瓷器交易。此番胡椒萃聚，商船利倍蓰之获，往往冒禁，潜载铜钱博换。朝廷屡行禁止兴贩，番商诡计，易其名曰苏吉丹。[①]

《宋史》卷四八九《阇婆国传》曰：

阇婆（Java）国在南海中，其国东至海一月，泛海半月至昆仑国，西至海四十五日；南至海三日；泛海五日至大食国；北至海四日，西北泛海十五日至渤泥（Borneo）国，又十五日至三佛齐（Palembang）国，又七日至古逻（Kalah）国，又七日至柴历亭，抵

① 《诸蕃志》苏吉丹条云："苏吉丹即阇婆之支国，西接新拖（Sunda），东连打板（Tuban），有山峻极，名保老岸（Tanjong Pautuman？）。"——参看 Hirth & Rockhill, Chau Ju Kua, pp. 75–87。

交趾，达广州。其地平坦，宜种植，产稻麻粟豆，无麦，民输十一之租。煮海为盐，多鱼鳖鸡鸭山羊，兼椎牛以食。果实有木瓜、椰子、蕉子、蔗芋。出金银、犀牙、笺沉、檀香、茴香、胡椒、槟榔、硫黄、红花、苏木，亦务蚕织，有薄绢、丝绞、吉贝、布。剪银叶为钱博易，官以粟一斛二斗博金一钱。室宇壮丽，饰以金碧。中国贾人至者，待以宾馆，饮食丰洁。地不产茶，其酒出于椰子及虾蝚丹树。虾蝚丹树，华人未尝见，或以桄榔槟榔酿成，亦甚香美。不设刑禁，杂犯罪者随轻重出黄金以赎，惟寇盗者杀之。其王椎髻，戴金铃，衣锦袍，蹑革履，坐方床。官吏日谒，三拜而退。出入乘象或腰舆，壮士五七百人执兵器以从。国人见王皆坐，俟其过乃起。以王子三人为副王。官有落佶连（Rakryan）四人共治国事，如中国宰相，无月俸，随时量给土产诸物。次有文吏三百余员，目为秀才，掌文簿，总计财货。又有卑官殆千员，分主城池帑廪及军卒。其领兵者每半岁给金十两，胜兵三万，每半岁亦给金有差。土俗婚聘无媒妁，但纳黄金于女家以娶之。五月游船，十月游山，有山马可乘跨，或乘软兜。乐有横笛鼓板，亦能舞。土人被发，其衣装缠胸以下至于膝。疾病不服药，但祷神求佛。其俗有名而无姓。方言谓真珠为没爹虾罗，谓牙为家啰，谓香为昆炖卢林，谓犀为低密。先是宋元嘉十二年（四三五）遣使朝贡，后绝。淳化三年（九九二）十二月其王穆罗茶遣使陀湛，使副蒲亚里，判官李陁那假澄等来朝贡。陁湛云中国有真主，本国乃修朝贡之礼。国王贡象牙、真珠、绣花、销金，及绣丝绞、杂色丝绞、吉贝织杂色绞布、檀香、玳瑁、槟榔、盘犀装剑、金银装剑、藤织花簟、白鹦鹉、七宝饰檀香亭子，其使别贡玳瑁、龙脑、丁香、藤织花簟。先是朝贡使泛舶船，六十日至明州定海县。掌市舶监察御史张肃先驿奏其使饰服之状与常来入贡波斯相类。译者言云今主舶大商毛旭者，建溪人，数往来本国，因假其乡导来朝贡。又言其国王一号曰夏至马啰夜（Haji Mabāraja），王妃曰落肩娑婆利。本国亦署置僚属。又其方言目舶主为葧荷，王妻曰葧荷比尼赎。其船中妇人名眉珠，椎髻无首饰，以蛮布缠身，颜色青黑，言语不能晓，拜亦如男子膜拜。一子项戴金连锁子，手有金钩，以帛带萦之，名阿噜。其国与三佛齐有仇怨，互相攻战。本国山多猴，不畏人，呼以霄霄之声即出，或投以果实，则其大猴二先至，土人谓之猴王猴夫人，食毕群猴食其余。使既至，上令有司优待，久之使还，赐金帛甚厚，仍赐良马戎具以从其请。其使云邻国名婆罗门，有善法察人情，人欲相危害者皆先知之。大观三年（一一〇九）六月遣使入贡，诏礼之如交趾。又有摩逸（Mait）国，[①]太平兴国七年（九八二）载宝货至广州海岸。建炎三年（一一二九）以南郊恩，制授阇婆国主怀远军节度，琳州管内观察处置等使，金紫光禄大夫，检校司空，使持节琳州诸军事，琳州刺史兼御史大夫上柱国，阇婆国王，食邑二千四百户，实封一千户，悉里地茶兰固野，可特授检校司空，加实邑实封。绍兴二年（一一三二）复加食邑五百户，实封二百户。

《岛夷志略》爪哇条曰：

爪哇（Java）即古阇婆（Java）国。门遮把逸山（Majapahit）系官场所居，宫室壮丽，地广人稠，实甲东洋诸国。旧传国王系雷震石中而出，令女子为酋以长之。其田膏沃，地平衍，谷米富饶，倍于他国。民不为盗，道不拾遗，谚云太平阇婆者此也。俗朴，男子椎髻，裹打布，惟酋长留髻。大德（一二九七至一三〇七）年间亦黑迷失、平章史弼、高兴曾往其地，令臣属纳税贡，立衙门振纲纪，设铺兵以递文书，守常刑，重盐法，使铜钱。俗以银锡输铜杂铸如螺甲大，名为银钱，以权铜钱。地产青盐，系晒成。胡椒每岁万斤，极细坚耐色印布，白鹦鹉之类，药物皆自他国来也。货用硝珠、金银、青缎色绢、青白花碗、铁器之属。次曰巫仑，曰希苓，曰三打板，曰吉丹，曰孙剌等地，无异产，故附此耳。[②]

《元史》卷二一〇《爪哇传》曰：

爪哇（Java）在海外，视占城（Campa）益远，自泉南登舟，海行者先至占城而后至其国。其风俗土产不可考，大率海外诸蕃国多出奇宝，取贵于中国。而其人则丑怪，情性语言与中国不能相通。世祖抚有四夷，其出师海外诸蕃者，惟爪哇之役为大。至元二十九

---

① 麻逸国名首见《诸蕃志》，参看本书上编第八章。
② 参看《岛夷志略校注》爪哇条后考证，其说间有牵合附会之处，然大致可取。

年（一二九二）二月诏福建行省除史弼、亦黑迷失、高兴平章政事，征爪哇，会福建、江西、湖广三行省兵凡二万，设左右军都元帅府二，征行上万户四，发舟千艘，给粮一年，钞四万锭，降虎符十，金符四十，银符百，金衣段百端，用备功赏。亦黑迷失等陛辞，帝曰：卿等至爪哇，明告其国军民，朝廷初与爪哇通使，往来交好，后刺诏使孟右丞之面，以此进讨。九月军会庆元，弼、亦黑迷失领省事赴泉州，兴率辎重自庆元登舟涉海。十一月福建、江西、湖广三省军会泉州。十二月自后渚启行。三十年（一二九三）正月至枸栏山（Gelam）议方略。二月亦黑迷失、孙参政先领本省幕官并招谕爪哇等处宣慰司官曲出海牙、杨梓、全忠祖，万户张塔剌赤等五百余人，船十艘，先往招谕之。大军继进于吉利门（Karimon），弼、兴进至爪哇之杜并足（Tuban），与亦黑迷失等议分军下岸，水陆并进。弼与孙参政帅都元帅那海，万户宁居仁等水军，自杜并足由戎牙路（Jaṅgala）港口至八节涧（Pachekan），兴与亦黑迷失帅都元帅郑镇国，万户脱欢等马步军，自杜并足陆行。以万户申元为前锋，遣副元帅土虎登哥，万户褚怀远、李忠等乘钻锋船由戎牙路于麻喏巴歇（Majapahit）浮梁前进，赴八节涧期会。招谕爪哇宣抚司官言：爪哇主婿土罕必阇耶（Raden Vijaya）举国纳降，土罕必阇耶不能离军，先令杨梓、甘州不花、全忠祖引其宰相昔剌难答吒耶等五十余人来迎。三月一日会军八节涧，涧上接杜马班（Tumapel）王府，下通莆奔大海，乃爪哇咽喉必争之地。又其谋臣希宁官沿河泊舟，观望成败，再三招谕不降。行省于涧边设偃月营，留万户王天祥守河津。土虎登哥、李忠等领水军，郑镇国、省都镇抚伦信等领马步军水陆并进。希宁官惧，弃船宵遁。获鬼头大船百余艘，令都元帅那海，万户宁居仁、郑珪、高德诚、张受等镇八节涧海口。大军方进，土罕必阇耶遣使来告葛郎主（Jayakatwan）追杀至麻喏巴歇，请官军救之。亦黑迷失、张参政先往安慰土罕必阇耶，郑镇国引军赴章孤接援。兴进至麻喏巴歇，却称葛郎兵未知远近，兴回八节涧。亦黑迷失寻报贼今夜当至，召兴赴麻喏巴歇。七日葛郎兵三路攻土罕必阇耶。八日黎明，亦黑迷失、孙参政率万户李明迎贼于西南，不遇。兴与脱欢由东南路与贼战，杀数百人，余奔溃山谷。日中西南路贼又至，兴再战至晡，又败之。十五日分军为三道伐葛郎，期十九日会答哈（Daha），听炮声接战。土虎登哥等水军溯流而上，亦黑迷失等由西道，兴等由东道进，土罕必阇耶军继其后。十九日至答哈，葛郎国主以兵十余万交战，自卯至末连三战，贼败奔溃，拥入河，死者数万人。杀五千余人。国主入内城拒守，官军围之，且招其降。是夕国主哈只葛当出降，抚谕令还。四月二日遣土罕必阇耶还其地，具入贡礼，以万户捏只不丁、甘州不花率兵二百护送。十九日，土罕必阇耶背叛逃去，留军拒战，捏只不丁、甘州不花、省掾冯祥皆遇害。二十四日军还，得哈只葛当妻子官属百余人及地图户籍，所上金字表以还，事见《史弼高兴传》。[①]

《瀛涯胜览》爪哇国条曰：

> 爪哇（Java）国者，古名阇婆（Java）国也。其国有四处，皆无城郭：其他国船来，先至一处名杜板（Tuban）；次至一处名新村（Geresik, Grissé）；又至一处，名苏鲁马益（Surabaya）；再至一处，名满者伯夷（Majapahit），国王居之。其王之所居，以砖为墙，高三丈余，周围约有二百余步，其内设重门，甚整洁。房屋如楼起造，高每三四丈，即布以板，铺细藤簟，或花草席，人于其上盘膝而坐。屋上用硬木板为瓦，破缝而盖。国人住屋以茅草盖之，家家俱以砖砌土库，高三四尺，藏贮家私什物，居止坐卧于其上。国王之绊，鬌头或带金叶花冠，身无衣袍，下围丝嵌手巾一二条，再用锦绮或纻丝缠之于腰，名曰压腰。插一两把短刀名不剌头（bĕladau）。赤脚出入，或骑象或坐牛车。国人之绊，男子鬌头，女子椎髻，上穿衣，下围手巾。男子腰插不剌头一把，三岁小儿至百岁老人皆有此刀，皆是兔毫雪花上等镔铁为之，其柄用金或犀角象牙，雕刻人形鬼面之状，制极细巧。国人男妇皆惜其头，若人以手触摸其头，或买卖之际钱物不明，或酒醉颠狂，言语争竞，便拔此刀刺之，强者为胜。若戳死人，其人逃避三日不出则不偿命，若当时捉住，随亦戳死。国无鞭笞之刑，事无大小，即用细藤背缚两手，拥行数步，则将不剌头，于罪人腰眼或软肋一二刺即死。其国风土，无日不杀人，甚可畏也。中国历代铜钱通行使用。杜板番名赌班（Tuban），地名也。此处约千余家，以二头目为主，其间多有中国广东及漳州人流居此地，鸡羊鱼菜甚贱。海滩有一小池，甘淡

---

① 参看本书上编第九章。

可饮，曰是圣水。传言大元时，命将史弼、高兴征伐阇婆，经月不得登岸，船中之水已尽，军士失措。其二将拜天祝曰：奉命伐蛮，天若与之则众生，不与则众无，祷毕奋力插枪海滩，泉水随枪插处涌出，水味甘淡，众饮而得全生，此天赐之助也，至今存焉。于杜板投东行半日许，至新村，番名曰革儿昔（Geresik, Grissé），原系沙滩之地，盖因中国之人来此创居，遂名新村，至今村主广东人也。约有千余家，各处番人多到此处买卖，其金子诸般宝石一应番货多有卖者，民甚殷富。自新村投南船行二十余里，到苏鲁马益，番名苏儿把牙（Surabaya）。其港口流出淡水，自此大船难进，用小船行二十余里始至其地，亦有村主，掌管番人千余家，其间亦有中国人。其港口有一洲，林木森茂，有长尾猢狲万数聚于上，有一黑色老雄猕猴为主，却有一老番妇随伴在侧。其国中妇人无子嗣者，备酒饭果饼之类，往祷于老猕猴，其老猴喜，则先食其物，余令众猴争食，食尽随有二猴来前交感为验，此妇回家便即有孕，否则无子也，甚为可怪。自苏儿把牙小船行七八十里到埠头，名章姑（Changkir），登岸投西南行一日半，到满者伯夷，即王之居处也。其处番人二三百家。头目七八人以辅其王。天气长热如夏，田稻一年二熟，米粒细，白芝麻菉豆皆有，大小二麦绝无。土产苏木、金刚子、白檀香、肉豆蔻、荜拨、斑猫、镔铁、龟筒、玳瑁。奇禽有白鹦鹉，如母鸡大，红绿莺哥、五色莺哥、鹩哥，皆能效人言语，珍珠鸡、倒挂鸟、五色花斑鸠、孔雀、槟榔雀、珍珠雀、绿斑鸠之类。异兽有白鹿、白猿猴等畜。其猪羊牛马鸡鸭皆有，但无驴与鹅耳。果有芭蕉子、椰子、甘蔗、石榴、莲房。莽吉柿（manggis, mangostine）如石榴样，皮内如橘囊样，有白肉四块味甜酸，甚可食。郎扱（langsap, jaquier）如枇杷样，略大，内有白肉三块，味亦甜酸。甘蔗皮白靘大，每根长二三丈。其余瓜茄蔬菜皆有，独无桃李韭菜。国人坐卧无床凳，吃食无匙箸，男妇以槟榔荖叶聚蜊灰不绝口。欲吃饭时，先将水嗽出口中槟榔渣，就洗两手干净，围坐，用盘满盛其饭，浇酥油汤汁，以手撮入口中而食，若渴则饮水。遇宾客往来无茶，止从槟榔待之。国有三等人：一等回回人，皆是西番各国为商流落此地，衣食诸事皆清致；一等唐人，皆是广东漳泉等处人窜居此地，食用亦美洁，多有从回回教门受戒持斋者；一等土人，形貌甚丑异，猱头赤脚，崇信鬼教，佛书言鬼国其中，即此地也。人吃食甚是秽恶，如蛇蚁及诸虫蚓之类，略以火烧，微熟便吃。家畜之犬与人同器而食，夜则共寝，略无忌惮。旧传鬼子魔王青面红身赤发，止于此地，与一罔象相合，而生子百余，常唼血为食，人多被食。忽一日雷震兀裂，中坐一人，众称异之，遂推为王，即令精兵驱逐罔象等众而不为害，后复生齿而安焉。所以至今人好凶强，年例有一竹枪会，但以十月为春首。国王令妻坐一塔车于前，自坐一车于后。其塔车高丈余，四面有窗，下有转轴，以马前拽而行，至会所两边摆列队武，各执竹枪一根，其竹枪实心无铁刃，但削尖而甚坚利。对手男子各携妻孥在彼，各妻手执三尺短木棍立于其中，听鼓声紧慢为号，二男子执枪进步抵戳，交锋三合，二人之妻各持木棍格之曰：那剌那剌（larak），则退散。设被戳死，其王令胜者与死者家人金钱一个，死者之妻随胜者男子而去，如此胜负为戏。其婚姻之礼，则男子先至女家，成亲三日后迎其妇，男家则打铜鼓铜锣，吹椰壳筒，及打竹筒鼓，并放大铳，前后短刀团牌围绕；其妇披发裸体跣足，围系丝嵌手巾，打佩金珠联络之饰，腕带金银宝装之镯；亲朋邻里以槟榔茗叶线纫草花之类，妆饰彩船而伴送之，以为贺喜之礼。至家则鸣锣击鼓，饮酒作乐，数日而散。凡丧葬之礼，如有父母将死，为儿女者，先问于父母，死后或犬食，或火化，或弃水中，其父母随心所愿而嘱之。死后即依遗言所断送之。若欲犬食者，即抬其尸至海边，或野外地上，有犬十数来食，尽尸肉无遗为好，如食不尽，则子女悲号哭泣，将遗骸弃水中而去。又有富人及头目尊贵之人将死，则手下亲厚婢妾先与主人誓曰：死则同往。至死后出殡之日，木搭高棚，下垛柴堆，纵火焚棺，候焰盛之际，其原誓婢妾二三人，则满头带草花，身披五色花手巾，登跳号哭良久，撺下火内，同主尸焚化以为殉葬之礼，番人殷富者甚多，买卖交易行使中国历代铜钱。书记亦有字，如锁俚（Soli，čola）字同。无纸笔，用茭葦（kajang）叶以尖刀刻之。亦有文法，国语甚美软。斤秤之法，每斤二十两，每两十六钱，每钱四姑邦（kubana），每姑邦该官秤二分一厘八毫七丝五忽，每钱该官秤八分七厘五毫，每两该官秤一两四钱，每斤该官秤二十八两。升斗之法，截竹为升，为一姑剌（kulak），该中国官升一升八合，每番斗一斗为一榇黎（nalik），该中国官斗一斗四升四合。每月至十五十六夜，月圆清明之夜，番妇二十余人或三十余人，聚集成队，一妇为首，以臂膊递相联绾不断，于月下徐步而行。为首者口唱番歌一句，众皆齐声和之，到亲戚富贵之家门首，则赠以铜钱等物，名为步月行乐而已。有一等人以纸画人物鸟兽鹰虫之类，如手卷样，以三尺高二木为画干，止齐一头，其人蟠膝坐于地，以图画立地，每展出一段，朝前番语高声解说此段来历，众人围坐而听之，或笑或哭便如说平话一般。国人最喜中国青花磁器，并麝香销金纻丝烧珠之类，则用铜钱买易。国王常差头目以船只装载方物进贡中国。[①]

《明史》卷三二四《爪哇传》曰：

爪哇（Java）在占城（Campa）西南。元世祖时遣使臣孟琪往，黥其面，世祖大举伐之，破其国而还。洪武二年（一三六九）太祖遣使以即位诏谕其国。其使臣先奉贡于元，还至福建而元亡，因入居京师，太祖复遣使送之还，且赐以大统历。三年（一三七〇）以平定沙漠，颁诏曰："自古为天下主者，视天地所覆载，日月所照临，若远若近，生人之类，莫不欲其安土而乐生。然必中国安而后四方万国顺附，迄元君妥欢帖木儿荒淫昏弱，志不在民，天下英雄，分裂疆宇。朕悯生民之涂炭，兴举义兵，攘除乱略，天下军民，共尊朕居帝位，国号大明，建元洪武。前年克取元都，四方底定，占城、安南、高丽诸国，俱来朝贡，今年遣将北征，始知元君已没，获其孙买的里八刺，封为崇礼侯。朕仿前代帝王治理天下，惟欲中外人民各安其所。又虑诸蕃，僻在远方，未悉朕意，故遣使者往谕，咸使闻知。"九月其王昔里八达剌蒲遣使奉金叶表来朝贡方物，宴赉如礼。五年（一三七二）又遣使随朝使常克敬来贡，上元所授宣敕三道。八年（一三七五）又贡。十年（一三七七）王八达那巴那务

---

① 参看《瀛涯胜览校注》爪哇条，罗登比阇耶袭击元军出境后，建设满者伯夷帝国，自号 Kertarajasa。立国迄于十五世纪末年，国势甚盛，不仅统治爪哇全岛，并斥地至于苏门答剌、马来半岛以及马来半岛东部诸岛。嗣后回教输入，信奉回教诸王联合共灭满者伯夷帝国，相传其时在一五二〇年。继满者伯夷帝国而兴者为 Demak 王国，一五六八年 Pajan 王国继之，一五八六年 Mataram 王国又继之。自回教输入以后，佛教遂亡。关于满者伯夷帝国之领地者，可参考 Ferrand 撰《大食波斯突厥文奥记》第二册六五一页及六六六页附录之《爪哇史颂》及 Pâsé 诸王史。

遣使朝贡。①其国又有东西二王，东番王勿院劳网结、西番王勿劳波务各遣使朝贡，天子以其礼意不诚，诏留其使，已而释还之。十二年（一三七九）王八达那巴那务遣使朝贡。明年（一三八〇）又贡。时遣使赐三佛齐王印绶，爪哇诱而杀之，天子怒，留其使月余，将加罪，已遣还，赐敕责之。十四年（一三八一）遣使贡黑奴三百人及他方物。明年（一三八二）又贡黑奴男女百人，大珠八颗，胡椒七万五千斤。二十六年（一三九三）再贡，明年（一三九四）又贡。成祖即位，诏谕其国。永乐元年（一四〇三）又遣副使闻良辅、行人宁善赐其王绒锦织金文绮纱罗。使者既行，其西王都马板（Tumapěl）遣使入贺，复命中官马彬等赐以镀金银印，西王遣使谢赐印，贡方物。而东王孛令达哈亦遣使朝贡请印，命遣官赐之，自后二王并贡。三年（一四〇五）遣中官郑和使其国。明年（一四〇六）西王与东王构兵，东王战败，国被灭。适朝使经东王地，部卒入市，西王国人杀之，凡百七十人。西王惧，遣使谢罪，帝赐敕切责之，命输黄金六万两以赎。六年（一四〇八）再遣郑和使其国，西王献黄金万两，礼官以输数不足，请下其使于狱。帝曰：朕于远人，欲其畏罪而已，宁利其金耶。悉捐之。自后比年一贡，或间岁一贡，或一岁数贡。中官吴宾、郑和先后使其国，时旧港（Palembang）地有为爪哇侵据者，满剌加（Malaka）国王矫朝命索之。帝乃赐敕曰："前中官吴庆还言王恭待敕使，有加无替。比闻满剌加国索旧港之地，王甚疑惧，朕推诚待人，若果许之，必有敕谕，王何疑焉，小人浮词，慎勿轻听。"十三年（一四一五）其王改名扬惟西沙，遣使谢恩贡方物。时朝使所携卒有遭风飘至班卒儿（Pančūr, Baros）国者，爪哇人珍班闻之，用金赎还，归之王所。十六年（一四一八）王遣使朝贡，因送还诸卒。帝嘉之，赐敕奖王，并优赐珍班。自是朝贡使臣，大率每岁一至。正统元年（一四三六）使臣马用良、言先任八谛来朝，蒙恩赐银带，今为亚烈，秩四品，乞赐金带，从之。闰六月遣古里（Calicut）、苏门答剌（Samudra）、锡兰山（Ceylan）、柯枝（Cochin）、天方（Mekka）、加异勒（Cail）、

---

① 昔里八剌蒲与八达那巴那务应属一人，昔里是爪哇语 Seri 之对音，此言吉祥，八剌蒲或巴那务是爪哇语 Prabhu 之对音，此言主君，皆尊号而非人名。考满者伯夷帝国最盛时代，适当 Hayam Vurruk（一名 Rajasanagara）在位之时（此王在位始一三五〇迄一三八九），爪哇、苏门答剌、马来群岛东部诸岛及马来半岛南部皆隶其版图，《明史》所载之国王应指此人。至若东西二王疑指诸小王。

阿丹（Aden）、忽鲁谟斯（Ormuz）、祖法儿（Zufar）、甘巴里（Koyampadi？）、真腊（Kamboja）使臣偕爪哇使臣郭信等同往。赐爪哇敕曰："王自我先朝，修职勿怠，朕今嗣，复遣使来朝，意诚具悉。宣德（一四二六至一四三五）时有古里等十一国来贡，今因王使者归，令诸使同往，王其加意抚恤，分遣还国，副朕怀远之忱。"五年（一四四〇）使臣回，遭风溺死五十六人，存者八十三人，仍返广东，命所司廪给，俟便舟附归。八年（一四四三）广东参政张琰言：爪哇朝贡频数，供亿费烦，敝中国以事远人非计，帝纳之。其使还，赐敕曰："海外诸邦，并三年一贡，王亦宜体恤军民，一遵此制。"十一年（一四四六）复三贡，后乃渐稀。景泰三年（一四五二）王巴剌武（Prabhu）遣使朝贡。天顺六年（一四六〇）王都马班遣使入贡，使者还至安庆，酗酒与入贡番僧斗，僧死者六人，礼官请治伴送行人罪，使者敕国王自治，从之。成化元年（一四六五）入贡。弘治十二年（一四九九）贡使遭风舟坏，止通事一舟达广东，礼官请敕所司量予赐赉遣还，其贡物仍进京师，制可。自是贡使鲜有至者。其国近占城，二十昼夜可至，元师西征，以至元二十九年（一二九二）十二月发泉州，明年（一二九三）正月即抵其国，相去止月余。宣德七年（一四三二）入贡表书一千三百七十六年。盖汉宣帝元康元年（前六五）乃其建国之始也。[1]地广人稠，性凶悍，男子无少长贵贱皆佩刀，稍忤辄相贼，故其甲兵为诸番之最。字类琐里（Soli，Čola），无纸笔，刻于茭葦叶。气候常似夏，稻岁二稔。无几榻匕箸。人有三种：华人流寓者服食鲜华；他国贾人居久者，亦尚雅洁；其本国人最污秽，好啖蛇蚁虫蚓，与犬同寝食，状黝黑，猱头赤脚，崇信鬼道。杀人者避之三日即免罪。父母死舁至野，纵犬食之，不尽则大戚，燔其余，妻妾多燔以殉。其国一名莆家龙（Pekalongan），又曰下港，曰顺塔。万历（一五七三至一六一九）时红毛番[2]筑土库于大涧东，佛郎机[3]筑于大涧西，岁岁互市，中国商旅亦往来不绝。其国有新村（Geresik）最号饶富，中华及诸番商舶辐辏，其地宝货填溢，其村主即广东人。永乐九年（一四一一）自遣使表贡方物。

---

[1]　案爪哇适用塞迦（Śaka）纪元，其元年较晚于西历纪元七十八年，则其建元之始在汉章帝建初四年，表文之一千三百七十六年当西历一千四百五十四年，则在景泰五年，疑修史者误以是年表文作宣德七年（一四三二）也。

[2]　红毛番指和兰，《明史》卷三二五有传。

[3]　佛郎机指葡萄牙，《明史》卷三二五有传。

同卷《阇婆传》曰：

阇婆古曰阇婆达，宋元嘉（四二四至四五三）时始朝中国，唐曰诃陵，又曰社婆，其王居阇婆城。宋曰阇婆，皆入贡。洪武十一年（一三七八）其王摩那驼喃遣使奉表贡方物，其后不复至。或曰爪哇即阇婆，然《元史》爪哇传不言，且曰其风俗物产无所考。太祖时两国并时入贡，其王之名不同，或本为二国，其后为爪哇所灭，然不可考。①

---

① 案阇婆、爪哇本为同名异译，殆史官不察，误分为两国，《明史》不乏其例，如卷三三二《西域传》之 Hérat 既有《哈烈传》，复有《黑娄传》，即其例已。

第四章

三佛齐传

梵文载籍中有地名金洲（Suvarṇadvīpa），证以义净《大唐西域求法高僧传》贞固、道宏等传，知为室利佛逝（Śrīvijaya）国统治之苏门答剌岛。此岛为印度文化东渐之第一站，而室利佛逝国地处东西交通之要冲，故梵文、大食文亦有著录。大食人名此国曰 Jawaka，Zābag，Śribuza，惟其记载皆不若中国载籍之详。此国文化虽古，然与中国之交通仅盛于唐宋元明四朝。据义净之记载，知此国在唐时佛教盛行；据赵汝适《诸蕃志》，知宋以来名此国曰三佛齐，南海之地为其属国者十五；据汪大渊《岛夷志略》知此国都城所在之浡淋邦（Palembang），一名旧港，据《明史》知洪武九年（一三七六）、洪武十年（一三七七），满者伯夷（Majapahit）已威服三佛齐而役属之。兹辑史传舆记关系此岛之文于下方：[①]

《新唐书》卷二二二下《室利佛逝传》曰：

> 室利佛逝（Śrīvijaya）一曰尸利佛誓。过军徒弄（Kundrang）山[②]二千里，地东西千里，南北四千里而远，有城十四，以二国分

---

① 西文撰述可参考 Ferrand《昆仑及南海古代航行考》,《苏门答剌古国考》；Coedès《室利佛逝国》，见《河内远东法国学校校刊》一九一八年刊第六分；Mookerji, Indian Shipping 编。

② 军徒弄山贾耽记广州通海夷道作军突弄山（参看本书上编第六章），即大食人之 Kundrang，今之 Pulo Condore 岛，明代载籍中之昆仑山也。

总。西曰郎婆露斯，[①]多金汞砂龙脑。夏至立八尺表，影在表南二尺五寸。国多男子，有橐它，豹文而犀角，以乘且耕，名曰它牛豹。又有兽类野豕，角如山羊，名曰雩肉，味美以馈膳。其王号曷蜜多。咸亨至开元（六七〇至七四一）间数遣使者朝，表为边吏侵掠，有诏广州慰抚。又献侏儒僧祇女各二及歌舞，官使者为折冲，以其王为左威卫大将军，赐紫袍金钿带。后遣子入献，诏宴于曲江，宰相会册封宾义王，授右金吾卫大将军还之。

《诸蕃志》卷上三佛齐国条曰：

三佛齐（Śrīvijaya），间于真腊（Kamboja）、阇婆（Java）之间，管州十有五，在泉之正南，冬月顺风月余方至凌牙（Liṅga）门，经商三分之一，始入其国。国人多姓蒲（Pu, Mpu），累甓为城，周数十里。国王出入乘船，身缠缦布，盖以绢伞，卫以金标。其人民散居城外，或作牌水居，铺板覆茅。不输租赋。习水陆战，有所征伐，随时调发。立首长率领，皆自备兵器糇粮，临敌敢死，伯于诸国。无缗钱，止凿白金贸易。四时之气，多热少寒，畜畜颇类中国。有花酒、椰子酒、槟榔蜜酒，皆非面蘖所酝，饮之亦醉。国中文字用香书，以其王指环为印，亦有中国文字，上表章则用焉。国法严，犯奸男女悉寘极刑。国王死，国人削发成服，其侍人各愿殉死，积薪烈焰，跃入其中，名曰同生死。有佛名金银山，佛像以金铸，每国王立，先铸金形以代其躯。用金为器皿，供奉甚严，其金像器皿，各镌志示后人勿毁。国人如有病剧，以银如其身之重，施国之穷乏者，亦可缓死。俗号其王为龙精。[②]不敢谷食，惟以沙糊（sagu）食之，否则岁旱而谷贵。浴以蔷薇露，用水则有巨浸之患。

---

① 郎婆露斯，伯希和《交广印度两道考》（一二一至一二三页）采 Kern 之说，考订为苏门答剌西岸之 Baros，亦即大食人舆记中之 Bālūs，义净之婆鲁师洲，然于"郎"字既未考其对音，亦未断为衍文。余以为此郎婆露斯殆别有所指，考大食人舆记中有 Langabālūs，以名 Nicobar 群岛，即唐代载籍中之裸人国，明代载籍中之翠蓝屿，疑即此郎婆露斯之对音。"二国分总"犹言室利佛逝分为二洲，西洲为裸人国，东洲为苏门养剌。《诸蕃志》属国十五，无此岛名，疑视其为本国也。突厥人 Sīdī Alī Čelebī（1554）行纪名此岛曰 Nāgabārā，印度 Tanjore 城一〇三〇年所建 Tamil 语文碑，名此岛曰 Nakkavaram，应是此突厥语名之所本。

② 案 Tamil 语诗及南海故事，阇婆迦岛有龙城（Nīgipura）及注辇（Cūlīyan, Čola）王娶龙女（Nāgī）生子之事。

有百宝金冠重甚，每大朝会，惟王能冠之，他人莫胜也。传禅，则集诸子以冠授之，能胜之者则嗣。旧传其国地面忽裂成穴，出牛数万成群奔突入山，人竞取食之，后以竹木窒其穴，遂绝。土地所产，玳瑁、脑子、沉速、暂香、粗熟香、香降真、丁香、檀香、豆蔻外，有真珠、乳香、蔷薇水、栀子花、腽肭脐、没药、芦荟、阿魏、木香、苏合油、象牙、珊瑚树、猫儿晴、琥珀、番布、番剑等，皆大食（Arabes）诸番所产，萃于本国。番商兴贩，用金银、瓷器、锦、绫、缬、绢、糖、铁、酒、米、干良姜、大黄、樟脑等物博易。其国在海中，扼诸番舟车往来之咽喉，古用铁镖为限，以备他盗，操纵有机，若商舶至则纵之，比年宁谧，撤而不用。堆积水次，土人敬之如佛，舶至则祠焉。沃以油则光焰如新，鳄鱼不敢逾为患。若商舶过不入，即出船合战，期以必死，故国之舟辐辏焉。蓬丰（Pahang）、登牙侬（Treṅganu）、凌牙斯加（Laṅkāsuka）、吉兰丹（Kelantan）、佛罗安（Beranang）、日罗亭（Yirudiṅgam）、潜迈（Khmer？）、拔沓（Battak）、单马令（Tāmbraliṅga）、加罗希（Grahi，Jaya）、巴林冯（Palembang）、新拖（Sunda）、监篦（Kāmpar）、蓝无里（Lāmurī）、细兰（Silan，Ceylan）皆其属国也。其国自唐天祐（九〇四至九〇六）始通中国。皇朝建隆间（九六〇至九六二）凡三遣贡。淳化三年（九九二）告为阇婆所侵，乞降诏谕本国，从之。咸平六年（一〇〇三）上言，本国建佛寺以祝圣寿，愿赐名及钟，上嘉其意，诏以承天万寿为额，并以钟赐焉。至景德（一〇〇四至一〇〇七）、祥符（一〇〇八至一〇一六）、天禧（一〇一七至一〇二一）、元祐（一〇八六至一〇九三）、元丰（一〇七八至一〇八五）贡使络绎，辄优诏奖慰之。其国东戎牙路（Jaṅgala）。[①]

《宋史》四八九《三佛齐传》曰：

三佛齐（Śrīvijaya）国，盖南蛮之别种，与占城（Campa）为邻，居真腊（Kamboja）、阇婆（Java）之间，所管十五州。土产红藤、紫矿、笺沉香、槟榔、椰子。无缗钱，土俗以金银贸易诸物。四时之气，多热少寒，冬无霜雪。人用香油涂身。其地无麦，

---

① 原注作"或作重迦卢"，皆 Jaṅgala 之对音。

有米及青白豆。鸡鱼鹅鸭，颇类中土；有花酒、椰子酒、槟榔酒、蜜酒，皆非曲蘖所酝，饮之亦醉。乐有小琴小鼓，昆仑奴踏曲为乐。国中文字用梵书，[①] 以其王指环为印，亦有中国文字，上表章即用焉。累甓为城，周数十里。用椰叶覆屋，人民散居城外。不输租赋，有所征伐，随时调发，立酋长率领，皆自备兵器粮糗。泛海便风二十日至广州。其王号詹卑，[②] 其国居人多蒲（Pu，Mpu）姓，唐天祐元年（九〇四）贡物，授其使都蕃长蒲诃栗宁远将军，建隆元年（九六〇）九月，其王悉利胡大霞里檀（Seri Kuda Haridona？）遣使李遮帝来朝贡。二年（九六一）夏又遣使蒲蔑贡方物。是冬，其王室利乌耶（Srī Wuja？）遣使茶野伽，副使嘉末吒朝贡。其国号生留，[③] 王李犀林男迷日来亦遣使同至贡方物。三年（九六二）春，室利乌耶又遣使李丽林，副使李鸦末，判官吒吒壁等来贡，回赐以白氁、牛尾、白磁器、银器、锦线、鞍辔二副。开宝四年（九七一）遣使李何末以水晶火油来贡。五年（九七二）又来贡。七年（九七四）又贡象牙、乳香、蔷薇水、万岁枣、褊桃、白沙糖、水晶、指环、琉璃瓶、珊瑚树。八年（九七五）又遣使蒲陁汉等贡方物，赐以冠带器币。太平兴国五年（九八〇）其王夏池（Haji）遣使茶龙眉来。是年潮州言：三佛齐国蕃商李甫海乘舶船载香药犀角象牙至海口。会风势不便，飘船六十日至潮州，其香药悉送广州。八年（九八三），其王遐至（Haji）遣使蒲押陁罗来贡水晶、佛锦布、犀牙、香药。雍熙二年（九八五）舶主金花茶以方物来献。端拱元年（九八八）遣使蒲押陁黎贡方物。淳化三年（九九二）冬，广州上言：蒲押陁黎前年自京回，闻本国为阇婆所侵，住南海凡一年。今春乘舶至占城，偶风信不利，复还，乞降诏谕本国，从之。咸平六年（一〇〇三）其王思离咯无尼佛麻调华（Śrīculamaṇivarmadeva）[④] 遣使李加排，副使无陁李南悲来贡，且言本国建佛寺以祝圣寿，愿赐名

---

① 《宋史》南海诸国传多录《诸蕃志》文，此处《诸蕃志》原作番书，《宋史》改作梵书，核以南海出土碑文，室利佛逝国所用文字或为梵文，或以梵文写南海语。

② 案詹卑一名首见《岭外代答》卷二，据载：一一七九年三佛齐国遣詹卑国使入贡，则詹卑为地名，非王名。《明史·三佛齐传》云：下称其上曰詹卑，犹国君也，后大酋所居即号詹卑国。考詹卑即 Palembang 北 Jambi 河名之对音，谓为君号，不知何所本。

③ 生留疑为末留之误，古译作摩罗游，Malayu 之对音也。

④ 此王名见注辇王所立梵文碑，参看《苏门答剌古国考》三三页。

及钟。^①上嘉其意，诏以承天万寿为寺额，并铸钟以赐，授加排归德将军，无陁李南悲怀化将军。大中祥符元年（一〇〇八）其王思离麻啰皮（Śrīmāravijayottungavarman）^②遣使李眉地，副使蒲婆蓝，判官麻河勿来贡；许赴泰山，陪位于朝觐坛，遣赐甚厚。天禧元年（一〇一七）其王霞迟苏勿吒蒲迷（Haji Sumuṭabhūmi）^③遣使蒲谋西等奉金字表，贡真珠、象牙、梵夹经、昆仑奴；诏许谒会灵观，游太清寺金明池；及还，赐其国诏书礼物以慰奖之。天圣六年（一〇二八）八月，其王室离叠华（Śrīdeva）遣使蒲押陀罗歇，及副使判官亚加卢等来贡方物；旧制，远国使入贡，赐以间金涂银带，时特以浑金带赐之。熙宁十年（一〇七七）使大首领地华伽啰（Devakala）来，以为保顺慕化大将军。赐诏宠之曰："吾以声教覆露方域，不限远迩，苟知夫忠义而来者，莫不锡之华爵，耀以美名，以宠异其国。尔悦慕皇化，浮海贡琛，吾用汝嘉，并超等秩，以昭忠义之劝。"元丰中（一〇七八至一〇八五）使至者再，率以白金、真珠、婆律、薰陆香备方物。广州受表入言，俟报乃护至阙下，天子念其道里遥远，每优赐遣归。二年（一〇七九）赐钱六万四千缗，银一万五百两，官其使群陀毕罗为宁远将军，官陀旁亚里为保顺郎将。毕罗乞买金带白银器物，及僧紫衣师牒，皆如所请给之。三年（一〇八〇）广州南蕃纲首，以其主管国事国王之女唐字书，寄龙脑及布与提举市舶孙回，回不敢受，言于朝，诏令估直输之官，悉市帛以报。五年（一〇八二）遣使皮袜，副使胡仙，判官地华加罗来入见，以金莲花贮真珠龙脑撒殿；官皮袜为怀远将军，胡仙、加罗为郎将；加罗还至雍邱病死，赙以绢五十匹。六年（一〇八三）又以其使萨打华满为将军，副使罗悉沙文，判官悉理沙文为郎将。绍圣中（一〇九四至一〇九七）再入贡。绍兴二十六年（一一五六）其王悉利麻霞啰蛇（Śrīmaharāja，Seri Maharāja）遣使入贡。帝曰：远人向化，嘉其诚耳，非利乎方物也。其王复以珠献宰臣秦桧，诏偿其直而收之。淳熙五年（一一七八）复遣使贡方物，诏免赴阙，馆于泉州。

① 案此与上页注④引注辇碑文所志之朱罗摩尼跋摩寺疑同一事。
② 此王名亦见上页注④所引注辇碑。
③ 考其对音应是 Haji Sumuṭabhūmi。霞迟，《宋史》同传亦作夏池或霞至，古爪哇语犹言王；蒲犹言地或国；苏勿吒乃 Sūmūtra 或 Sumuṭa 之对音，乃今苏门答剌（Sumatra）岛名见于中国载籍之最古记录，则为王号，非王名矣——参看《西域南海史地考证译丛续编》一二一至一二五页。

《岛夷志略》三佛齐条曰：

　　自龙牙（Liṅga）门去，五昼夜至其国。人多姓蒲（Pu，Mpu），习水陆战，官兵服药，刀兵不能伤，以此雄诸国。其地人烟稠密，田土沃美，气候暖，春夏常雨。俗淳，男女椎髻，穿青棉布短衫，系东冲布。喜洁净，故于水上架屋。采蚌蛤为鲊，煮海为盐，酿秫为酒。有酋长。地产梅花片脑，中等降真香、槟榔、木棉布、细花木。贸易之货，用色绢、红硝珠、丝布、花布、铜铁锅之属。旧传其国地忽穴出牛数万，人取食之，后用竹木塞之乃绝。

《岛夷志略》旧港条曰：

　　自淡港（Suni Sunsan）入彭家门（Baṅka），民以竹代舟。道多砖塔。田利倍于他壤，云一年种谷，三年生金，言其谷变而为金也。后西洋人[1]闻其田美，故造舟来，取田内之土骨以归彼田，为之脉而种谷，旧港之田，金不复生，亦怪事也。气候稍热，男女椎髻，以白布为梢。煮海为盐，酿椰浆为酒。有酋长。地产黄熟香头、金颜香、木棉花，冠诸番，黄蜡、粗降真、绝香、鹤顶、中等沉速。贸易之货用门邦丸珠、四色烧朱、麒麟粒、处瓷、铜鼎、五色布、大小水埕、瓮之属。[2]

《瀛涯胜览》旧港条曰：

　　旧港，即古名三佛齐（Śrīvijaya）国是也，番名曰淳淋邦（Palembang），属爪哇（Java）国所辖。东接爪哇国，西接满剌加（Malaka）国界，南距大山，北临大海。诸处船来，先至淡港入彭家（Baṅka）门里，系船于岸，岸上多砖塔，用小船入港内，则至其国。国人多是广东漳泉州人逃居此地。人甚富饶，地土甚肥，谚云：一季种谷，三季收稻，正此地也。地方不广，人多操习水战。其处水

---

① 据此知称印度洋为西洋始于元代，不仅明代惟然也。
② 《岛夷志略》两志此岛者，盖以三佛齐称全岛，以旧港称巴林冯也。

多地少，头目之家都在岸地造屋而居，其余民庶皆在木筏上盖屋居之，用桩缆拴系在岸，水长则筏浮，不能淹没，或欲于别处居者，则起桩连屋移去，不劳搬移。其港中朝暮二次暗长潮水。国人风俗婚姻死葬之礼，以至言语及饮食衣服等事，亦皆与爪哇相同。昔洪武（一三六八至一三九八）年间，广东人陈祖义等全家逃于此处，充为头目，甚是豪横，凡有经过客人船只，辄便劫夺财物。至永乐五年（一四〇七）朝廷差太监郑和等统领西洋大𦨭宝船到此处，有施进卿者，亦广东人也，来报陈祖义凶横等情，被太监郑和生擒陈祖义等回朝伏诛。就赐施进卿冠带，归旧港为大头目，以主其地。本人死，位不传子，是其女施二姐为王，一切赏罚黜陟皆从其制。土产鹤顶鸟、黄速香、降真香、沉香、金银香、黄蜡之类。金银香中国与他国皆不出，其香如银匠钑银器黑胶相似，中有一块似白蜡一般在内，好者白多黑少，低者黑多白少，烧其香气味甚烈，为触人鼻，西番并锁俚（Soli, Čola）人等甚爱此香。鹤顶鸟（būceros）大如鸭，毛黑颈长，嘴尖，其脑盖骨厚寸余，外红，里如黄蜡之娇，甚可爱，谓之鹤顶。堪作腰刀靶鞘挤机之类。又出一等火鸡（casoar），大如仙鹤，圆身簇颈，比鹤颈更长，头上有软红冠，似红帽之状，又有二片生于颈中，嘴尖，浑身毛如羊毛稀长，青色，脚长铁黑，爪甚利害，亦能破人腹，肠出即死，好吃炭火，遂名火鸡，用棍打碎莫能死。又山产一等神兽，名曰神鹿（tapir），如巨猪，高三尺许，前半截黑，后一段白花毛纯短可爱，嘴如猪嘴不平，四蹄亦如猪蹄，却有三跲，止食草木，不食荤腥。其牛羊猪犬鸡鸭并蔬菜瓜果之类，与爪哇一般皆有。彼处人多好博戏，如把龟弈棋斗鸡之类，皆赌钱物。市中交易亦使中国铜钱，并用布帛之类。国王亦每以方物进贡朝廷，逮今未绝。

《明史》卷三二四《三佛齐传》曰：

三佛齐（Śrīvijaya）古名干陀利，[①]刘宋孝武帝时（四五四至

---

① 干陀利，《梁书》卷五四有传，传仅言国在南海洲上，其俗与林邑、扶南略同，未明著其在何洲。《明史》之比附似本于张燮《东西洋考》，是书卷三旧港条云：旧港古三佛齐国也，初名干陀利，又名渤淋，然未知其何所本。明人考证史地类多附会之说，未能必室利佛逝国之前，初名干陀利也。考其对音应作Kandali，梵语犹言芭蕉实，昔日南海似无此国名。

四六四）常遣使奉贡。梁武帝时（五〇二至五四九）数至。宋名三佛齐，修贡不绝。洪武三年（一三七〇）太祖遣行人赵述诏谕其国。明年（一三七一），其王马哈剌札八剌卜（Mahāraja Prabhu）遣使奉金叶表，随入贡黑熊、火鸡、孔雀、五色鹦鹉、诸香、苾布、兜罗被诸物。诏赐大统历及锦绮有差；户部言其货舶至泉州，宜征税，命勿征。七年（一三七四），王麻那哈宝林邦（Mahāraja Palembaṅ）遣使来贡。八年（一三七五）正月复贡。九月王僧伽烈宇兰遣使随诏谕拂菻国朝使入贡。九年（一三七六），怛麻沙那阿者卒，子麻那者巫里（Mahāraja Wuli？）嗣。明年（一三七七）遣使贡犀牛、黑熊、火鸡、白猴、红绿鹦鹉、龟筒，及丁香、米腊诸物。使者言嗣子不敢擅立，请命于朝，天子嘉其义，命使臣赍印敕封为三佛齐国王。时爪哇（Java）强，已威服三佛齐而役属之，闻天朝封为国王与己埒，则大怒，遣人诱朝使邀杀之，天子亦不能问罪。其国益衰，贡使遂绝。三十年（一三九七），礼官以诸蕃久缺贡，奏闻。帝曰："洪武初诸蕃贡使不绝，迩者安南、占城（Campa）、真腊（Kamboja）、暹罗（Siam）、爪哇、大琉球、三佛齐、淳泥（Borneo）、彭亨（Pahang）、百花、苏门答剌（Sumatra）、西洋等三十国，以胡惟庸作乱（一三八〇），三佛齐乃生间谍，绐我使臣至彼。爪哇王闻知，遣人戒饬，礼送还朝。由是商旅阻遏，诸国之意不通，惟安南、占城、真腊、暹罗、大琉球朝贡如故，大琉球且遣子弟入学。凡诸蕃国使臣来者，皆以礼待之，我视诸国不薄，未知诸国心若何。今欲遣使爪哇，恐三佛齐中途阻之，闻三佛齐本爪哇属国，可述朕意，移咨暹罗，俾转达爪哇。"于是部臣移牒曰："自有天地以来，即有君臣上下之分，中国四裔之防，我朝混一之初，海外诸蕃，莫不来享。岂意胡惟庸谋乱，三佛齐遂生异心，绐我信使，肆行巧诈。我圣天子一以仁义待诸蕃，何诸蕃敢背大恩，失君臣之礼。倘天子震怒，遣一偏将将十万之师，恭行天罚，易如覆手，尔诸蕃何不思之甚。我圣天子尝曰：安南、占城、真腊、暹罗、大琉球皆修臣职，惟三佛齐梗我声教，彼以蕞尔之国，敢倔强不服，自取灭亡，尔暹罗恪守臣节，天朝眷礼有加，可转达爪哇，令以大义告谕三佛齐，诚能省愆从善，则礼待如初。"时爪哇已破三佛齐，据其国，改其名曰旧港，三佛齐遂亡。国中大乱，爪哇亦不能尽有其地，华人流寓者，往往起而据之。有梁道明者，广州南海县人，久居其国，闽粤军民泛海从之者数千家，推道明为首，雄视一方，会指挥孙铉使海外遇其子，挟与俱来。永乐三年（一四〇五），成祖以行人谭胜受与道明同邑，命偕千户扬信等赍敕诏之，道明及其党郑伯可随入朝贡方物，受赐而还。四年（一四〇六），旧港头目陈祖义遣子士良，道明遣从子观政并来朝。祖义亦广东人，虽朝贡而为盗海上，贡使往来者苦之。五年（一四〇七），郑和自西洋还，遣人诏谕之，祖义诈降，潜谋邀劫。有施进卿者告于和，祖义来袭，被禽，献于朝，伏诛。时进卿适遣婿邱彦诚朝贡，命设旧港宣慰司，以进卿为使，锡诰印及冠带，自是屡入贡。然进卿虽受朝命，犹服属爪哇，其地狭小，非故时三佛齐比也。二十二年（一四二四）遣使入贡，诉旧印为火毁，帝命重给，其后期贡渐稀。嘉靖末（一五六六），广东大盗张琏作乱，官军已报克获。万历五年（一五七七），商人诣旧港，见琏列市为蕃舶长，漳泉人多附之，犹中国市舶官。云其地为诸蕃要会，在爪哇之西，顺风八昼夜可至，辖十五州。土沃宜稼，语云一年种谷，三年生金，言收获盛而贸金多也。俗富好淫。习于水战，邻国畏之。地多水，惟部领陆居，庶民皆水居，编筏筑室，系之于桩，水涨则筏浮，无沉溺患，徙则拔桩去之，不费财力。下称其上曰詹卑，犹国君也。后大酋所居，即号詹卑国（Jambi），改故都为旧港。初本富饶，自爪哇破灭后，渐致萧索，商舶鲜至，其地风俗物产，具详《宋史》。

第五章

南海群岛诸国传

南海以南，太平洋、印度洋间，岛屿无数，其间能成为大国者有二：曰室利佛逝，曰满者伯夷，具详本编第三、四两章。此外苏门答剌、爪哇两岛中之支国，与夫其他诸岛国曾与中国通，而经史传舆记著录者，何止数十国，兹特于本章中裒辑其文而比附之。但以今地可考者为限，余多不录，其无事迹可供参稽如《岛夷志略》所志诸国，亦仅录其重要者而已。首苏门答剌，次爪哇，次爪哇海中诸岛，次渤泥，次苏禄，次菲律宾群岛，次美洛居群岛。

（一）苏门答剌（Pasè）[①]

《岛夷志略》须文答剌（Sūmūṭra, Pasè）条曰：

---

① 案今 Sumatra 在晚近始为全岛之称，盖由 Sūmūṭra 一名所转出。其先原为岛北岸之国名，今在 Pasè 河上之 Samudra 村，《宋史》首先著录其译名曰苏勿咤（参看前章注十二），《岛夷志略》译名作须文答剌，《元史》译名作速木都剌，修《明史》者不知苏门答剌与须文达那是同名异译，因析为两传，其实指一地也。此岛名称在波斯载籍中首先著录者为爪哇（Jawa），虽名爪哇，实指苏门答剌全岛。剌史德丁（Rašīdu-d-Dīn）（一三一〇）书云：过蓝无里（Lamurī）有地名 Sūmūṭra，即指苏门答剌城也。

峻岭掩抱，地势临海，田硗谷少，男女系布缦，俗薄。其酋长人物修长，一日之间必三变色，或青或黑或赤。每岁必杀十余人，取自然血浴之，则四时不生疾病，故民皆畏服焉。男女椎髻，系红布。土产脑子粗降真香、味短、鹤顶、斗锡。种茄树高丈有余，经三四年不瘁，生茄子以梯摘之，如西瓜大，重十余斤。贸易之货用西洋丝布、樟脑、蔷薇水、黄油伞、青布、五色缎之属。

《瀛涯胜览》苏门答剌国条曰：

苏门答剌（Sūmūṭra）国，即古须文达那（Sūmūṭra）国是也。其处乃西洋之总路，宝船自满剌加（Malaka）国向西南，好风五昼夜，先到滨海一村名答鲁蛮，系船，往东南十余里可到。其国无城郭，有一大溪皆淡水流出于海，一日二次潮水长落，其海口浪大，船只常有沉没。其国南去有百里数之远，是大深山；北是大海；东亦是大山，至阿鲁（Arū）国界；正西边大海。其山连小国二处，先至那孤儿（Battak）王界，又至黎代（Lidé）王界，其苏门答剌国王，先被那孤儿花面王侵掠，战斗身中药箭而死。有一子幼小不能与父报仇。其王之妻与众誓曰：有能报夫死之仇，复全其地者，吾愿妻之，共主国事。言讫，本处有一渔翁奋志而言，我能报之。遂领兵众当先杀败花面王，复雪其仇。花面王被杀，其众退伏，不敢侵扰。王妻于是不负前盟，即与渔翁配合，称为老王，家室地赋之类，悉听老王裁制。永乐七年（一四〇九）效职进贡方物，而沐天恩。永乐十年（一四一二）复至其国，其先王之子长成，阴与部领合谋杀义父渔翁，夺其位，管其国。渔翁有嫡子名苏幹剌（Sekandar），领众挈家逃去，邻山自立一寨，不时率众侵复父仇。永乐十三年（一四一五），正使太监郑和等统领大综宝船到彼，发兵擒获苏幹剌，赴阙明正其罪。其王子感荷圣恩，常贡方物于朝廷。其国四时气候不齐，朝热如夏，暮寒如秋，五月七月间亦有瘴气。山产硫黄出于岩穴之中，其山不生草木，土石皆焦黄色。田土不广，惟种早稻，一年二熟，大小二麦皆无。其胡椒倚山居住人家置园种之，藤蔓而生，若中国广东甜菜样，开花黄白色，结椒成实，生则青，老则红，候其半老之时，摘采晒干货卖，其椒粒虚大者，即此处椒也。每官秤一百斤，彼处卖金钱八十，直银一两。果有芭蕉子、甘蔗、荸吉柿、波罗蜜之类。有一等臭果番名赌尔焉（durian），如中国水鸡头样，长八九寸，皮生尖刺，熟则五六瓣裂开，若烂牛肉之臭，内有栗子大酥白肉十四五块，甚甜美可食，其中更皆有子，炒而食之，其味如栗。酸橘甚广，四时常有，若洞庭狮柑绿橘样，其味不酸，可以久留不烂。又一等酸子，番名俺拔（amba，mango），如大消梨样，颇长，绿皮，其气香烈，欲食签去其皮，批切外肉而食，酸甜甚美，核如鸡子大。其桃李等果俱无。蔬菜有葱蒜姜芥，冬瓜至广，长久不坏，西瓜绿皮红子，有长二三尺者。人家广养黄牛，乳酪多有卖者。羊皆黑色，并无白者。鸡无劙者，番人不识扇鸡，惟有母鸡，雄鸡大者七斤，略煮便软，其味甚美，绝胜别国之鸡。鸭脚低矮，大有五六斤者，桑树亦有，人家养蚕不会缫丝，只会做棉。其国风俗淳厚，言语书记婚丧穿拌衣服等事，皆与满剌加国相同。其民之居住，其屋如楼，高不铺板，但用椰子、槟榔二木劈成条片以藤札缚，再铺藤簟，高八尺，人居其上，高处亦铺阁栅。此处多有番船往来，所以国中诸般番货多有卖者。其国使金钱锡钱，金钱番名底那儿（dinar），以七成淡金铸造，每个圆径官寸五分，而底有纹，官秤二分三厘，一日每四十八个重金一两四分。锡钱番名加失，凡买卖恒以锡钱使用。国中一应买卖交易皆以十六两为一斤，数论价以通行四方。

《明史》卷三二五《苏门答剌传》曰：

苏门答剌（Sūmūṭra）在满剌加（Malaka）之西，顺风九昼夜可至，或言即汉条枝，唐波斯、大食二国地，西洋会要也。成祖初遣使以即位诏谕其国。永乐二年（一四〇四）遣副使闻良辅、行人宁善赐其酋织金文绮绒锦纱罗招徕之。中官尹庆使爪哇，便道复使其国。三年（一四〇五），郑和下西洋复有赐，和未至，其酋宰奴里阿必丁已遣使随庆入朝贡方物，诏封为苏门答剌国王，赐印诰彩币袭衣，遂比年入贡，终成祖世不绝。郑和凡三使其国。先是其王之父与邻国花面王战，中矢死。王子年幼，王妻号于众曰：孰能为我报仇者，我以为夫，与共国事。有渔翁闻之，率国人往击，馘其王而还，王妻遂与之合，称为老王。既而王子年长，潜与部领谋杀老王，而袭其位，老王弟苏幹剌逃山中，连年率众侵扰。十三年（一四一五），和复至其国，苏幹剌以颁赐不及己，怒统数万人邀击，和勒部卒及国人御之，大破贼众，追至南渤利（Lāmurī）国，俘以归，其王遣使入谢。宣德元年（一四二六）遣使入贺。五年（一四三〇），帝以外蕃贡使多不至，遣和及王景弘遍历诸国。颁诏曰："朕恭膺天命，祗承太祖高皇帝、太宗文皇帝、仁宗昭皇帝大统，君临万邦，体祖宗之至仁，普辑宁于庶类，已犬赦天下，纪元宣德。尔诸蕃国，远在海外，未有闻知，兹遣太监郑和、王景弘等赍诏往谕，其各敬天道，抚人民，共享太平之福。"凡历二十余国，苏门答剌与焉。明年（一四三一）遣使入贡者再。八年（一四三三）贡麒麟。九年（一四三四），王弟哈利之汉来朝，卒于京，帝悯之，赠鸿胪少卿，赐诰，有司治丧葬，置守冢户。时景弘再使其国，王遣弟哈尼者罕随入朝。明年（一四三五）至，言王老不能治事，请传位于子。乃封其子阿卜赛亦的为国王，自是贡使渐稀。成化二十二年（一四八六）其使者至，广东有司验无印信勘合，乃藏其表于库，却还其使，别遣番人输贡物京师，稍有给赐，自后贡使不至。迨万历间（一五七三至一六一九），国两易姓，其时为王者人奴也。奴之主为国大臣，握兵柄。奴桀黠，主使牧象，象肥，俾监鱼税，日以大鱼奉其主。主大喜，俾给事左右。一日随主入朝，见王尊严若神主，主鞠躬惟谨。出谓主曰：主何恭之甚。主曰：彼王也，焉敢抗。曰，主弟不欲王尔，欲之，主即王矣。主诧叱退之。他日又进曰：王左右侍卫少，主拥重兵出镇，必入辞，请以奴从，主言有机事，乞屏左右，王必不疑，奴乘间刺杀之，奉主为王犹反掌耳。主从之，奴杀王，大呼曰：王不道，吾杀之。吾主即王矣，敢异议者齿此刃，众慑服不敢动，其主遂篡位，任奴为心腹，委以兵柄。未几奴复杀主而代之，乃大为防卫，拓其官，建六门，不得阑入，虽勋贵不得带刀上殿，出乘象，象驾亭而帷其外，如是者百余，俾人莫测王所在。其国俗颇淳，出言柔媚，惟王好杀，岁杀十余人，取其血浴身，谓可除疾。贡物有宝石、玛瑙、水晶、石青、回回青、善马、犀牛、龙涎香、沉香、速香、木香、丁香、降真香、刀、弓、锡锁服、胡椒、苏木、硫黄之属。货舶至贸易称平。地本瘠，无麦有禾，禾一岁二稔。四方商贾辐辏，华人往者以地远价高，获利倍他国。其气候朝如夏，暮如秋，夏有瘴气。妇人裸体，惟腰围一布。其他风俗类满剌加，篡弑后易国名曰哑齐（Acheh Achin）。

同卷《须文达那传》曰：

> 须文达那（Sūmūṭra），洪武十六年（一三八三）国王殊旦麻勒
> 兀达盼遣使俺八儿来朝，贡马二匹，幼蕊布十五匹，隔著布、入的
> 力布各二匹，花满直地二，番绵绅直地二，兜罗绵二斤，撒剌八二
> 个，幼赖革著一个，撒哈剌一个，及蔷薇水沉香、降香、速香诸物，
> 命赐王大统历绮罗宝钞，使臣袭衣。或言须文达那即苏门答剌，洪
> 武时（一三六八至一三九八）所更，然其贡物与王之名皆不同，无
> 可考。

（二）蓝无里（Lāmurī）[①]

《诸蕃志》蓝无里国条曰：

> 蓝无里（Lāmurī）国土产苏木、象牙、白藤，国人好斗，多用
> 药箭。北风二十余日到南毗（Nambūri）管下细兰（Ceylan）国。自
> 蓝无里风帆将至其国，必有电光闪烁，知是细兰也，[②] 其王黑身而逆
> 毛，露顶不衣，止缠五色布，蹑金线红皮履，出骑象，或用软兜，
> 日啖槟榔，炼真珠为灰。屋宇悉用猫儿睛及青红宝珠玛瑙杂宝妆
> 饰，仍用藉地以行。东西有二殿，各植金树，柯茎皆用金花，实并
> 叶则以猫儿睛青红宝珠等为之，其下置金椅，以琉璃为壁。王出朝，
> 早升东殿，晚升西殿，坐处常有宝光，盖日影照射琉璃与宝树相映
> 如霞光闪烁然。二人常捧金盘从，承王所啖槟榔滓，从八月输金一
> 镒于官库，以所承槟榔滓内有梅花脑并诸宝物也。王握宝珠，径五

---

① 蓝无里大食文名称，首见于十三世纪时人赛德（Ibn Saīd）书，作
Lāmurī。此书亦名全岛曰爪哇。马可波罗书作 Lambri。汉译名：《诸蕃志》首作
蓝无里，《岛夷志略》作喃哑哩，《瀛涯胜览》国名作南淳里，海名作那没喇，《明
史》亦不解南巫里与南渤利为同名异译，亦两传之。

② 下文言锡兰国事，殆有错简，误接于蓝无里传后。

寸，火烧不暖，夜有光如炬，王日用以拭面，年九十余颜如童。国人肌肤甚黑，以缦缠身，露顶跣足，以手掬饭，器皿用铜。有山名细轮叠（Sirandib, Pic d'Adam），顶有巨人迹，长七尺余，其一在水内，去山三百余里。其山林木低昂，周环朝拱，产猫儿晴、红玻璃脑、青红宝珠。地产白豆蔻、木兰皮、粗细香，番商转易用檀香、丁香、脑子、金银、瓷器、马、象、丝帛等为货。岁进贡于三佛齐（Palembang）。

《岛夷志略》喃哑哩条曰：

　地当喃哑哩（Lāmuri）[①]之要冲，大波如山，动荡日月，望洋之际，疑若无地。民居环山，各得其所。男女椎髻，露体系布捎。田瘠谷少，气候暖，俗尚劫掠，亚于牛单锡也。[②]地产鹤顶、龟筒、玳瑁、降真香，冠于各番。贸易之货用金银、铁器、蔷薇、水红丝布、樟脑、青白花碗之属。夫以舶历风涛，回经此国，幸而免于鱼龙之厄，而又罹虎口，莫能逃之，亦风迅雨之乖时使之然哉。

《瀛涯胜览》南浡里国条曰：

　自苏门答剌（Pasè）往正西，好风行三昼夜可到。其国边海，人民止有千家，余皆是回回人，甚朴实。地方东接黎代（Lidé）王界，西北皆临大海，南去是山，山之南又是大海。国王亦是回回人。王居屋处，用大木高四丈，如楼起造，楼下俱无装饰，纵放牛羊牲畜在下，楼上四边以板折落，甚洁，坐卧食处皆在其上，民居之屋与苏门答剌国同。其处黄牛、水牛、山羊、鸡鸭、蔬菜皆少，鱼虾甚贱，米谷少。使用铜钱。山产降真香，此处至好，名莲花降，并有犀牛，国之西北海内有大平顶峻山，半日可到，名帽山（Puloweh？）。其山之西，亦皆大海，正是西洋也，番名那没嚟（Lāmurī）洋。西来过洋船只收帆，俱望此山为准。其边二丈上下浅水内，生海树，彼人捞取为宝物货卖，即珊瑚也。其树大者高二三尺，根头有一大拇指大根，如墨之沉黑，如玉石之温润，稍上桠枝婆娑可爱，

---

① 　《岛夷志略广证》云，此下疑脱"洋"字。
② 　牛单锡应为单马锡之误，单马锡乃 Tumasik 之对音，今星加坡也。

根头大处可碾为帽珠器物。其帽山脚下亦有居民二三十家，各自称为王，若问其姓名，则曰阿菰喇楂，我便是王，以答，或问其次，则曰阿菰喇楂，我亦是王，甚可笑也。其国属南浡里国所辖，其南浡里王常跟宝船将降真香等物贡于中国。

《明史》卷三二五《南渤利传》曰：

南渤利（Lāmurī）在苏门答剌（Pasè）之西，顺风三昼夜可至。王及居民皆回回人，仅千余家，俗朴实，地少谷，人多食鱼虾。西北海中有山甚高大，曰帽山（Pulo weh？）。其西复大海，名那没黎（Lāmurī）洋，西来洋船俱望此山为准。近山浅水内生珊瑚，树高者三尺许。永乐十年（一四一二），其王马哈麻沙遣使附苏门答剌使入贡。赐其使袭衣，赐王印诰锦绮罗纱彩币，遣郑和抚谕其国。终成祖时比年入贡。其王子沙者罕亦遣使入贡。宣德五年（一四三〇），郑和遍赐诸国，南渤利（Lāmurī）亦与焉。

卷三二六《南巫里传》曰：

南巫里（Lāmurī）在西南海中。永乐三年（一四〇五）遣使赍玺书彩币抚谕其国。六年（一四〇八），郑和复往使。九年（一四一一），其王遣使贡方物，与急兰丹（Kelantan）、加异勒（Cail）诸国偕来，赐其王金织文绮金绣龙衣销金帏幔及伞盖诸物，命礼官宴赐遣之。十四年（一四一六）再贡，命郑和与其使偕行，后不复至。

（三）那孤儿（Battak）①

《岛夷志略》花面（Battak）条曰：

① 《诸蕃志·三佛齐传》（参看本编第四章）属国十五，中有拔沓（Battak），即此国也。那孤儿对音未详，一三六五年《爪哇史颂》中有国名 Nagor，然地在马来半岛，与苏门答剌之那孤儿方位不符。

其山逶迤，其地沮洳，田极肥美，足食有余。男女以墨汁刺于其面，故谓之花面（Battak），国名因之。气候倍热，俗淳，有酋长。地产牛羊鸡鸭槟榔甘蔗莪叶木棉。货用铁条青布粗碗青处器之属。舶经其地，不过贸易以供日用而已，余无可兴贩也。

《瀛涯胜览》那孤儿国条曰：

那孤儿王，又名花面王。其地在苏门答剌西，地里之界相连，止是一大山村，但所管人民皆于面上刺三尖青花为号，所以称为花面王。地方不广，人民只有千余家。田少，人多以耕陆为生。米粮稀少，猪羊鸡鸭皆有。言语动静与苏门答剌国相同。土无出产，乃小国也。

《明史》卷三二五《那孤儿传》曰：

那孤儿在苏门答剌之西，壤相接，地狭止千余家。男子皆以墨刺面为花兽之状，故又名花面国。猱头裸体，男女止单布围腰，然俗淳。田足稻禾。强不侵弱，富不骄贫，悉自耕而食，无寇盗。永乐中（一四〇三至一四二四）郑和使其国，其酋长常入贡方物。

（四）黎代（Lidé）

《瀛涯胜览》黎代国条曰：

黎代之地，亦一小邦也。在那孤儿地界之西；此处南是大山；北临大海；西连南淳里国为界。国人三千家，自推一人为王，以主其事，属苏门答剌所辖。土无所产，言语行用与苏门答剌同。山有野犀牛至多，王亦差人捕获，随同苏门答剌国以进贡于中国。

《明史》卷三二五黎代（Lidé）①国传曰：

> 黎代在那孤儿之西，南大山，北大海，西接南渤利。居民三千家，推一人为主，隶苏门答剌，声音风俗多与之同。永乐中（一四〇三至一四二四）尝随其使臣入贡。

（五）阿鲁（Arū）②

《瀛涯胜览》哑鲁（Arū）国条曰：

> 自满剌加（Malaka）国开船好风行四昼夜可到。其国有港名淡水港一条，入港到国，南是大山，北是大海，西连苏门答剌国界，东有平地，堪种旱稻，米粒细小，粮食频有。民以耕渔为业，风俗淳朴，国内婚丧等事，皆与爪哇（Java）、满剌加国相同。货用稀少，棉布名考泥，并米谷牛羊鸡鸭甚广，乳酪多有卖者。其国王国人皆是回回人。山林中出一等飞虎，如猫大，遍身毛灰色，有肉翅，如蝙蝠一般，但前足肉翅生连后足，能飞，不远，人或有获得者，不服家食即死。土产黄速香、金银香之类，乃小国也。

《明史》卷三二五《阿鲁传》曰：

> 阿鲁一名哑鲁，近满剌加，顺风三日夜可达。风俗气候大类苏门答剌，田瘠少收，盛艺芭蕉椰子，为食。男女皆裸体，以布围腰。永乐九年（一四一一），王速鲁唐忽先遣使附古里（Calicut）诸国入贡。赐其使冠带彩币宝钞，其王亦有赐。十年（一四一二），郑和使其国。十七年（一四一九），王子叚河剌沙遣使入贡。十九年（一四二一）、二十一年（一四二三）再入贡。宣德五年（一四三〇），郑和使诸番，亦有赐，其后贡使不至。

---

① 《明史》黎代并误黎伐，兹改正。
② 阿鲁，剌史德丁书作 Arū，Sīdī Alī Čelebī（一五五四）书作 Arūh，据云：苏门答剌东岸海水不深，阿鲁港周围海水尤浅。

（六）监篦（Kāmpar）^①

《诸蕃志》监篦国条曰：

监篦国（Kāmpar），其国当路口，舶船多泊此，从三佛齐（Palembang）国风帆半月可到。旧属三佛齐，后因争战，遂自立为王。土产白锡、象牙、真珠。国人好弓箭，杀人多者，带符标榜，互相夸诧。五日水路到蓝无里（Lāmurī）国。

（七）碟里（Dělī）^②

《明史》卷三二四《碟里传》曰：

碟里（Dělī）近爪哇（Java）。永乐三年（一四〇五）遣使附其使臣来贡。其地尚释教。俗淳少诉。物产甚薄。

（八）淡洋（Tamiaṅ）^③

《岛夷志略》淡洋条曰：

港口通官场百有余里，洋其外海也。内有大溪之水，源二千余里，奔流冲合于海。其海面一流之水清淡，舶人经过，往往乏水，则必由此汲之，故名曰淡洋（Tamiaṅ）。过此以往，未见其海岸之水

---

① 监篦即苏门答剌东岸之 Kāmpar。《元史·世祖本纪》有乾伯国，疑指此国。
② 碟里应为 Delī 之对音，在今淡洋之南，别有同名之国，《明史》译名作底里，即今印度都城，亦写作 Dalhi。
③ 淡洋在哑齐之南，乃 Tamiaṅ 之对音。《元史·成宗本纪》作毯阳。

不咸也。岭窝有田常熟，气候热，风俗淳。男女椎髻，系溜布。有酋长。地产降真香，味与亚芦同。米颗虽小，炊饭则香。贸易之货用赤金、铁器、粗碗之属。

（九）呵罗单 [①]

《宋书》卷九十七《呵罗单国传》云：

呵罗单国治阇婆洲，元嘉七年（四三〇）遣使献金刚指镮、赤鹦鹉鸟、天竺国（Inde）白叠古贝、叶波国（Yava？）[②] 古贝等物。十年（四三三），呵罗单国王毗沙跋摩奉表曰："常胜天子陛下：诸佛世尊，常乐安隐，三达六通，为世间道，是名如来，应供正觉，遗形舍利，造诸塔像，庄严国土，如须弥山，村邑聚落，次第罗匝，城廓馆宇，如忉利天官，宫殿高广，楼阁庄严，四兵俱足，能伏怨敌，国土丰乐，无诸患难，奉承先王，正法治化，人民良善，庆无不利，处雪山阴，雪水流注，百川洋溢，八味清净，周匝屈曲，顺趣大海，一切众生咸得受用，于诸国土殊胜第一，是名震旦，大宋扬都承嗣常胜，大王之业，德合天心，仁荫四海，圣智周备，化无不顺，虽人是天，护世降生，功德宝藏，大悲救世，为我尊主常胜天子，是故至诚五体敬礼。呵罗单国王毗沙跋摩稽首问讯。"其后为子所篡夺。十三年（四三六）又上表曰："大吉天子足下：离淫怒痴，哀愍群生，想好具足，天龙神等，恭敬供养世尊威德，身光明照，如水中月，如日初出，眉间白毫，普照十方，其白如雪，亦如

---

① 呵罗单对音未详，"治阇婆洲"，则应在爪哇岛中，旧考谓其为马来半岛之 Kelantan 者，误也。惟苏门答剌岛有地名 Karitan，得亦为呵罗单古名之遗存于今者，然则此阇婆亦可解作苏门答剌岛矣。《隋书》卷八二《赤土传》云"南诃罗旦国"，殆指同一国也。

② 考一三六五年《爪哇史颂》（Nāgarakr̆etāgama），其中 Jāwa 与 Yāwa 并列，皆指后之爪哇岛，足证古写之对音可作阇婆，亦可作叶波，惟不能必其为今之爪哇，抑今之苏门答剌也。

月光，清净如华，颜色照耀，威仪殊胜，诸天龙神之所恭敬，以正
法宝，梵行众僧，庄严国土，人民炽盛，安隐快乐。城阁高峻，如
乾多山，众多勇士，守护此城，楼阁庄严，道巷平正，著种种衣犹
如天服，于一切国为最殊胜吉。扬州城无忧天主，愍念群生，安乐
民人，律仪清净，慈心深广，正法治化，共养三宝，名称远至，一
切并闻。民人乐见，如月初生，譬如梵王，世界之主，一切人天恭
敬作礼。呵罗单跋摩以顶礼足，犹如现前，以礼布地，如殿陛道，
供养恭敬，如奉世尊，以顶著地，曲躬问讯。忝承先业，嘉庆无量，
忽为恶子所见争夺，遂失本国，今唯一心归诚天子，以自存命。今
遣毗纫问讯大家，意欲自往，归诚宣诉，复畏大海风波不达。今命
得存，亦由毗纫，此人忠志，其恩难报，此是大家国，今为恶子
所夺，而见驱摈，意颇忿愧，规欲雪复。伏愿大家听毗纫买诸铠仗
袍袄及马，愿为料理毗纫使得时还。前遣阇邪仙婆罗诃，蒙大家厚
赐，悉恶子夺去，启大家使知。今奉薄献愿垂纳受。"此后又遣使。
二十六年（四四九），太祖诏曰："诃罗单、媻皇、媻达三国频越遐
海，款化纳贡，远诚宜甄，可并加除授。"乃遣使策命之曰："惟汝
慕义款化，效诚荒遐，恩之所洽，殊远必甄，用敷典章，显兹策授。
尔其钦奉凝命，永固厥职，可不慎欤。"二十九年（四五二）又遣长
史媻和沙弥献方物。

（十）苏吉丹 [①]

《诸蕃志》苏吉丹条曰：

> 苏吉丹即阇婆（Java）之支国，西接新拖（Sunda），东连打板
> （Tuban）。有山峻极，名保老岸（Tanjong Pautuman），番舶未到，
> 先见此山，顶耸五峰，时有云覆其上。其王以五色布缠头，跣足，

---

① 苏吉丹既西接新拖，东连打板，应在爪哇中部，旧考谓其对音是 Suka-
tana 而指渤泥洲南部爪哇人之侨居地，似误。苏门答剌岛东南亦有地名 Sukadana，
亦不得谓为中国载籍中之苏吉丹也。

路行蔽以凉伞，或皂或白，从者五百余人，各持枪剑镖刀之属。头戴帽子，其状不一，有如虎头者，如鹿头者，又有如牛头、羊头、鸡头、象头、狮头、猴头者。旁插小旗，以五色缬绢为之。土人男翦发，女打鬃，皆裹体跣足，以布缠腰。民间贸易用杂白银凿为币，状如骰子，上缕番官印记，六十四只准货金一两，每只博米三十升或四十升至百升，其他贸易悉用，是名曰阇婆金，可见此国即阇婆也。架造屋宇与新拖同。地多米谷，巨富之家，仓储万余硕。有树名波罗蜜，其实如冬瓜，皮如栗壳，肉如柑瓣，味极甘美。亦有荔枝、芭蕉、甘蔗，与中国同。荔枝晒干可疗痢疾，蕉长一尺，蔗长一丈，此为异耳。蔗汁入药，酝酿成酒，胜如椰子。地之所产，大率于阇婆无异。胡椒最多，时和岁丰货银二十五两可博十包至二十包，每包五十升，设有凶歉寇攘，但易其半。采椒之人，为辛气薰迫，多患头痛，饵川芎可愈。蛮妇搽抹及妇人染指甲衣帛之属，多用朱砂，故番商兴贩，率以二物为货。厚遇商贾，无宿泊饮食之费。其地连百花园、麻东（Padang？）、打板（Tuban）、禧宁、戎牙路（Jaṅgala）、东峙、打纲、黄麻驻、麻篱（Bali）、牛论、丹戎武啰（Tanjong pura）、底勿（Timor）、平牙夷、勿奴孤（Moluku？），皆阇婆之属国也。打板国东连大阇婆，号戎牙路。（原注或作重迦卢。）居民架造屋宇，与中国同。其地平坦，有港通舟车往来。产青盐、绵羊、鹦鹉之属。番官勇猛，与东边贼国为姻，彼以省亲为名，番舶多遭劫掠之患，甚至俘人，以为奇货，每人换金二两或三两，以此商货遂绝。[①]打纲[②]、黄麻驻、麻篱、牛论、丹戎武啰、底勿、平牙夷、勿奴孤等国在海岛中，各有地主用船往来。地罕耕种，国多老树，内产沙糊，状如麦面，土人用水为圆，大如绿豆，晒干入包，储蓄为粮，或用鱼皮肉杂以为羹。多嗜甘蔗芭蕉，捣蔗入药，酝酿为酒。又有尾巴树，剖其心，取其汁，亦可为酒。土人壮健凶恶，色黑而红，裹体文身，剪发跣足。饮食不用器皿，缄树叶以从事，食已则弃之。民间博易，止用沙糊，准以升斗。不识书计。植木为栅，高二丈余，架屋其上，障盖与新拖同。土产檀香、丁香、豆蔻、

---

① 原注："贼国：丹重布啰、琶离、孙他、故论是也。"案此丹重布啰应是前文爪哇属国中之丹戎武啰。爪哇人称渤泥洲为 Tanjongpura，殆指此洲；琶离应是前文爪哇属国中之麻篱，今 Bali 也；孙他应指新拖，今之 Sunda 也；故论疑指Gurun 岛，别译作昆仑者是已。

② 三宝垄（Samarang）旧名作 Takang，殆其对音。

花簟、番布、铁剑、器械等物。内丹戎武啰、麻篱尤广袤，多蓄兵马，稍知书计。土产降真、黄腊、细香、玳瑁等物，丹戎武啰亦有之。率不事生业，相尚出海，以舟劫掠，故番商罕至焉。

《明史》卷三二四《苏吉丹传》曰：

苏吉丹，爪哇属国，后讹为思吉港，国在山中，止数聚落。酋居吉力石（Gersik），其水濊，舟不可泊，商船但往饶洞（Yortan），其地平衍，国人皆就此贸易。其与国有思鲁瓦（Surabaya）及猪蛮（Tuban），猪蛮多盗，华人鲜至。

（十一）新拖（Sunda）

《诸蕃志》新拖国条曰：

新拖（Sunda）国有港，水深六丈，舟车出入。两岸皆民居，亦务耕种。架造屋宇，悉用木植，覆以棕榈皮，藉以木板，障以藤蔑。男女裹体，以布缠腰，剪发仅留半寸。山产胡椒，粒小而重，胜于打板（Tuban）。地产冬瓜、甘蔗、匏豆、茄菜。但地无正官，好行剽掠，番商罕至兴贩。

（十二）重迦罗（Jaṅgala）①

《岛夷志略》重迦罗条曰：

杜瓶（Tuban）之东曰重迦罗（Jaṅgala），与爪哇界相接。间

①《诸蕃志》苏吉丹条戎牙路原注"或作重迦卢"，皆 Jaṅgala 之对音也。

有高山，奇秀不产他木，满山皆盐麸树及楠树。内一石洞，前后三门可容一二万人。田土亚于阇婆，气候热。俗淳，男女撮髻，衣长衫。地产绵羊、鹦鹉、细花、木棉单、椰子木、棉花纱。贸易之货用花银、花宣绢诸色布。煮海为盐，酿秫为酒，无酋长，年尊者统摄。次曰诸番，相去约数日水程，曰孙陀（Sunda），曰琵琶，曰丹重，曰员峤，曰彭里。不事耕种，专尚寇掠，与吉陀（Kědah）、亚崎（Acheh）诸国相通交易，舶人所不及也。

（十三）婆利（Bali）[①]

《梁书》卷五十四婆利国传曰：

婆利国（Bali）在广州东南海中洲上，去广州二月日行。国界东西五十日行，南北二十日行，有一百三十六聚。土气暑热如中国之盛夏，谷一岁再熟，草木常荣。海出文螺、紫贝。有石名蚶贝罗，初采之柔软，及刻削为物，干之遂大坚强。其国人披吉贝如帊，及为都缦。王乃用斑丝布，以璎珞绕身，头著金冠，高尺余，形如弁，缀以七宝之饰，带金装剑偏坐金高坐，以银蹬支足。侍女皆为金花杂宝之饰，或持白毦拂及孔雀扇。王出以象驾舆，舆以杂香为之，上施羽盖珠帘，其导从吹螺击鼓。王姓憍陈如，自古未通中国，问其先及年数不能记焉，而言白净王夫人即其国女也。天监十六年（五一七）遣使奉表曰："伏承圣王，信重三宝，兴立塔寺，校饰庄严，周遍国土。四衢平坦，清净无秽，台殿罗列，状若天宫，壮丽微妙，世无与等。圣主出时，四兵具足，羽仪导从，布满左右。都人士女，丽服光饰，市廛丰富，充积珍宝。王法清整，无相侵夺，学徒皆至，三乘竞集，敷说正法。云布雨润，四海流通，交会万国，长江眇漫，清冷深广，有生咸资，莫能消秽，阴阳和畅，灾厉不作。大梁扬都，圣王无等，临覆上国，有大慈悲，子育万民，平等忍辱，

---

① 古之婆利与本章注十五之琶离、麻篱应是 Bali 之同名异译。《太平御览》卷七八七引《扶南土俗传》云："诸薄国，国东有马五洲。"伯希和谓诸薄殆指爪哇，其东之大洲舍 Bali 莫属，马五殆为马立之误，与《新唐书》"婆利亦号马礼"之译音亦符，参看《交广印度两道考》九〇页。

怨亲无二，加以周穷，无所藏积，靡不照烛，如日之明，无不受乐，犹如净月。宰辅贤良，群臣贞信，尽忠奉上，心无异想。伏惟皇帝是我真佛。臣是婆利国主，今敬稽首，礼圣王足下。惟愿大王，知我此心，此心久矣，非适今也，山海阻远，无缘自达，今故遣使献金席等，表此丹诚。"普通三年（五二二），其王频伽复遣使珠贝智贡白鹦鹉、青虫、兜鍪、琉璃器、吉贝、螺杯、杂香药等数十种。

《隋书》卷八十二《婆利传》曰：

　　婆利（Bali）国有交阯浮海，南过赤土、丹丹，乃至其国。国界东西四月行，南北四十五日行。王姓刹利邪伽，名护滥那婆。官曰独诃邪挐，次曰独诃氏挐。国人善投轮刀，其大如镜，中有窍，外锋如锯，远以投人，无不中，其余兵器与中国略同。俗类真腊（Kamboja），物产同于林邑（Campa）。其杀人及盗截其手，奸者锁其足，期年而止。祭祀必以月晦，盘贮酒肴，浮之流水，每十一月必设大祭。海出珊瑚，有鸟如舍利，解人语。大业十二年（六一六）遣使朝贡，后遂绝，于时南荒有丹丹、盘盘二国亦来贡方物，其风俗物产大抵相类云。

《旧唐书》卷一九七《婆利国传》曰：

　　婆利国（Bali）在林邑（Campa）东南海中洲上，其地延袤数千里，自交州南渡海，经林邑、扶南、赤土、丹丹数国乃至焉。其人皆黑色，穿耳附珰。王姓刹利耶伽，名护路那婆，世有其位。王戴花形如皮弁，装以真珠璎珞，身坐金床。侍女有金花宝缕之饰，或持白拂孔雀扇。行则驾象，鸣金击鼓，吹蠡为乐。男子皆鬈发，被古贝布，横幅以绕腰。风气暑热，恒如中国之盛夏。谷一岁再熟。有古贝草，缉其花以作布，粗者名古贝，细者名白氎。贞观四年（六三〇），其王遣使随林邑使献方物。

《新唐书》卷二二二下《环王（Campa）传》曰：

婆利（Bali）者直环王东南，自交州泛海，历赤土、丹丹诸国乃至。地大，洲多马，亦号马礼（Bali），衷长数千里。多火珠，大者如鸡卵，圆白照数尺，日中以艾藉珠，辄火出。产玳瑁、文螺、石玳，初取柔可治，既镂刻即坚，有舍利鸟，通人言。俗黑身朱发而鬈，鹰爪兽牙，穿耳傅珰，以古贝横一幅缭于腰。古贝草也，缉其花为布，粗曰贝，精曰氎。俗以夜为市，自掩其面。王姓刹利邪伽，名护路那婆，世居位。缭班丝贝，缀珠为饰，坐金榻，左右持白拂孔雀翣；出以象驾车，羽盖珠箔，鸣金击鼓歃蠡为乐。其东即罗刹也，与婆利同俗，隋炀帝遣常骏使赤土，遂通中国。赤土西南入海得婆罗，总章二年（六六九）其王旃达钵遣使者与环王使者偕朝。

（十四）麻叶瓮（Billiton）

《明史》卷三二三《麻叶瓮传》曰：

麻叶瓮（Billiton）在西海中。永乐三年（一四〇五）十月遣使赍玺书，赐物，招谕其国，迄不朝贡。自占城（Campa）灵山放舟，顺风十昼夜至交栏山（Gelam），其西南即麻叶瓮。山峻地平，田膏腴，收获倍他国，煮海为盐，酿蔗为酒。男女椎髻，衣长衫，围之以布，俗尚节义，妇丧夫，劈面剃发，绝粒七日，与尸同寝，多死。七日不死则亲戚劝以饮食，终身不再嫁，或于焚尸日亦赴火自焚。产玳瑁、木绵、黄蜡、槟榔、花布之属。交栏山甚高广，饶竹木。元史弼、高兴伐爪哇，遭风至此山下，舟多坏，乃登山，伐木重造，遂破爪哇。其病卒百余，留养不归，后益藩衍，故其地多华人。[①] 又有葛卜及速儿米囊二国，亦永乐三年（一四〇五）遣使赐玺书赐物招谕，竟不至。

---

① 交栏山，《元史》作勾栏山，参看本书上编第九章。

（十五）假里马打（Karimata）[①]

《岛夷志略》假里马打条曰：

> 山列翠屏，阛阓临溪，田下谷不收，气候热。俗浇薄。男女髡头，以竹布为桶样阱之，仍系以捎。囡知廉耻。采蕉实为食，煮海为盐，以适他国易米，每盐一斤易米一斗。前代地产番羊，高大者可骑，日行五六十里，及紫玎瑠。贸易之货用琉黄、珊瑚珠、阇婆布、青色烧珠、小花印布之属。

（十六）勾栏山（Gelam）

《岛夷志略》勾栏山条曰：

> 岭高而树林茂密，田瘠谷少，气候热，俗射猎为事。国初军士征阇婆，遭风于山下，辄损舟。一舟幸免，唯存钉灰，见其山多木，故于其地造舟一十余只，若樯柁，若帆，若篙，靡不具备，飘然长往。有病卒百余人不能去者，遂留山中，今唐人与番人丛杂而居之。男女椎髻，穿短衫，系巫仑布。地产熊、豹、鹿麂皮，玎瑠。贸易之货用谷、米、五色绢、青布、铜器、青器之属。

---

① 《元史·史弼传》作假里马答，参看本书上编第九章。

（十七）渤泥（Borneo）[①]

《诸蕃志》渤泥国条曰：

渤泥（Borneo）在泉之东南，去阇婆（Java）四十五日程，去三佛齐（Palembang）四十日程，去占城（Campa）与麻逸（Mait）各三十日程，皆以顺风为则。其国以板为城，城中居民万余人，所统十四州。王居覆以贝多叶，民舍覆以草，王之服色略仿中国。若裸体跣足则臂佩金圈，手带金练，以布缠身。坐绳床，出则施大布单坐其上，众异之，名曰软囊。从者五百余人，前持刀剑器械，后捧金盘，贮香脑槟榔等从。以战船百余只为卫。战斗则持刀披甲，甲以铜铸，状若大筒，穿之于身，护其腹背。器皿多用金，地无麦，有麻稻，以沙糊为粮。又有羊及鸡鱼。无丝蚕，用吉贝花织成布。有尾巴树、加蒙树、椰子树，以树心取汁为酒。富室之妇女皆以花锦销金色帛缠腰。婚聘先以酒，槟榔次之，指环又次之，然后以吉贝布，或量出金银成礼。丧葬有棺敛，以竹为舆，载弃山中。二月始耕则祀之，凡七年则不复祀矣。以十二月七日为岁节，地多热。国人宴会，鸣鼓，吹笛，击钵歌舞为乐，无器皿，以竹编贝多叶为器，食毕则弃之。其国邻于底门国（Timor）。有药树，取其根煎为膏服之，仍涂其体，兵刃所伤皆不死。土地所出梅花脑、速脑、金脚脑、米脑、黄腊、降真香、玳瑁。番商兴贩用货金、货银、假锦、建阳锦、五色绢、五色茸、琉璃珠、琉璃瓶子、白锡、乌铅、网坠、牙臂环、胭脂、漆碗楪、青瓷器等博易。番舶抵岸三日，其王与眷属率大人到船问劳，船人用锦藉跳板迎，肃款以酒醴，用金银器皿禄席凉伞等分献有差。既泊舟登岸，皆未及博易之事，商贾日以中国饮食献其王，故舟往佛泥（Borneo）必挟善庖者一二辈与俱。朔望并讲贺礼，几月余方请其王与大人论定物价，价定然后鸣鼓以召远近之人，听其贸易，价未定而私贸易者罚。俗重商贾。有罪抵死者罚而不杀。船回日，其王亦酾酒椎牛祖席，酢以脑子番布等，称

① 渤泥首见《蛮书》作渤泥，应是大食人之 Burnī，今之 Borneo。《爪哇史颂》名 Burunen。爪哇侨民名此州曰 Tanjongpura，参看本章第 122 页注①。《明史》作婆罗，虽指同一地域，然婆罗译名，出《新唐书》卷二二二下环王（Campa）传。传云："赤土西南入海得婆罗……"此婆罗不得为渤泥，《明史》之附会不一而足，此其一端也。

其所施。舶舟虽贸易迄事，必候六月望日排辨佛节然后出港，否则有风涛之厄。佛无他像，茅舍数层，规制如塔，下置小龛，罩珠二颗，是谓圣佛。土人云二珠其初犹小，今渐大如拇指矣。遇佛节，其王亲供花果者三日，国中男女皆至。太平兴国二年（九七七）遣使蒲牙利等贡脑子、玳瑁、象牙、檀香。其表缄封数重，纸类木皮而薄。莹滑色微绿，长数尺，博寸余，卷之仅可盈握。其字细小，横读之。译以华言云：渤泥国王向打稽首拜皇命万岁万岁万万岁。又言每年修贡易飘泊占城，乞诏占城今后勿留。馆其使于礼宾院，优遣之。元丰五年（一〇八二）又遣使来贡。阙西龙宫、什庙、日丽、胡芦蔓头、苏勿里、马瞻逾马喏居海岛中，用小船来往，服色饮食与渤泥同。出生香、降真香、黄蜡、玳瑁。商人以白瓷器、酒、米、粗盐、白绢、货金易之。

《宋史》卷四八九《勃泥传》曰：

勃泥（Borneo）国在西南大海中，去阇婆（Java）四十五日程，去三佛齐（Palembang）四十日程，去占城（Campa）与摩逸（Mait）各三十日程，皆计顺风为则。其国以版为城，城中居者万余人，所统十四州。其王所居屋覆以贝多叶，民舍覆以草。在王左右者为大人。王坐绳床，若出即大布单坐其上，众异之，名曰阮囊。战斗者则持刀被甲，甲以铜铸，状若大筒，穿之于身，护其腹背。其地无麦，有麻稻，又有羊及鸡鱼。无蚕丝，用吉贝花织成布。饮椰子酒，昏聘之资先以椰子酒，槟榔次之，指环又次之，然后以吉贝布，或量出金银成其礼。丧葬亦有棺敛，以竹为舆，载弃山中。二月始耕则祀之，凡七年则不复祀矣。以十二月七日为岁节。地热，多风雨。国人宴会，鸣鼓，吹笛，击钹，歌舞为乐。无器，并以竹编贝多叶为器盛食，食讫弃之。其国邻于底门国。有药树，取其根煎为膏服之，及涂其体，兵刃所伤皆不死。前代未尝朝贡，故史籍不载。太平兴国二年（九七七），其王向打遣使施弩、副使蒲亚里、判官哥心等赍表贡大片龙脑一家底，第二等八家底，第三等十一家底，米龙脑二十家底，苍龙脑二十家底，凡一家底并二十两，龙脑版五，玳瑁壳一百，檀香三槩，象牙六株。表云为皇帝千万岁寿，望不责小国微薄之礼。其表以数重小囊缄封之，非中国纸，类木皮而薄，莹滑色微绿，长数尺，阔寸余，横卷之仅可盈握。其字细小，横读之，以华言译之云："勃泥国王向打稽首拜，皇帝万岁万岁万万岁，愿皇帝万岁寿。今遣使进贡，向打闻有朝廷，无路得到。昨有商人蒲卢歇船泊水口，差人迎到州，言自中朝来，比诣阇婆国遇猛风，破其船，不得去。此时闻自中国来，国人皆大喜，即造舡船令蒲卢歇导达入朝贡。每年修贡虑风吹至占城界，望皇帝诏占城今有向打船到，不要留，臣本国别无异物，乞皇帝勿怪。"其表文如是，诏馆其使于礼宾院，优赐以遣之。元丰五年（一〇八二）二月，其王锡理麻喏复遣使贡方物，其使乞从泉州乘海舶归国，从之。

《岛夷志略》浡泥条曰：

龙山礁碎于其右，基宇雄敞，源田获利。夏月稍冷，冬乃极热。俗侈，男女椎髻，以五采系腰，花锦为衫。崇奉佛像唯严，尤近爱唐人，醉则扶之，以归歇处。民煮海为盐，酿秫为酒。有酋长，仍选其国能算者一人掌文簿，计其出纳收税，无纤毫之差焉。地产降真、黄蜡、玳瑁、梅花片脑，其树如杉桧，劈裂而取之，必斋浴而后往。货用白银、赤金、色缎、牙箱、铁器之属。

《明史》卷三二五《浡泥传》曰：

浡泥（Borneo），宋太宗时（九七六至九九七）始通中国。洪武三年（一三七〇）八月命御史张敬之、福建行省都事沈秩往使。自泉州航海阅半年抵阇婆（Java），又逾月至其国，王马合谟沙傲慢不为礼，秩责之，始下座拜受诏。时其国为苏禄（Sulu）所侵，颇衰耗，王辞以贫，请三年后入贡。秩晓以大义，王既许诺，其国素属阇婆，阇婆人间之，王意中沮。秩折之曰：阇婆久称臣奉贡，尔畏阇婆反不畏天朝邪？乃遣使奉表笺，贡鹤顶、生玳瑁、孔雀、梅花大片龙脑、米龙脑、西洋布、降真诸香。八月从敬之等入朝，表用金，笺用银，字近回鹘，皆缕之以进。帝喜，宴赉甚厚。八年（一三七五）命其国山川附祀福建山川之次。永乐三年（一四〇五）冬，其王麻那惹加那遣使入贡，乃遣官封为国王，赐印诰敕符勘合锦绮彩币。王大悦，率妃及弟妹子女陪臣泛海来朝，次福建，守臣以闻，遣中官往宴赍，所过州县皆宴。六年（一四〇八）八月入都朝见，帝奖劳之，王跪致词曰：陛下膺天宝命，统一万方。臣远在海岛，荷蒙天恩，赐以封爵。自是国中雨畅时顺，岁屡丰登，民无灾厉，山川之间，珍奇毕露，草木鸟兽，亦悉蕃育，国中耆老，咸谓此圣天子覆冒所致。臣愿睹天日之表，少输悃诚，不惮险远，躬率家属陪臣诣阙献谢。帝慰劳再三，命王妃所进中宫笺及方物陈之文华殿。王诣殿进献毕，自王及妃以下悉赐冠带袭衣。帝乃飨王于奉天门，妃以下飨于他所，礼讫送归会同馆。礼官请王见亲王仪，帝令准公侯礼。寻赐王仪仗、交椅、银器、伞扇、销金鞍马、金织文绮纱罗绫绢衣十袭，余赐赉有差。十月王卒于馆，帝哀悼辍朝三日，遣官致祭，赙以缯帛，东宫亲王皆祭，有司具棺椁明器，葬之安德门外石子冈，树碑神道。又建祠墓侧，有司春秋祀以少牢，谥曰恭顺。赐敕慰其子遐旺，命袭封国王。遐旺与其叔父上言，臣国岁供爪哇片脑四十斤，乞敕爪哇罢岁供，岁进天朝。臣今归国，乞命护送，就留镇一年，慰国人之望，并乞定朝贡期及傔从人数。帝悉从之，命三年一贡，傔从惟王所遣，遂敕爪哇国免其岁供。王辞归，赐玉带一，金百两，银三千两，及钱钞锦绮纱罗衾褥帐幔器物，余皆有赐。以中官张谦、行人周航护行。初故王言臣蒙恩赐爵，臣境土悉属职方，乞封国之后山为一方镇，新王复以为言，乃封为长宁镇国之山。御制碑文，令谦等勒碑其上。其文曰："上天佑启我国家万世无疆之基，诞命我太祖高皇帝全抚天下，休养生息，以治以教，仁声义问，薄极照临，四方万国，奔走臣服，充凑于庭，神化感动之机，其妙如此。朕嗣守鸿图，率由典式，严恭祇畏，协和所统，无间内外，均视一体，遐迩绥宁，亦克承予意。乃者浡泥国王诚敬之至，知所尊崇，慕尚声教，益谨益虔，率其眷属陪臣不远数万里浮海来朝，达其志，通其欲。稽颡陈辞曰：远方臣妾，丕冒天子之恩，以养以息，既庶且安，思见日月之光，故不惮险远，辄敢造庭。又曰：覆我者天，载我者地；使我有土地人民之奉，田畴邑井之聚，宫室之居，妻妾之乐，和味宜服，利用备器，以资其生，强罔敢侵，众罔敢暴，实惟天子之赐。是天子功德所加，与天地并然，天仰则见，地蹐则履，惟天子远而难见，诚有所不通，是以远方臣妾，不敢自外，逾历山海，躬诣阙廷，以伸其悃。朕曰：惟天惟皇考付予以天下，子养庶民，天与皇考视民同仁，予其承天与皇考之德，惟恐弗堪，弗若汝言。乃又拜手稽首曰：自天子建元之载，臣国时和岁丰，山川之藏，珍宝流溢，草木之无苞蘡者皆华而实，异禽和鸣，走兽跄舞。国之黄叟咸曰，中国圣人德化渐暨，斯多嘉应。臣土虽远，实天子之甿，故奋然而来觐也。朕观其言文貌恭，动不逾则，悦喜礼教，脱略夷习，非超然卓异者不能。稽之载籍，自古遐远之国奉若天道，仰服声教，身致帝廷者有之，至于举妻子兄弟亲戚陪臣顿首称臣妾于阶陛之下者，惟浡泥国王一人。西南诸蕃国长未有如王贤者，王之至诚，贯于金石，达于神明，而令名传于悠久，可谓有光显矣。兹特锡封王国中之山为长宁镇国之山，赐文刻石，以著王休，于昭万年，其永无致。系之诗曰：炎海之墟，浡泥所处，煦仁渐义，有顺无迕。偻偻贤王，惟化之慕，导以象胥，遹来奔赴。同其妇子，兄弟陪臣，稽颡阙下，有言以陈。谓君犹天，遣以休乐，一视同仁，匪偏厚薄。顾兹鲜德，弗称所云。浪舶风樯，实劳恳勤。稽古远臣，顺来怒趑，以躬或难，矧尔家室。王心宣诚，金石其坚。西南蕃长，畴与王贤。矗矗高山，以镇王国，镵文于石，懋昭王德。王德克昭，王国攸宁，于万斯年，仰我大明。"[①]八年（一四一〇）九月遣使从谦等入贡谢恩。明年（一四一一）复命谦赐其王锦绮纱罗彩绢凡百二十匹，其下皆有赐。十年（一四一二）九月，遐旺偕其母来朝，命礼官宴之会同馆，光禄寺旦暮给酒馔。明日帝飨之奉天门，王母亦有宴，越二日再宴。赐王冠带袭衣，王母王叔父以下分赐有差。明年（一四一三）二月辞归，赐金百，银五百，钞三千锭，钱千五百缗，锦四，绮帛纱罗八十，金织文绣文绮衣各一，衾褥帏幔器物咸具。自十三年（一四一五）至洪熙元年（一四二五）四入贡，后贡使渐稀。嘉靖九年（一五三〇），给事中王希文言暹罗、占城、琉球、爪哇、浡泥五国来贡，并道东莞，后因私携贾客多，绝其贡。正德间（一五〇六至一五二一），佛郎机（Portugal）阑入流毒，概行屏绝，曾未几年，遽尔议复，损威已甚。章下都察院，请悉遵旧制，毋许混冒。万历中（一五七三至一六一九），其王卒无嗣，族人争立，国中杀戮几尽，乃立其女为王。漳州人张姓者，初为其国那督，华言尊官也，因乱出奔女主立，迎还之。其女出入王宫，得心疾，妄言父有反谋，女主惧，

[①] 尤侗《外国传》卷三《渤泥传》碑文与《明史》颇异，疑史官有所改窜，如尤《传》之"稽古远夷"，《明史》作"稽古远臣"，可以证已。

遣人按问其家，那督自杀，国人为讼冤，女主悔，绞杀其女，授其子官，后遂不复朝贡，而商人往来不绝。国统十四洲，在旧港（Palembang）之西，自占城四十日可至。初属爪哇，后属暹罗，改名大泥，[①]华人多流寓其地。嘉靖（一五二二至一五六六）末，闽粤海寇遗孽逋逃至此，积二千余人。万历时（一五七三至一六一九），红毛番（Hollande）强商其境，筑土库以居。其入彭湖互市者，所携乃大泥国文也。诸风俗物产具详《宋史》。

《明史》卷三二三《婆罗传》曰：

　　婆罗（Borneo）又名文莱（Brunei），东洋尽处，西洋所自起也。唐时有婆罗国，高宗时（六五〇至六八三）常入贡。永乐三年（一四〇五）十月遣使者赍玺书彩币抚谕其王。四年（一四〇六）十二月其国东西二王并遣使奉表朝贡。明年（一四〇七）又贡。其地负山面海，崇释教，恶杀喜施，禁食豕肉，犯者罪死。王薙发，裹金绣巾，佩双剑，出入徒步，从者二百余人。有礼拜寺，每祭用牲。厥贡玳瑁、玛瑙、砗磲珠、白焦布、花焦布、降真香、黄蜡、黑小厮。万历时（一五七三至一六一九）为王者闽人也，或者郑和使婆罗，有闽人从之，因留居其地，其后人竟据其国而王之。邸旁有中国碑，王有金印一，篆文，上作兽形，言永乐朝所赐，民间嫁娶必请此印，印背上以为荣。后佛郎机横举兵来击，王率国人走入山谷中，放药水流出，毒杀其人无算，王得返国，佛郎机遂犯吕宋。

（十八）苏禄（Sulu）[②]

《岛夷志略》苏禄条曰：

　　其地以石崎山为保障，山畲田瘠，宜种粟麦。民食沙糊鱼虾螺

---

　　①　案大泥应是 Patani 之省称，吉兰丹在其境内，则地在马来半岛东岸，《东西洋考》始误以大泥为渤泥，史官仍未误，后文所言皆马来半岛事，与渤泥无涉也。

　　②　案苏禄即今 Sulu 群岛，《爪哇史颂》作 Solot。中国载籍译名殆以此为首见。

蛤，气候半热。俗鄙薄，男女断发，缠皂缦，系小印花布。煮海为盐，酿蔗浆为酒，织竹布为叶。有酋长。地产中等降真条、黄蜡、玳瑁、珍珠。较之沙里八丹（Jurfattan, Cannanore）[1]第三港等处所产，此苏禄之珠色青白而圆，其价甚昂，中国人首饰用之。其色不退，号为绝品，有径寸者。其出产之地大者已直七八百余锭，中者二三百锭，小者一二十锭。其余小珠一万上两重者，或一千至三四百两重者，出于西洋之第三港，此地无之。贸易之货，赤金、花银、八都剌布、青珠、处器、铁条之属。

《明史》卷三二五《苏禄传》曰：

苏禄（Sulu）地近淳泥（Borneo）、阇婆（Java），洪武（一三六八至一三九八）初发兵侵淳泥，大获，以阇婆援兵至，乃还。永乐十五年（一四一七），其国东王巴都葛叭哈剌、西王麻哈剌叱葛剌麻丁峒、王妻叭都葛巴剌卜[2]并率其家属头目凡三百四十余人浮海朝贡，进金缕表文，献珍珠、宝石、玳瑁诸物。礼之若满剌加（Malaka），寻并封为国王，赐印诰袭衣冠带及鞍马仪仗器物，其从者亦赐冠带有差。居二十七日，三王辞归。各赐玉带一，黄金百，白金二千，罗锦文绮二百，帛三百，钞万锭，钱二千缗，金绣蟒龙麒麟衣各一。东王次德州，卒于馆，帝遣官赐祭，命有司营葬，勒碑墓道，谥曰恭定。留妻妾傔从十人守墓，俟毕三年丧遣归。乃遣使赍敕谕其长子都马含曰："尔父知尊中国，躬率家属陪臣远涉海道万里来朝。朕眷其诚悃，已锡王封，优加赐赉，遣官护归，舟次德州，遭疾殂殁。朕闻之深为哀悼，已葬祭如礼。尔以嫡长为国人所属，宜即继承，用绥藩服，今特封尔为苏禄国东王，尔尚益笃忠贞，敬承天道，以副眷怀，以继尔父之志，钦哉。"十八年（一四二〇）西王遣使入贡。十九年（一四二一）东王母遣王叔叭都加苏里来朝，贡大珠一，其重七两有奇。二十一年（一四二三）东王妃还国，厚

---

[1] 沙里八丹，Philipps考作Masulipatam，藤田丰八以为是Solipatam之对音，指Negapatam，即《大唐西域求法高僧传·无行传》中之那伽钵亶那（参看上编第七章）；伯希和考作大食语之Jurfattan，今Cannanore，今从其说。

[2] 《东西洋考》卷五《苏禄传》云："其国东王巴都葛叭答剌，西王巴都葛叭苏哩，峒王巴都葛叭剌卜各率其妻子酋目来朝……三王者东王为长，西王亚之，峒王又亚之。"记载与《明史》异。《明名》殆有脱误。

赐遣之。明年（一四二四）入贡，自后不复至。万历时（一五七三至一六一九）佛郎机（Portugal）屡攻之，城据山险，迄不能下。其国于古无所考，地瘠，寡粟麦，民率食鱼虾。煮海为盐，酿蔗为酒，织竹为布。气候常热。有珠池，夜望之，光浮水面。土人以珠与华人市易，大者利数十倍。商舶将返，辄留数人为质，冀其再来。其旁近国名高药，出玳瑁。

（十九）三屿

《诸蕃志》三屿条曰：[1]

三屿（Mait）乃麻逸（Mait）之属，曰加麻延（Calamian）、巴姥酉（Palawan）、巴吉弄（Busuanga）等，各有种落，散居岛屿，舶舟至，则出而贸易，总谓之三屿。其风俗大略与麻逸同，每聚落各约千余家。地多崇冈叠嶂，峭拔如壁，凭高依险，编茅为屋。山无水源，妇女以首累擎二三瓮，取水于溪，登涉如履平地。穷谷别有种落，号海胆（Aëta），人形而小，眼圆而黄，虬发露齿，巢于木颠，或三五为群，跧伏榛莽，以暗箭射人，多罹其害，投以瓷碗，则俯拾忻然跳呼而去。番商每抵一聚落，未敢登岸，先驻舟中流，鸣鼓以招之。蛮贾争棹小舟，持吉贝、黄蜡、番布、椰心簟等至，与贸易。如议之价未决，必贾豪自至说谕，馈以绢伞瓷器藤笼，仍留一二辈为质，然后登岸，互市交易毕则返其资，停舟不过三四日又转而之他。诸蛮之居环绕三屿，不相统属。其山倚东北隅，南风时至，激水冲山，波涛迅驶，不可泊舟，故贩三屿者率四五月间即理归棹。博易用瓷器、皂绫、缬绢、五色烧珠、铅纲坠、白锡为货。蒲哩噜（Polillo）与三屿联属，聚落差盛，人多猛悍好攻劫。海多卤股之石，槎牙如枯木芒刃，铦于剑戟，舟过其侧，预曲折以避之。产青琅玕珊瑚树，然绝难得。风俗博易与三屿同。

---

① 参看上编第八章《诸蕃志》三屿条。

《岛夷志略》三岛条曰：

> 居大奇山之东，屿分鼎崎，有叠山层峦，民傍缘居之。田瘠谷少。俗质朴，气候差暖，男女间有白者。男顶拳，妇人椎髻，俱披单衣。男子常附舶至泉州经纪，罄其资囊以文其身，既归其国，则国人以尊长之礼待之，延之上座，虽父老亦不得与争焉。习俗以其至唐，故贵之也。民煮海为盐，酿蔗浆为酒。有酋长。地产黄蜡、木棉花布。贸易之货用铜珠、青白花碗、小花印布、铁块之属。次曰答陪，曰海赡，曰巴弄吉，曰蒲里咾，曰东流里，无甚异产，故附此耳。

《元史》卷二一〇《三屿传》曰：

> 三屿国近瑠求（Formosa）。世祖至元三十年（一二九三）命选人招诱之，平章政事伯颜等言臣等与识者议，此国之民不及二百户，时有至泉州为商贾者。去年入瑠求军船过其国，国人饷以粮食，馆我将校，无它志也，乞不遣使，帝从之。

（二十）麻逸（Mait）[①]

《诸蕃志》麻逸国条曰：

> 麻逸国（Mait）在渤泥（Borneo）之北，团聚千余家，夹溪而居。土人披布如被，或腰布蔽体。有铜佛像散布草野，不知所自。盗少至其境。商舶入港，驻于官场前；官场者，其国阛阓之所也。登舟与之杂处。酋长日用白伞，故商人必赍以为赆。交易之例，蛮贾丛至，随箧篓搬取物货而去，初若不可晓，徐辨认搬货之人，亦无遗失。蛮贾乃以其货转入他岛屿贸易，率至八九月始归，以其所得准偿舶商，亦有过期不归者，故贩麻逸舶回最晚。三屿、白蒲延

---

① 参看上编第八章《诸蕃志》麻逸条。

（Babuyan）、蒲里噜（Polillo）、里银东、流新、里汉等，皆其属也。
土产黄蜡、吉贝、真珠、玳瑁、药槟榔、于达布。商人用瓷器、货
金、铁鼎、乌铅、五色琉璃珠、铁针等博易。

《岛夷志略》麻逸条曰：

　　山势平宽，夹溪聚落，田膏腴，气候稍暖。俗尚节义，男女椎
髻，穿青布衫。凡妇葬夫，则削其发，绝食七日，与夫同寝，多濒
于死；七日之外不死，则亲戚劝以饮食，或可全生，则终身不改其
节；甚至丧夫而焚尸则赴火而死。酋豪之丧，则杀奴婢二三千人以
殉葬。民煮海为盐，酿糖水为酒。地产木棉、黄蜡、玳瑁、槟榔、
花布。贸易之货用铜鼎、铁块、五采红布、红绢、牙锭之属。蛮贾
议价，领去博易土货，然后准价，舶商守信，始终不爽约也。

（二十一）吕宋（Luzon）[①]

《明史》卷三二三《吕宋传》曰：

　　吕宋（Luzon）居南海中，去漳州甚近。洪武五年（一三七二）
正月遣使偕琐里（Soli）诸国来贡。永乐三年（一四〇五）十月遣
官赍诏抚谕其国。八年（一四一〇）与冯嘉施兰入贡，自后久不至。
万历四年（一五七六），官军追海寇林道乾至其国，国人助讨有功，
复朝贡。时佛郎机（Espagne）强与吕宋互市，久之见其国弱可取，
乃奉厚贿遗王，乞地如牛皮大建屋以居，王不虞其诈而许之。其人
乃裂牛皮联属至数千丈。围吕宋地，乞如约。王大骇，然业已许
诺，无可奈何遂听之，而稍征其税如国法。其人既得地，即营室筑
城，列火器，设守御具，为窥伺计，已竟乘其无备，袭杀其王，逐
其人民而据其国，名仍吕宋，实佛郎机也。先是闽人以其地近，且
饶富商，贩者至数万人，往往久居不返，至长子孙。佛郎机既夺其

---

　　① 吕宋译名始见《吾学编》。

国，其王遣一酋来镇，虑华人为变，多逐之归，留者悉被其侵辱。二十一年（一五九三）八月酋郎雷敝里系朥侵美洛居（Moluccas），役华人二百五十助战。有潘和五者为其哨官，蛮人日酣卧，而令华人操舟，稍息辄鞭鞑，有至死者。和五曰：叛死棰死等死耳，否亦且战死，曷若刺杀此酋以救死，胜则扬帆归，不胜而见缚，死未晚也。众然之，乃夜刺杀其酋，持其首大呼，诸蛮惊起，不知所为，悉被刃，或落水死。和五等尽收其金宝甲仗驾舟以归，失路之安南，为其国人所掠，惟郭惟太等三十二人附他舟获还。时酋子郎雷猫吝驻朔雾，闻之率众驰至，遣僧陈父冤，乞还其战舰金宝，戮仇人以偿父命。巡抚许孚远闻于朝，檄两广督抚以礼遣僧，置惟太于理，和五竟留安南不敢返。初酋之被戮也，其部下居吕宋者尽逐华人于城外，毁其庐；及猫吝归，令城外筑室以居。会有传日本来寇者，猫吝惧交通为患，复议驱逐，而孚远适遣人招还，蛮乃给行粮遣之。然华商嗜利趋死，不顾久之复成聚。其时矿税使者四出，奸宄蜂起言利。有阎应龙、张嶷者，言吕宋机宜山素产金银，采之岁可得金十万两，银三十万两。以三十年（一六〇二）七月诣阙奏闻，帝即纳之，命下，举朝骇异。御史温纯疏言："近中外诸臣，争言矿税之害，天听弥高，今云南李凤至污辱妇女六十六人，私运财贿至三十巨舟，三百大扛，势必见戮于积怒之众，何如及时撤之，犹不失威福操纵之柄。缅以宝井故，提兵十万将犯内地，西南之蛮，岌岌可忧，而闽中奸徒又以机易山事见告，此其妄言，真如戏剧。不意皇上之聪明，而误听之。臣等惊魂摇曳，寝食不宁。异时变兴祸起，费国家之财不知几百万，倘或剪灭不早，其患又不止费财矣。臣闻海澄市舶高寀已岁征三万金，决不遗余力而让利，即机宜越在海外，亦决无遍地金银，任人采取之理，安所得金十万、银三十万以实其言。不过假借朝命，阑出禁物，勾引诸番，以逞不轨之谋，岂止烦扰公私，贻害海澄一邑而已哉。昔年倭患，正缘奸民下海私通，大姓设计勒价，致倭贼愤恨，称兵犯顺。今以朝命行之，害当弥大，及乎兵连祸结，诸奸且效汪直、曾一本辈故智，负海称王，拥兵列寨，近可以规重利，远不失为尉佗，于诸亡命之计得矣，如国家大患何。乞急置于理，用消祸本。"言官金忠士、曹於汴、朱吾弼等亦连章力争，皆不听。事下，福建守臣持不欲行，而迫于朝命，乃遣海澄丞王时和，百户干一成偕嶷往勘。吕宋人闻之大骇，

华人流寓者谓之曰：天朝无他意，特是奸徒横生事端，今遣使者按
验，俾奸徒自穷，便于还报耳。其酋意稍解，命诸僧散花道旁，若
敬朝使，而盛陈兵卫迓之。时和等入，酋为置宴，问曰：天朝欲遣
人开山，山各有主，安得开，譬中华有山，可容我国开耶。且言树
生金豆，是何树所生。时和不能对，数视嶷。嶷曰：此地皆生，何
必问豆何自。上下皆大笑，留嶷欲杀之，诸华人共解，乃获释归。
时和还任，即病悸死，守臣以闻，请治嶷妄言罪。事已止矣，而吕
宋终自疑，谓天朝将袭取其国，诸流寓者为内应，潜谋杀之。明年
声言发兵侵旁国，厚价市铁器，华人贪利，尽鬻之，于是家无寸铁。
酋乃下令，录华人姓名，分三百人为一院，入即歼之。事稍露，华
人群走莱园，酋发兵攻，众无兵仗，死无算。奔大仑山，蛮人复来
攻，众殊死斗，蛮兵少挫。酋旋悔，遣使议和，众疑其伪，扑杀之。
酋大怒，敛众入城，设伏城旁，众饥甚，悉下山攻城。伏发，众大
败，先后死者二万五千人。酋寻出令，诸所掠华人赀，悉封识贮
库，移书闽中守臣，言华人将谋乱，不得已先之，请令死者家属往
取其孥与帑。巡抚徐学聚等亟告变于朝，帝惊悼，下法司议奸徒罪。
三十二年（一六〇四）十二月议上，帝曰：嶷等欺诳朝廷，生衅海
外，致二万商民尽膏锋刃，损威辱国，死有余辜，即枭首传示海上。
吕宋酋擅杀商民，抚按官议罪以闻，学聚等乃移檄吕宋，数以擅杀
罪，令送死者妻子归，竟不能讨也。其后华人复稍稍往，而蛮人利
中国互市，亦不拒，久之复成聚。时佛郎机已并满剌加，益以吕宋，
势愈强，横行海外，遂据广东香山澳，筑城以居，与民互市，而患
复中于粤矣。

（二十二）文老古（Moluccas）①

《岛夷志略》文老古条曰：

　　益溪通津，地势卑窄，山林茂密，田瘠稻少。气候热。俗薄。

---

① 案 Moluccas 之译名首见《岛夷志略》。Sīdī Alī Čelebī 书作 Molūkū。

男女椎髻，系花竹布为梢。以象齿树之内室为供养之具。民煮海为盐，取沙糊为食。地产丁香，其树满山，然多不常生，三年中间或二年熟。有酋长。地每岁望唐舶贩其地，往往以五梅鸡雏出，必唐船一只来，二鸡雏出必有二只，以此占之，如响斯应。贸易之货用银铁、水绫、丝布、巫仑八节那涧布、土印布、象齿、烧珠、青瓷器、埕器之属。

《明史》卷三二三《美洛居传》曰：

> 美洛居（Moluccas）俗讹为米六合，居东海中，颇称饶富。酋出威仪甚备，所部合掌伏道旁。男子削发，女椎结。地有香山，雨后香坠，沿流满地，居民拾取不竭，其酋委积充栋，以待商舶之售。东洋不产丁香，独此地有之，可以辟邪，故华人多市易。万历时（一五七三至一六一九）佛郎机来攻，其酋战败请降，乃宥令复位，岁以丁香充贡，不设戍兵而去。已红毛番横海上，知佛郎机兵已退，乘虚直抵城下，执其酋语之曰：若善事我，我为若主，殊胜佛郎机也。酋不得已听命复位如故。佛郎机酋闻之大怒，率兵来攻，道为华人所杀，语具《吕宋传》。时红毛番虽据美洛居，率一二岁率众返国，既返复来。佛郎机酋子既袭位，欲竟父志，大举兵来袭，值红毛番已去，遂破美洛居，杀其酋，立己所亲信主之。无何红毛番至，又破其城，逐佛郎机所立酋，而立美洛居故王之子。自是岁构兵，人不堪命。华人流寓者游说两国，令各罢兵，分国中万老高山为界，山以北属红毛番，南属佛郎机，始稍休息，而美洛居竟为两国所分。

（二十三）古里地闷（Tīmūr, Timor）[①]

《岛夷志略》古里地闷条曰：

---

①《诸蕃志》阇婆条作底勿，渤泥条作底门，《东西洋考》作迟闷、池闷。据 Gerini 说，古里乃吉里之讹，吉里乃 gili 之对音，南海语犹言岛也。

居加罗（Jaṅgala）^①之东北，山无异木，唯檀树为最盛。以银铁碗、西洋丝布、色绢之属为之贸易也。地谓之马头，凡十有二所，有酋长。田宜谷粟，气候不齐，朝热而夜冷。风俗淫滥，男女断发，穿木棉短衫，系占城布。市所酒肉价廉。妇不知耻。部领目纵食而贪酒色之余。卧不覆被。至染疾者多死，倘在番苟免，回舟之际，栉风沐雨，其疾发而为狂热，谓之阴阳交，交则必死。昔泉之吴宅发舶稍众，百有余人，到彼贸易既毕，死者十八九，间存一二，而多羸弱乏力。驾舟随风回船，或时风恬浪息，黄昏之际则狂魂荡唱，歌舞不已，夜半则添炬烨耀，使人魂游而胆寒，吁，良可畏哉。然则其地互市，虽万倍之利何益，昔柳子厚谓海贾以利易生，观此有甚者乎。

①《星槎胜览》所载传闻之国，几尽采诸《岛夷志略》，其吉里地闷条云："其国在重迦罗之东"，则"加罗"之上应脱"重"字。

第六章

马来半岛诸国传

马来半岛诸国名见史传舆记，今可考者凡十一国，仅知国在半岛而难确定其方位者四：曰丹丹，亦作单单；曰盘盘；曰赤土；曰狼牙修，亦作凌牙斯、龙牙犀角。确知其方位者七：曰佛啰安；曰单马令，亦作丹马令、丹眉流；曰彭坑，亦作彭亨；曰吉兰丹，亦作急兰丹；曰丁家卢，亦作丁机宜；曰满剌加；曰柔佛。此姑就史书舆记中有传者录之，其他异名可考者，则分疏于各传之后。

（一）丹丹 ①

《梁书》卷五十四《丹丹国传》曰：

丹丹国，中大通二年（五三〇）其王遣使奉表曰："伏承圣主，至德仁治，信重三宝，佛法兴显，众僧殷集，法事日盛，威严整肃，

---

① 《隋书·婆利传》云"自交阯浮海南过赤土、丹丹乃至其国"，足证丹丹在赤土、婆利间。又据《隋书·赤土传》云"赤土在狼牙须国之南"，此狼牙须即古之狼牙修，地在马来半岛，则丹丹国之位置应亦在马来半岛中，旧考位在Natuna 岛，误也。《唐书》有单单，《太平寰宇记》卷一七七有旦旦，应亦是此国名之同名异译。《南海寄归内法传》卷一有呾呾州，疑亦指此国。参看本书上编第五、第七两章；《交广印度两道考》，九七至九八页，又一一一页。

朝望国执，慈愍苍生，八方六合，莫不归服，化邻诸天，非可言喻，不任庆善，若暂奉见尊足。谨奉送牙像及塔各二躯，并献火齐珠、吉贝、杂香药等。"大同元年（五三五）复遣使献金银、琉璃、杂宝、香药等物。

《新唐书》卷二二二下《单单传》曰：

> 单单在振州东南，多罗磨之西，亦有州县。木多白檀。王姓刹利，名尸陵伽，日视事，有八大臣，号八坐。王以香涂身，冠杂宝璎，近行乘车，远乘象。战必吹蠡击鼓。盗无轻重皆死。乾封（六六六至六六七）、总章（六六八至六六九）时献方物。罗越[①]者北距海五千里，西南哥谷罗（Kākula），[②]商贾往来所凑集，俗与堕罗钵底（Dvaravati）同，岁乘舶至广州，州必以闻。

（二）盘盘 [③]

《梁书》卷五十四《盘盘国传》曰：

> 盘盘国，宋文帝元嘉（四二四至四五三）、孝武孝建（四五四至四五六）、大明（四五七至四六四）中并遣使贡献。大通元年（五二七）其王使使奉表曰："扬州阎浮提震旦天子，万善庄严，一切恭敬，犹如文净无云，明耀满目，天子身心清净，亦复如是。道俗济济，并蒙圣王光化，济度一切，永作舟航，臣闻之庆善。我等

---

① 罗越显在马来半岛之南端，应指今之柔佛（Johore）。参看本书上编第六章，又《交广印度两道考》，六四至七五页。

② 据贾耽志通海夷道云："個罗西哥谷罗国"（参看本书上编第六章），前考以 Kĕdah 当此個罗，则哥谷罗应在 Kĕdah 之西，屡见于大食人舆记之 kākula 即此国也。Ibn Batuta 称哥谷罗（Kākula）、吉蔑（Kamāra）并在 Mul Jāwa 境内。今人考订之说不一，尚难确定其位置也。

③ 《唐书》谓此国与狼牙修之国为邻，则亦应在马来半岛中。义净《南海寄归内法传》作盆盆州。

至诚敬礼常胜天子足下，稽首问讯，今奉薄献，愿垂哀受。"中大通元年（五二九）五月累遣使贡牙像及塔，并献沉檀等香数十种。六年（五三四）八月复遣使送菩提国真舍利及画塔，并献菩提树叶、詹糖等香。

《旧唐书》卷一九七《盘盘国传》曰：

盘盘国在林邑（Campa）西南海曲中，北与林邑隔小海，自交州船行四十日乃至。其国与狼牙修（Laṅkāsuka）国为邻，皆学婆罗门书，甚敬佛法。贞观九年（六三五）遣使来朝贡方物。

《新唐书》卷二二二下《盘盘传》曰：

盘盘在南海曲，北距环王（Campa）限少海，与狼牙修接，自交州海行四十日乃至。王曰扬粟翥。其民濒水居，比木为栅，石为矢镞。王坐金龙大榻，诸大人见王，交手抱肩以跽。其臣曰敦郎索滥，曰昆仑帝也，曰昆仑敦和，曰昆仑敦谛索甘，亦曰古龙，古龙者昆仑声近耳。在外曰那延，犹中国刺史也。有佛道士祠，僧食肉，不饮酒，道士谓为贪，不食酒肉。贞观中（六二七至六四九）再遣使朝。其东南有箇罗，亦曰哥罗富沙罗。王姓矢利波罗，名米失钵罗。[①]累石为城，楼阙宫室茨以草。州二十四。其兵有弓矢稍殳，以孔雀羽饰矗。每战以百象为一队，一象百人，鞍若槛，四人执弓稍在中。赋率输银二铢。无丝纻，惟古贝。畜多牛少马。非有官不束发。凡嫁娶纳槟榔为礼，多至二百盘，妇已嫁，从夫姓。乐有琵琶、横笛、铜钹、铁鼓、蠡。死者焚之，取烬贮金罂沉之海。东南有拘蒌密海，行一月至。南距婆利（Bali），行十日至。东距不述，行五日至。西北距文单，行六日。与赤土、堕和罗（Dvaravati）同俗。永徽中（六五〇至六五五）献五色鹦鹉。

---

① 此名应是梵文 Parameśvara 之对音，修史者不察，妄析一名为二。

（三）赤土 [①]

《隋书》卷八十二《赤土传》曰：

赤土国，扶南之别种也，在南海中，水行百余日而达，所都土色多赤，因以为号。东波罗刺国，西婆罗娑国，南诃罗旦国，北拒大海，地方数千里。其王姓瞿昙氏，名利富多塞，不知有国近远，称其父释王位出家为道，传位于利富多塞，在位十六年矣。有三妻，并邻国王之女也。居僧祇城，有门三重，相去各百许步，每门图书飞仙仙人菩萨之像，县金花铃耄。妇女数十人，或奏乐，或捧金花，又饰四妇人，容饰如佛塔边金刚力士之状，夹门而立。门外者持兵杖，门内者执白拂，夹道垂素网缀花。王宫诸屋悉是重阁北户。北面而坐，坐三重之榻，衣朝霞布，冠金花冠，垂杂宝璎珞。四女子立侍左右，兵卫百余人，王榻后作一木龛，以金银五香木杂细之，龛后悬一金光焰，夹榻又树二金镜，镜前并陈金瓮，瓮前各有金香炉，当前置一金伏牛，牛前树一宝盖，盖左右皆有宝扇。婆罗门等数百人，东西重行，相向而坐。其官有萨陀迦罗一人，陀拏达叉二人，迦利密迦三人，共掌政事，俱罗末帝一人掌刑法，每城置那邪迦（nayaka）一人，钵帝十人。其俗等皆穿耳剪发，无跪拜之礼，以香油涂身。其俗敬佛，尤重婆罗门。妇人作髻于项后，男女通以朝霞朝云杂色布为衣。豪富之室，恣意华靡，唯金锁非王赐不得服用。每婚嫁择吉日，女家先期五日作乐饮酒，父执女手以授婿，七日乃配焉。既娶则分财别居，惟幼子与父同居。父母兄弟死则剔发素服，就水上构竹木为棚，棚内积薪，以尸置上，烧香建幡，吹蠡击鼓以送之，纵火焚薪，遂落于水，贵贱皆同，惟国王烧讫收灰，贮以金瓶，藏于庙屋。冬夏常温，雨多霁少，种植无时，特宜稻穄白豆黑麻，自余物产多同于交阯。以甘蔗作酒，杂以紫瓜根，酒色黄赤，味亦香美，亦名椰浆为酒。炀帝即位，募能通绝域者。大业三年（六〇七）屯田主事常骏，虞部主事王君政等请使赤土，帝大悦，赐骏等帛各百匹，时服一袭，而遣赍物五千段以赐赤土王。其年十月骏等自南海郡乘舟，昼夜二旬，每值便风，至焦石山而过，东南泊陵伽钵拔多洲，西与林邑（Campa）相对，上有神祠焉。又

[①]　参看本书上编第五章。

南行至师子石，自是岛屿连接。又行二三日，西望见狼牙须国之山，于是南达鸡笼岛至于赤土之界。其王遣婆罗门鸠摩罗以舶三十艘来迎，吹蠡击鼓，以乐隋使，进金镤以缆骏船，月余至其都。王遣其子那邪迦请与骏等礼见，先遣人送金盘，贮香花并镜镊，金合二枚贮香油，金瓶八枚贮香水，白叠布四条，以拟供使者盥洗。其日未时，那邪迦又将象二头持孔雀盖以迎使人，并致金花金盘以藉诏函，男女百人奏蠡鼓，婆罗门二人导路至王宫。骏等奉诏书上阁，王以下皆坐，宣诏讫，引骏等坐，奏天竺乐，事毕，骏等还馆。又遣婆罗门就馆送食，以草叶为盘，其大方丈。因谓骏曰：今是大中国人，非复赤土国矣。饮食疏薄，愿为大国意而食之。后数日请骏等入宴，仪卫导从如初见之礼，王前设两床，床上并设草叶盘，方一丈五尺，上有黄白紫赤四色之饼，牛羊鱼鳖猪蟒蜥之肉百余品。延骏升床，从者坐于地席，各以金钟置酒，女乐迭奏，礼遗甚厚。寻遣那邪迦随骏贡方物，并献金芙蓉冠龙脑香，以铸金为多罗叶，隐起成文以为表，金函封之。令婆罗门以香花奏蠡鼓而送之。既入海，见绿鱼群飞水上。浮海十余日，至林邑东南，并山而行，其海水阔千余步，色黄气腥，舟行一日不绝，云是大鱼粪也。循海北岸，达于交阯。骏以六年（六一〇）春与那邪迦于弘农谒帝，帝大悦，赐骏等物二百段，俱授秉义尉，那邪迦等官赏各有差。

（四）狼牙修（Laṅkāsuka）①

《梁书》卷五十四《狼牙修国传》曰：

狼牙修（Laṅkāsuka）国在南海中，其界东西三十日行，南北二十日行，去广州二万四千里。土气物产与扶南略同，偏多筱沉婆律香等。其俗男女皆袒而被发，以吉贝为干缦。其王及贵臣乃加云

---

① 狼牙修，《诸蕃志》作凌牙斯或凌牙斯加，《岛夷志略》作龙牙犀角，《续高僧传·拘那罗陀传》作棱伽修（参看上编第四章），《隋书·赤土传》作狼牙须（参看上编第五章），《南海寄归内法传》作郎迦戌，《爪哇史颂》作 Lĕṅkasuka，其地应在马来半岛北部，殆跨有东西两岸之地。

霞布覆胛，以金绳为络，带金镮贯耳。女子则被布，以璎珞绕身。其国累砖为城，重门楼阁。王出乘象，有幡毦旗鼓，罩白盖，兵卫甚设。国人说立国以来四百余年，后嗣衰弱，王族有贤者，国人归之。王闻知乃加囚执，其鏁无故自断；王以为神，因不敢害，乃斥逐出境。遂奔天竺（Inde），天竺妻以长女，俄而狼牙王死，大臣迎还为王。二十余年死，子婆伽达多立。天监十四年（五一五）遣使阿撒多奉表曰："大吉天子足下，离淫怒痴，哀愍众生，慈心无量，端严相好，身光明朗，如水中月，普照十方，眉间白毫，其白如雪，其色照耀，亦如月光，诸天善神之所供养，以供正法。宝梵行众增庄严，都邑城阁，高峻如乾陀山，楼观罗列，道途平正。人民炽盛，快乐安稳，著种种衣，犹如天服。于一切国，为极尊盛，天王愍念群生，民人安乐，慈心深广，律仪清净，正法化治，供养三宝，名称宣扬，布满世界，百姓荣见，如月初生，譬如梵王，世界之主，人天一切，莫不归依。敬礼大吉天子足下，犹如现前，忝承先业，庆嘉无量，今遣使问讯，大意欲自往复，畏大海风波不达，今奉薄献，愿大家曲垂领纳。"

《诸蕃志》凌牙斯国条曰：

　　凌牙斯（Laṅkāsuka）国自单马令（Tāmbraliṅga）风帆六昼夜可到，亦有路程。地主缠缦跣足，国人剪发，亦缠缦。地产象牙、犀角、速暂香、生香、脑子。番商兴贩用酒、米、荷池、缬绢、瓷器等为货，各先以此等物准金银，然后打博，如酒壹墱准银一两，准金二钱，米二墱准银一两，十墱准金一两之类。岁贡三佛齐（Palembang）国。

《岛夷志略》龙牙犀角（Laṅkāsuka）条曰：

　　峰岭内平而外耸，民环居之，如蚁附坡。厥田下等。气候半热。俗厚，男女椎髻，齿白，系麻逸（Mait）布。俗以结亲为重，亲戚之长者，一日不见面必携酒持物以问劳之。为长夜之饮，不见其醉。民煮海为盐，酿秫为酒，有酋长。地产沉香，冠于诸番，次鹤顶降真、蜜糖、黄熟香头。贸易之货土印布、八都剌布、青白花碗之属。

（五）佛啰安（Beranang）①

《诸蕃志》佛啰安国条曰：

　　佛啰安（Beranang）国自凌牙斯加（Laṅkāsuka）四日可到，亦可遵陆。其国有飞来佛二尊，一有六臂，一有四臂，贼舟欲入其境，必为风挽回，俗谓佛之灵也。佛殿以铜为瓦，饰之以金。每年以六月望日为佛生日，动乐铙钹，迎导甚都，番商亦预焉。土产速暂香、降真香、檀香、象牙等。番以金银、瓷铁、漆器、酒、米、糖、麦博易。岁贡三佛齐（Palembang）。其邻蓬丰（Pahang）、登牙侬（Treṅganu）、吉兰丹（Kelantan）类此。

（六）单马令（Tāmbraliṅga）②

《诸蕃志》单马令国条曰：

　　单马令（Tāmbraliṅga）国，地主呼为相公，以木作栅为城，广六七尺，高二丈余，上堪征战。国人乘牛，打鬖跣足。屋舍官场用木，民居用竹，障以叶，系以藤。土产黄蜡、降真香、速香、乌樠木、脑子、象牙、犀角。番商用绢伞、雨伞、荷池、缬绢、酒、米、盐、糖、瓷器、盆钵粗重等物，及用金银为盘盂博易。日啰亭（Yirudiṅgan）、潜迈、拔沓、加啰希（Grahi）类此。本国以所得金银器纠集日啰亭等国类聚献入三佛齐国。

　　《宋史》卷四八九《丹眉流国传》曰：

---

　　① 佛啰安业经《诸蕃志译注》（二六页）考订在马来半岛西岸 Langat 河上之 Beranang。

　　② 《宋史》作丹眉流，《岛夷志略》作丹马令，即 Tāmbraliṅga 之对音，此地亦名 Sri Dharmara, janagara, 今之 Ligor 是已。《新唐书·诃陵传》堕和罗有属国名昙陵，疑指此国。

丹眉流（Tāmbraliṅga）国东至占腊（Kamboja）五十程，南至罗越水路十五程，西至西天三十五程，北至程良六十程，东北至罗斛（Lophuri）二十五程，东南至阇婆（Java）四十五程，西南至程若十五程，西北至洛华二十五程，东北至广州一百三十五程。其俗以版为屋，跣足衣布，无绅带，以白纻缠其首。贸易以金银。其主所居，广袤五里，无城郭。出则乘象车，亦有小驹。地出犀、象、输石、紫草、苏木诸药。四时炎热，无雪霜。未尝至中国。咸平四年（一〇〇一），国主多须机遣使打吉马，副使打腊，判官皮泥等九人来贡木香千斤，输镴各百斤，胡黄连三十五斤，紫草百斤，红毡一合，花布四段，苏木万斤，象牙六十一株。召见崇德殿，赐以冠带服物，及还，又赐多须机诏书以敦奖之。

《岛夷志略》丹马令条曰：

地与沙里、佛来安（Beranang）为邻国。山平旦，田多，食粟有余，新收者复留以待陈。俗节俭。气候温和。男女椎髻，衣白衣衫，系青布缦。定婚用缎绵白锡若干块。民煮海盐，酿小米为酒。有酋长。产上等白锡、朱脑、龟筒、鹤顶、降真香，及黄熟香头。贸易之货用甘理布、红布、青白花碗、鼓之属。

（七）彭坑（Pahang）

《岛夷志略》彭坑条曰：

石崖周匝崎岖，远如平塞。田沃，谷稍登。气候半热。风俗与丁家庐（Treṅganu）小异。男女椎发，穿长布衫，系单布梢。富贵女顶带金圈数四，常人以五色焇珠为圈以束之。凡讲婚姻，互造换白银五钱重为准。民煮海为盐，酿椰浆为酒。有酋长。地产黄熟香头、沉速、打白香、脑子、花锡、粗降真。贸易之货用诸色绢、阇婆布、铜铁器、漆磁器、鼓板之属。

《明史》卷三二五《彭亨传》曰：

彭亨（Pahang）在暹罗（Siam）之西。洪武十一年（一三七八）其王麻哈剌惹答饶遣使赍金叶表，贡番奴六人及方物，宴赉如礼。永乐九年（一四一一）王巴剌密琐剌达罗息泥遣使入贡。十年（一四一二）郑和使其国。十二年（一四一四）复入贡。十四年（一四一六）与古里（Calicut）、爪哇（Java）诸国偕贡，复令郑和报之。其国土田沃，气候常温，米粟饶足，煮海为盐，酿椰浆为酒。上下亲狎，无寇贼，然惑于鬼神，刻香木为像，杀人祭赛以祷灾祈福。所贡有象牙、片脑、乳香、速香、檀香、胡椒、苏木之属。至万历时（一五七三至一六一九），有柔佛（Johore）国副王子娶彭亨王女，将婚，副王送子至彭亨，彭亨王置酒，亲戚毕会。婆罗（Borneo）国王子为彭亨王妹婿，举觞献副王，而手指有巨珠甚美，副王欲之，许以重贿，王子靳不予。副王怒，即归国，发兵来攻，彭亨人出不意不战自溃，王与婆罗王子奔金山。渼泥（Borneo）国王，王妃兄也，闻之率众来援，副王乃大肆焚掠而去，当是时国中鬼哭三日，人民半死。渼泥王迎其妹归彭亨，王随之，而命其长子摄国，已王复位，次子素凶悍，遂毒杀其父，弑其兄自立。

（八）吉兰丹（Kelantan）

《岛夷志略》吉兰丹条曰：

地势博大，山瘠而田少，夏热而倍收，气候平热。风俗尚礼，男女束发系短衫布皂缦，每遇四时节序生辰婚姻之类，衣红布长衫为庆。民煮海为盐，织木棉为业。有酋长。地产上等沉速、粗降真香、黄蜡、龟筒、鹤顶、槟榔。外有小港，索迁极深，水咸鱼美。出花锡。货用塘头市布、占城布、青盘花碗、红绿烧珠、琴阮、鼓板之属。

《明史》卷三二六急兰丹条曰：

> 急兰丹（Kelantan），永乐九年（一四一一）王麻哈剌查苦马儿遣使朝贡。十年（一四一二）命郑和赍敕奖其王，赉以锦绮纱罗彩帛。

（九）丁家庐（Treṅganu）

《岛夷志略》丁家庐条曰：

> 三角屿对境，港已通其津要，山高旷，田中下，下民食足。春多雨，气候微热。风俗尚怪。男女椎髻，穿绿颔布短衫，系遮里绢。刻木为神，杀人血和酒祭之，每水旱疫厉，祷之则立应，及婚姻病丧，则卜其吉凶，亦验。今酋长主事贪禁，勤俭守土。地产降真、脑子、黄蜡、玳瑁。货用青白花磁器、占城布、小红绢、斗锡、酒之属。

《明史》卷三二五《丁机宜传》曰：

> 丁机宜（Treṅganu），爪哇（Java）属国也。幅员甚狭，仅千余家。柔佛（Johore）黠而雄，丁机宜与接壤，时被其患，后以厚币求婚，稍获宁处。其国以木为城，酋所居旁列钟鼓楼，出入乘象。以木月为岁首。性好洁，酋所食啖，皆躬自割烹。民俗类爪哇，物产悉如柔佛。酒禁甚严，有常税，然大家皆不饮，唯细民无籍者饮之。其曹偶成非笑。婚者男往女家持其门户，故生女胜男。丧用火葬。华人往商，交易甚平，自为柔佛所破，往者亦鲜。

（十）满剌加（Malaka）[①]

《瀛涯胜览》满剌加国条曰：

　　自占城（Campa）向正南，好风船行八日到龙牙门（Linga），入门往西行，二日可到。此处旧不称国，因海有五屿之名，遂名曰五屿。无国王，止有头目掌管。此地属暹罗（Siam）所辖，岁输金四十两，否则差人征伐。永乐七年己丑（一四〇九），上命正使太监郑和等，统赍诏敕，赐头目双台银印冠带袍服。建碑封城，遂名满剌加国，是后暹罗莫敢侵扰。其头目蒙恩为王，挈妻子赴京朝谢，贡进方物，朝廷又赐与海船，回国守土。其国东南是大海，西北是老岸连山，皆沙卤之地。气候朝热暮寒，田瘦谷薄，人少耕种。有一大溪河水，下流从王居前过大海，其王于溪上建立木桥，上造桥亭二十余间，诸物买卖俱在其上。国王国人皆从回回教门，持斋受戒诵经。其王服用以细白番布缠头，身穿细花青布长衣，其样如袍，脚穿皮鞋，出入乘轿。国人男子方帕包头，女人撮髻脑后，身体微黑，下围白布手巾，上穿色布短衫。风俗淳朴。房屋如楼阁之制，上不铺板，但高四尺许之际，以椰子树劈成片条，稀布于上，用藤缚定，如羊棚样，自有层次，连床就榻盘膝而坐，饮卧厨灶，皆在上也。人多以渔为业，用独木刳舟泛海取鱼。土产黄速香、乌木、打麻儿（damar）香、花锡之类。打麻儿香本是一等树脂流出入土，掘出如松香沥青之样，火烧即着，番人皆以此为点照当灯。番船造完，则用此物熔涂于缝，水莫能入，甚好，彼地之人多采取此物以转卖他国。内有明净好者，却似金珀一样，名损都卢厮（Sindarus），番人做成帽珠而卖，今水珀即此物也。花锡有二处山坞锡场，王命头目主之。差人淘煎，铸成斗样，以为小块输官。每块重官秤一斤八两，或一斤四两，每十块用藤缚为小把，四十块为

---

① 满剌加建国于十五世纪初年，拜里迷苏剌疑殁于一四一四年；子母幹撒干的儿沙继立，疑殁于一四二四年；子西里麻哈剌继立，疑殁于一四四四年；子息力八密息瓦儿丢八沙继立，在位不久死；弟无剌佛哪沙继立，疑殁于一四五六年；子芒速沙继立，殁年无考；子阿老瓦丁沙（Alaud-Din Sah）继立，《明史》失载，殁于一四八八年；子马哈木沙继立，殁于一五三〇年；子阿老瓦丁沙（Alaud-Din Sah）于一五六四年殁于哑齐。参看 Wiastedt, *History of Malaya* 三七至四四页及后附满剌加诸王世系表。

一大把，通市交易皆以此锡行使。其国人言语并书记婚姻之礼，颇与爪哇同。山野有一等树，名沙孤（sagu）树，乡人以此物之皮，如中国葛根捣浸澄滤其粉作丸，如绿豆大，晒干而卖，其名曰沙孤米，可以作饭吃。海之洲诸岸边，生一等水草，名茭藘叶，长如刀茅样，似苦笋，壳厚，性软，结子如荔枝样，鸡子大。人取其子酿酒，名茭藘酒，饮之亦能醉人。乡人取其叶织成细簟，止阔二尺，长丈余，为席而卖。果有甘蔗、巴蕉子、波罗蜜、野荔枝之类，菜、葱、姜、蒜、芥、冬瓜、西瓜皆有。牛、羊、鸡、鸭虽有而不多，价亦甚贵，其水牛一头直银一斤以上，驴马皆无。其海边水内常有鼍龙伤人，其龙高三四尺，四足，满身鳞甲，背刺排生，龙头獠牙，遇人即啮。山出黑虎，比中国黄虎略小，其毛黑，亦有暗花纹，其黄虎亦间有之。国中有虎化为人，入市混入而行，自有识者，擒而杀之。如占城尸头蛮，此处亦有。凡中国宝船到彼，则立排栅，如城垣，设四门更鼓楼，夜则提铃巡警。内又立重栅，如小城，盖造库藏仓廒，一应钱粮顿在其内。去各国船只回到此处取齐，打整番货，装载船内，等候南风正顺，于五月中旬开洋回还。其国王亦自采办方物，挈妻子带领头目驾船跟随宝船赴阙进贡。

《明史》卷三二五《满剌加传》曰：

满剌加在占城南，顺风八日至龙牙门（Liṅga），又西行二月即至，或云即古顿逊，唐哥罗富沙。永乐元年（一四〇三）十月遣中官尹庆使其地，赐以织金文绮销金帐幔诸物。其地无王，亦不称国，服属暹罗，岁输金四十两为赋。庆至宣示盛德及招徕之意，其酋拜里迷苏剌（Parameśvara）大喜，遣使随庆入朝贡方物。三年（一四〇五）九月至京师，帝嘉之，封为满剌加国王，赐诰印彩币袭衣黄盖，复命庆往。其使者言王慕义，愿同中国列郡，岁效职贡，请封其山为一国之镇，帝从之，制碑文勒山上，末缀以诗曰："西南巨海中国通，输天灌地亿载同。洗日浴月光景融，两岸露石花木侬。金花宝钿生青红，有国于此民俗雍。王好善意思朝宗，愿比内郡依华风。出入导从张盖重，仪文裼袭礼虔恭。大书贞石表尔忠，尔国西山永镇封。山居海伯翕扈从，皇考陟降在彼穹。后天监视之弥隆，尔众子孙万福崇。"庆等再至，其王益喜，礼待有加。五年（一四〇七）九月遣使入贡。明年（一四〇八）郑和使其国，旋入贡。九年（一四一一）其王率妻子陪臣五百四十余人来朝，抵近郊，命中官海寿、礼部郎中黄裳等宴劳，有司供张会同馆。入朝奉天殿，帝亲宴之，妃以下宴他所，光禄日致牲牢。上尊赐王金绣龙衣二袭，麒麟衣一袭，金银器帷幔衾裯悉具，妃以下皆有赐。将归，赐王玉带仪仗鞍马，赐妃冠服，濒行赐宴奉天门，再赐玉带仪仗鞍马，黄金百，白金五百，钞四十万贯，钱二千六百贯，锦绮纱罗三百匹，帛千匹，浑金文绮二，金织通袖膝裯二。妃及子侄陪臣以下宴赐有差，礼官饯于龙江驿，复赐宴龙潭驿。十年（一四一二）夏，其侄入谢，及辞归，命中官甘泉偕往，旋又入贡。十二年（一四一四），王子母干撒干的儿沙（Muhammad Iskandarśah）来朝，告其父讣，即命袭封，赐金币。嗣后或连岁或间岁入贡以为常。十七年（一四一九），王率妻子陪臣来朝见谢恩，及辞归，诉暹罗见侵状，帝为赐敕谕暹罗，暹罗乃奉诏。二十二年（一四二四），西里麻哈剌（Śrī Mahāraja）以父没嗣位，率妻子陪臣来朝。宣德六年（一四三一）遣使者来言罗谋侵本国，王欲入朝，惧为所阻，欲奏闻，无能书者，令臣三人附苏门答剌贡舟入诉。帝命附郑和舟归国，因令和赍敕谕暹罗，责以辑睦邻封，毋违朝命。初三人至，无贡物，礼官言例不当赏。帝曰：远人越数万里来，诉不平，岂可无赐。遂赐袭衣彩币如贡使例。八年（一四三三），王率妻子陪臣来朝，抵南京，天已寒，命俟春和北上，别遣人赍敕劳赐王及妃。洎入朝，宴赐如礼。及还，有司为治舟。王复遣其弟贡驼马方物。时英宗已嗣位，而王犹在广东，赐敕奖王，命守臣送还国，因遣古里（Calicut）、真腊（Kamboja）等十一国使臣附载偕还。正统十年（一四四五）其使者请赐王息力八密息瓦儿丢八沙（Sri Parameśvara Devaśah）护国敕书，及蟒服伞盖以镇服国人。又言王欲亲诣阙下，从人多，乞赐一巨舟，以便远涉，帝悉从之。景泰六年（一四五五），速鲁檀无刭佛哪沙（Muzaffarśah）贡马及方物，请封为王，诏给事中王晖往。已复入贡，言所赐冠带毁于火，命制皮弁服红罗常服及犀带纱帽予之。天顺三年（一四五九），王子苏丹芒速沙（Mansurśah）遣使入贡，命给事中陈嘉猷等往封之。越二年，礼官言嘉猷等浮海二日至乌猪洋，遇飓风舟坏，飘六日至清澜守御所获救，敕书无失，诸赐物悉沾水，乞重给，令使臣复往，从之。成化十年（一四七四），给事中陈峻册封占城王，遇安南兵据占城，不得入，以所赍物至满剌加，谕其王入贡。其使者至，帝喜，赐敕嘉奖。十七年（一四八一）九月贡使言成化五年（一四六九）贡使还，飘抵安南境，多被杀，余黥为奴，幼者加宫刑，今已据占城地，又欲吞本国，本国以皆为王臣，未敢与战。适安南贡使亦至，满剌加使臣请与廷辩，兵部言事属既往，不足深较。帝乃因安南使还，敕责其王，并谕满剌加，安南复侵陵，即整兵待战。寻遣给事中林荣、行人黄乾亨册封王子马哈木沙（Mahmudsah）为王，二人溺死，赐官赐祭，予荫恤其家，余敕有司海滨招魂祭，以恤其家。复遣给事中张晟、行人左辅往，晟卒于广东，命守臣择一官为辅副，以终封事。正德三年（一五○八），使臣端亚智等入贡，其通事亚刘本江西万安人萧明举，负罪逃入其国，赂大通事王永、序班张宇，谋往浡泥索宝，而礼部吏侯永等亦受赂伪为符印扰邮传。还至广东，明举与端亚智辈争言，遂与同事彭万春等劫杀之，尽取其财物。事觉，逮入京，明举凌迟，万春等斩，王永减死，罚米三百石，与张宇、侯永并戍边，尚书白钺以下皆议罚。刘瑾因此罪江西人，减其解额五十名，仕者不得任京职。后佛郎机强，举兵侵夺其地，王苏端妈末（Mahmud）出奔，遣使告难。时世宗嗣位，敕责佛郎机，令还其故土，谕暹罗诸国王以救灾恤邻之义，迄无应者，满剌加竟为所灭。时佛郎机亦遣使朝贡请封，抵广东。守臣以其国素不列王会，羁其使以闻，诏予方物之直遣归，后改名麻六甲（Malaka）云。满剌加所贡物有玛瑙、珍珠、玳瑁、珊瑚树、鹤顶、金母、琐服、白苾布、西洋布、撒哈剌、犀角、象牙、黑熊、黑猿、白鹿、火鸡、鹦鹉、片脑、蔷薇露、苏合油、栀子花、乌爹泥、沉香、速香、金银香、阿魏之属。有山出泉，流为溪，土人淘沙取锡，煮成块曰斗锡。田瘠少收，民皆淘沙捕鱼为业。气候朝热暮寒。男女椎髻，身体黝黑，间有白者，唐人种也。俗淳厚，市道颇平，自为佛郎机所破，其风顿殊，商舶稀至，多直诣苏门答剌，然必取道其国，率被邀劫，海路几断，其自贩于中国者则直达广东香山澳，接迹不绝云。

（十一）柔佛（Johore）

《明史》卷三二五《柔佛传》曰：

柔佛（Johore）近彭亨（Pahang），一名乌丁礁林。永乐中（一四〇三至一四二四）郑和遍历西洋，无柔佛名，或言和曾经东西竺山，今此山正在其地，疑即东西竺。万历间其酋好构兵，邻国丁机宜（Treṅganu）、彭亨屡被其患，华人贩他国者，多就之，贸易时或邀至其国。国中覆茅为屋，列木为城，环以池。无事通商于外，有事则召募为兵，称强国焉。地不产谷，常易米于邻壤。男子薙发，徒跣佩刀，女子系发椎结，其酋则佩双刀。字用茭葦叶，以刀刺之。婚姻亦论门阀。王用金银为食器，群下则用磁，无匕箸，俗好持斋，见星方食，节序以四月为岁首。居丧妇人薙发，男子则重薙，死者皆火葬。所产有犀、象、玳瑁、片脑、没药、血竭、锡、蜡、嘉文簟、木棉花、槟榔、海菜、窝燕、西国米、薆吉柿之属。始其国吉宁仁为大库，忠于王，为王所倚信，王弟以兄疏己，潜杀之，后出行堕马死，左右咸见吉宁仁为祟，自是家家祀之。

第七章
印度沿海诸国传

印度诸国自汉以来与中国通，或遵陆，或循海，本章所录者，以沿海诸国在史书舆记中有传者为限，虽有传而方位未详如《宋书》天竺迦毗黎国之类亦不录。

（一）天竺

《后汉书·天竺传》见本书上编第一章。

《梁书》卷五四《中天竺国传》曰：

> 中天竺（Inde）国在大月支（Indo-Scythes）东南数千里，地方三万里，一名身毒（Sindhu）。汉世张骞使大夏（Bactrie），见邛竹杖、蜀布，国人云市之身毒，身毒即天竺，盖传译音字不同，其实一也。从月支、高附以西，南至西海，东至槃越，列国数十，每国置王，其名虽异，皆身毒也。汉时羁属月支，其俗土著与月支同，而卑湿暑热，民弱畏战，弱于月支。国临大江，名新陶（Sindhu, Indus），源出昆仑，分为五江，总名曰恒水（Gangā）。其水甘美。下有真盐，色正白如水精。土俗出犀、象、貂、罽、玳瑁、火齐、金、银、铁、金缕织成、金皮罽、细靡白叠、好裘、氍毹。火齐状

如云母，色如紫金，有光耀，别之则薄如蝉翼，积之则如纱縠之重沓也。其西与大秦（Roma）、安息（Parthie）交市海中，多大秦珍物，珊瑚、琥珀、金碧珠玑、琅玕、郁金、苏合。苏合是合诸香汁煎之，非自然一物也。又云大秦人采苏合，先笮其汁以为香膏，乃卖其滓与诸国贾人，是以辗转来达中国，不大香也。郁金独出罽宾（Kaśmīra）国，华色正黄，而细与芙蓉华里被莲者相似，国人先取以上佛寺，积日香槁，乃粪去之，贾人从寺中征雇，以转卖与佗国也。汉桓帝延熹九年（一六六），大秦王安敦（Marc-Aurèle）遣使自日南徼外来献，汉世唯一通焉。其国人行贾往往至扶南、日南、交趾，其南徼诸国人少有到大秦者。孙权黄武五年（二二六）有大秦贾人字秦论来到交趾，交趾太守吴邈遣送诣权，权问方土谣俗，论具以事对。时诸葛恪讨丹阳，护黝歙短人，论见之曰：大秦希见此人。权以男女各十人差吏会稽刘咸送论，咸于道物故，论乃径还本国。汉和帝时（八九至一〇五）天竺数遣使贡献，后西域反叛遂绝。至桓帝延熹二年（一五九）、四年（一六一）频从日南徼外来献。魏晋世绝不复通，唯吴时（二二二至二八〇）扶南王范旃遣亲人苏物使其国，从扶南发，投拘利口，循海大湾中，正西北入，历湾边数国，可一年余到天竺江口，逆水行七千里乃至焉。天竺王惊曰：海滨极远，犹有此人。即呼令观视国内，仍差陈宋等二人以月支马四匹报旃，遣物等还，积四年方至。其时吴遣中郎康泰使扶南，及见陈宋等具问天竺土俗，云佛道所兴国也，人民敦庞，土地饶沃，其王号茂论（Murundas）。所都城郭，水泉分流，绕于渠塹，下注大江。其宫殿皆雕文镂刻，街曲市里，屋舍楼观，钟鼓音乐，服饰香华，水陆通流，百贾交会，奇玩珍玮，恣心所欲。左右嘉维（Kapilavastu）、舍卫（Sravasti）、叶波等十六大国，去天竺或二三千里，共尊奉之，以为在天地之中也。天监（五〇二至五一九）初其王屈多（Gupta）遣长史竺罗达奉表曰："伏闻彼国，据江傍海，山川周固，众妙悉备，庄严国土，犹如化城，宫殿庄饰，街巷平坦，人民充满欢娱安乐。大王出游，四兵随从，圣明仁爱，不害众生。国中臣民，循行正法，大王仁圣，化之以道，慈悲群生，无所遗弃，常修净戒，式导不及，无上法船，沉溺以济，百官氓庶，受乐无恐，诸天护持，万神侍从，天魔降服，莫不归仰。王身端严，如日初出，仁泽普润，犹如大云，于彼震旦，最为殊胜。臣之所住国土，首罗天守护，令国安乐，王王相承，未曾断绝。国中皆七宝形像，众妙庄严。臣自修检，如化王法，臣名屈多，奕世王种，惟愿大王，圣体和平。今以此国，群臣民庶，山川珍重，一切归属，五体投地，归诚大王。使人竺达多，由来忠信，是故今遣。大王若有所须珍奇异物，悉当奉送，此之境土，便是大王之国。王之法令善道，悉当承用。愿二国信使往来不绝，此信返还愿赐一使，具宣圣命，备敕所宜，款至之诚，望不空返，所白如允，愿加采纳，今奉献琉璃唾壶、杂香、吉贝等物。"

《唐书》卷一九八《天竺国传》曰：

天竺国即汉之身毒国，或云婆罗门地也。在葱岭西北，周三万余里，其中分为五天竺：其一曰中天竺，二曰东天竺，三曰南天竺，四曰西天竺，五曰北天竺，地各数千里，城邑数百。南天竺际大海。北天竺拒雪山，四周有山为壁，南面一谷通，为国门。东天竺东际大海，与扶南、林邑邻接。西天竺与罽宾、波斯相接。中天竺据四天竺之会，其都城（Paṭaliputra）周回七十余里，北临禅连河。云昔有婆罗门领徒千人，肆业于树下，树神降之，遂为夫妇。宫室自然而立，童仆甚盛，于是使役百神，筑城以统之，经日而就。此后有阿育王（Aśoka）复役使鬼神，累石为宫阙，皆雕文刻镂，非人力所及。阿育王颇行苛政，置炮烙之刑，谓之地狱，今城中见有其迹焉。中天竺王姓乞利咥氏，或云刹利氏，世有其国，不相篡弑。厥土卑湿暑热，稻岁四熟，有金刚似紫石英，百练不销，可以切玉。又有旃檀、郁金诸香，通于大秦，故其宝物或至扶南、交阯贸易焉。百姓殷乐，俗无簿籍，耕王地者输地利。以齿贝为货。人皆深目长鼻。致敬极者舐足摩踵。家有奇乐倡伎。其王与大臣多服锦罽，上为螺髻于顶，余发剪之使鬈。俗皆徒跣。衣重白色，唯梵志种姓披白叠以为异。死者或焚尸取灰，以为浮图，或委之中野以施禽兽，或流之于河以饲鱼鳖，无丧纪之文。谋反者幽杀之，小犯罚钱以赎罪，不孝则断手刖足，截耳割鼻，放流边外。有文字，善天文算历之术。其人皆学悉昙章，云是梵天法，书于贝多树叶以纪事。不杀生饮酒，国中往往有旧佛迹。隋炀帝时（六〇五至六一六）遣裴矩应接西蕃，诸国多有至者，唯天竺不通，帝以为恨。当武德中

（六一八至六二六）其国大乱，其嗣王尸罗逸多（Harṣa Śilāditya）练兵聚众，所向无敌，象不解鞍，人不释甲。居六载而四天竺之君皆北面以臣之。威势远振，刑政甚肃。贞观十五年（六四一），尸罗逸多自称摩伽陀（Magadha）王，遣使朝贡。太宗降玺书慰问，尸罗逸多大惊，问诸国人曰：自古曾有摩诃震旦使人至吾国乎，皆曰未之有也。乃膜拜而受诏书，因遣使朝贡。太宗以其地远，礼之甚厚，复遣卫尉丞李义表报使。尸罗逸多遣大臣郊迎，倾城邑以纵观，焚香夹道，逸多率其臣下东面拜受敕书，复遣使献火珠及郁金香、菩提树。贞观十年（六三六）沙门玄奘至其国，将梵本经论六百余部而归。[①]先是遣右率府长史王玄策使天竺，其四天竺国王咸遣使朝贡。会中天竺王尸罗逸多死，国中大乱，其臣那伏帝阿罗那顺篡立，乃尽发胡兵以拒玄策。玄策从骑三十人与胡御战不敌，矢尽，悉被擒，胡并掠诸国贡献之物。玄策乃挺身宵遁走至吐蕃（Tibet），发精锐一千二百人，并泥婆罗（Nepala）国七千余骑以从玄策。玄策与副使蒋师仁率二国兵进至中天竺国城，连战三日，大破之，斩首三千余级，赴水溺死者且万人，阿罗那顺弃城而遁，师仁进擒获之，虏男女万二千人，牛马三万余头匹，于是天竺震惧，俘阿罗那顺以归。[②]二十二年（六四八）至京师，太宗大悦，命有司告宗庙。而谓群臣曰：夫人耳目玩于声色，口鼻耽于臭味，此乃败德之源，若婆罗门不劫掠我使人，岂为俘虏耶。昔中山以贪宝取弊，蜀侯以金牛致灭，莫不由之。拜玄策朝散大夫。是时就其国得方士那罗迩娑婆寐（Nārāyaṇasvāmin），自言寿二百岁，云有长生之术。太宗深加礼敬，馆之于金飚门内，造延年之药。令兵部尚书崔敦礼监主之。发使天下采诸奇药异石，不可称数，延历岁月，药成服竟不效，后放还本国。太宗之葬昭陵也，刻石像阿罗那顺之形，列于玄阙之下。五天竺所属之国数十，风俗物产略同。有伽没路（Kāmarūpa）国，其俗开东门以向日。王玄策至，其王发使贡以奇珍异物及地图，因请老子像及《道德经》。那揭陀（Nagarahara）国有醯罗城（Hila），中有重阁藏佛顶骨及锡杖。贞观二十年（六四六）遣使贡方物。天授二年（六九一）东天竺王摩罗拔摩（Malavarman），西天竺王尸罗逸多，南天竺王遮娄其拔罗婆（Calukya Pallava），北天竺王娄

---

① 参看《大慈恩寺三藏法师传》卷五。
② 参看《清华学报》第八卷第一期《王玄策事辑》。

其那那，中天竺王地婆西那，并来朝献。景龙四年（七一〇）南天竺国复遣使来朝。景云元年（七一〇）复遣使贡方物。开元二年（七一四）西天竺复遣使贡方物。八年（七二〇）南天竺国遣使献五色能言鹦鹉。其年南天竺国王尸利那罗僧伽请以战象及兵马讨大食及吐蕃等，仍求有以名其军，玄宗甚嘉之，名军为怀德军。九月南天竺王尸利那罗僧伽宝多拔摩为国造寺，上表乞寺额，敕以归化为名赐之。十一月遣使册利那罗伽宝多为南天竺国王，遣使来朝。十七年（七二九）六月，北天竺国藏沙门僧密多献质汗等药。十九年（七三一）十月，中天竺国王伊沙伏摩遣其大德僧来朝贡。二十九年（七四一）三月，中天竺王子李承恩来朝，授游击将军，放还。天宝中（七四二至七五五）累遣使来。

《新唐书》卷二二一上《天竺传》曰：

天竺国，汉身毒国也，或曰摩伽陀，曰婆罗门。去京师九千六百里，都护治所二千八百里。居葱岭南，幅员三万里，分东西南北中五天竺，皆城邑数百。南天竺濒海，出师子、豹、犿、橐它、犀、象、火齐、琅玕、石密、墨盐。北天竺距雪山，圆抱如壁，南有谷，通为国门。东天竺际海，与扶南、林邑接。西天竺与罽宾、波斯接。中天竺在四天竺之会，都城曰茶镈和罗城，滨迦毗黎河。有别城数百皆置长。别国数十，置王曰舍卫（Śravasti），曰迦没路（Kāmarūpa），开户皆东向，曰迦尸（Kaśi），或曰波罗奈（Vārānasī），亦曰波罗那斯（Vārānasī）。其畜有稍割牛，黑色，角细长四尺许，十日一割，不然困且死，人饮其血，或曰寿五百岁，牛寿如之。中天竺王姓乞利咥氏，亦曰刹利（Kṣatriya），世有其国，不篡杀。土溽热，稻岁四熟，禾之长者没橐它。以贝齿为货，有金刚、旃檀、郁金。与大秦、扶南、交趾相贸易。人富乐，无簿籍。耕王地者乃输税。以舐足摩踵为致礼。家有奇乐倡伎。王大臣皆服锦罽，为螺髻于顶，余发翦使卷。男子穿耳垂珰，或悬金耳环者为上，类徒跣，衣重白。妇人顶饰金银珠缨络。死者燔骸，取灰建窣堵，或委野中及河，饵鸟兽鱼鳖，无丧纪。谋反者幽杀之，小罪赎钱，不孝者断手足劓耳鼻，徙于边。有文字，善步历，学悉昙章，妄曰梵天法，书贝多叶以纪事。尚浮图法，不杀生饮酒。国中处处指曰佛故迹也。信盟誓，传禁咒，能致龙起云雨。隋炀帝时（六〇五至六一六）遣裴矩通西域诸国，独天竺、拂菻不至为恨。武德中（六一八至六二六）国大乱，王尸罗逸多勤兵战无前，象不弛鞍，士不释甲，因讨四天竺，皆北面臣之。会唐浮屠玄奘至其国，尸罗逸多召见曰：而国有圣人出，作秦王破阵乐，试为我言其为人。玄奘粗言太宗神武平祸乱，四夷宾服状。王喜曰：我当东面朝之。贞观十五年（六四一），自称摩伽陀王遣使者上书。帝命云骑尉梁怀璥持节尉抚。尸罗逸多惊问国人，自古亦有摩诃震旦使者至吾国乎？皆曰无有，戎言中国为摩诃震旦。乃出迎膜拜，受诏书，戴之顶。复遣使者随入朝。诏卫尉丞李义表报之，大臣郊迎，倾都邑纵观，道上焚香，尸罗逸多率群臣东面受诏书，复献火珠、郁金、菩提树。二十二年（六四八）遣右卫率府长史王玄策使其国，以蒋师仁为副。未至，尸罗逸多死，国人乱，其臣那伏帝阿罗那顺自立，发兵拒玄策。时从骑才数十，战不胜皆没，遂剽诸国贡物。玄策挺身奔吐蕃西鄙，檄召邻国兵，吐蕃以兵千人来，泥婆罗以七千骑来。玄策部分进战茶镈和罗城，三日破之，斩首三千级，溺水死万人。阿罗那顺委国走，合散兵复阵，师仁禽之，俘斩千计。余众奉王妻息阻乾陀卫江，师仁击之大溃，获其妃王子，虏男女万二千人，杂畜三万，降城邑五百八十所。东天竺王尸鸠摩送牛马三万馈军，及弓刀宝缨络，迦没路国献异物，拜上地图，请老子像。玄策执阿罗那顺献阙下，有司告宗庙。帝曰：夫人耳目玩声色，口鼻耽臭味，此败德之原也。婆罗门不劫吾使者，宁至俘虏耶。擢玄策朝散大夫。得方士那逻迩娑婆寐，自言寿二百岁，有不死术。帝改馆使治丹，命兵部尚书崔敦礼护视。使者驰天下采怪药异石，又使者走婆罗门诸国。所谓畔茶法水者，出石臼中，有石象，人守之，水有七种色，或热或冷，能销草木金铁，人手入辄烂，以橐它髑髅转注瓠中。有树名咀赖罗，叶如梨，生穷山崖腹，前有巨虺守穴，不可到，欲取叶者以方镞矢射枝则落，为群鸟衔去，则又射乃得之，其诡谲类如此。后术不验，有诏听还，不能去，死长安。高宗时（六五〇至六八三），卢伽逸多（Lokaditya）者东天竺乌荼（Oḍra）人，亦以术进，拜怀化大将军。乾封二年（六六七）五天竺皆来朝。开元时（七一三至七四一），中天竺遣使者三至。南天竺一献五色能言鸟，乞师讨大食、吐蕃，丐名其军，玄宗诏赐怀德军。使者曰蕃夷惟以袍带为宠，帝以锦袍金革带鱼袋并七事赐之。北天竺一来朝。

《宋史》卷四九○《天竺国传》曰：

天竺国旧名身毒，亦曰摩伽陀，复曰婆罗门。俗宗浮图道，不饮酒食肉。汉武帝遣使十余辈间出西南，指求身毒，为昆明所闭，莫能通。至汉明帝梦金人，于是遣使天竺问佛道法，由是其教传于国中。梁武帝、后魏宣武皆来贡献。隋炀帝志通西域，诸国多有至者，惟天竺不通。唐贞观（六二七至六四九）以后朝贡相继。则天天授中（六九○至六九一）五天竺王并来朝献。乾元（七五八至七五九）末河陇陷没，遂不复至。周广顺三年（九五三）西天竺僧萨满多等十六族来贡名马。乾德三年（九六五）沧州僧道圆自西域还，得佛舍利一，水晶器，贝叶梵经四十夹来献。道圆晋天福中（九三六至九四三）诣西域，在涂十二年，住五印度凡六年，五印度即天竺也，还经于阗（Khotan），与其使偕至。太祖召问所历风俗山川道里，一一能记。四年（九六六）僧行勤等一百五十七人诣阙上言，愿至西域求佛书，许之。以其所历甘、沙、伊、肃等州，焉耆（Karashar）、龟兹（Kucha）、于阗、割禄（Karluk）等国，又历希路沙（Puruṣapura）、加湿弥罗（Kašmīra）等国，并诏谕其国，令人引导之。开宝（九六八至九七五）后天竺僧持梵夹来献者不绝，八年（九七五）冬东印度王子穰结说哕来朝贡。天竺之法，国王死，太子袭位，余子皆出家为僧，不复居本国。有曼殊室利（Manjuśrī）者，乃其王子也，随中国僧至焉。太祖令馆于相国寺，善持律，为都人之所倾向，财施盈室。众僧颇嫉之，以其不解唐言，即伪为奏，求还本国，许之。诏既下，曼殊室利始大惊恨，众僧谕以诏旨，不得已迟留数月而后去，自言诣南海附贾人船而归，终不知所适。太平兴国七年（九八二）益州僧光远至自天竺，以其王没徙曩表来上。上令天竺僧施护译云：近闻中国国内有大明王，至圣至明，威力自在，每惭薄幸，朝谒无由，遥望中国，起居圣躬万福。光远来蒙赐金刚吉祥无畏坐，释迦圣像袈裟一事，已披挂供养。伏愿中国皇帝福慧圆满，寿命延长，常为引导一切有情，生死海中，渡诸沉溺。今以释迦舍利附光远上进。又译其国僧统表，词意亦与没徙曩同。施护者乌埚曩（Uḍḍiyana）国人，其国属北印度。西行十二日至乾陀罗（Gandhara）国。又西行二十日至曩诚啰贺啰（Nagarahara）国。又西行十日至岚婆（Lampaka）国。又西行十二日至诚惹曩国。又西行至波斯国，得西海。自北印度行百二十日至中印度。中印度西行三程至呵啰尾国。又西行十二日至未曩啰国。又西行十二日至钵赖野迦（Prayaga）国。又西行六十日至迦啰挐俱惹（Kanyakubja）国。又西行二十日至摩啰尾国。又西行二十日至乌然泥（Ujjiyānī）国。又西行二十五日至啰啰（Laṭa）国。又西行四十日至苏啰荼（Surastra）国。又西行十一日至西海。自中印度行六月程至南印度。又西行九十日至供迦挐（Konkana）国。又西行一月至海。自南印度南行，六月程得南海，皆施护之所述云。八年（九八三），僧法遇自天竺取经回至三佛齐（Palembang），遇天竺僧弥摩罗失黎，语不多，命附表愿至中国译经，上优诏召之。法遇后募缘制龙宾盖袈裟，将复往天竺，表乞给所经诸国敕书，遂赐三佛齐国王退至，葛古罗（Kākula）国主司马佶芒，柯兰（Kūlam, Quilon）国主赞坦罗，西天王子谟驮仙书以遣之。雍熙中（九八四至九八七）卫州僧辞澣自西域还，与胡僧密坦罗奉北印度王及金刚坐王那烂陀书来，又有婆罗门僧永世与波斯外道阿里烟同至京师。永世自云本国名利得，国王姓牙罗五得，名阿喏你缚。衣黄衣戴金冠，以七宝为饰。出乘象或肩舆，以音乐螺钹前导，多游佛寺，博施贫乏。其妃曰摩诃你，衣大绌缕金红衣，岁一出，多所振施。人有冤抑，候王及妃出游，即迎随伸诉。署国相四人，庶务并委裁制。五谷、六畜、果实与中国无异。市易用铜钱，有文漫圆径如中国之制，但实其中心，不穿贯耳。其国东行经六月至大食国。又二月至西州。又三月至夏州。阿里烟自云本国王号黑衣，姓张名哩没，用锦彩为衣，每游猎，三二日一还。国署大臣九人治国事。无钱货，以杂物贸易。其国东行经六月至婆罗门。至道二年（九九六）八月有天竺僧随舶至海岸，持帝钟铃杵铜铃各一，佛像一躯，贝叶梵书一夹，与之语不能晓。天圣二年（一〇二四）九月西印度僧爱贤智、信护等来献梵经，各赐紫方袍束帛。五年（一〇二七）二月僧法吉祥等五人以梵书来献，赐紫方袍，景祐三年（一〇三六）正月僧善称等九人，贡梵经佛骨及铜牙菩萨像，赐以束帛。

（二）朋加剌（Bangala, Bengale）

《岛夷志略》朋加剌条曰：

　　五岭崔嵬，树林拔萃，民环而居之。岁以耕植为业，故野无旷土，田畴极美，每一岁凡三收谷，百物皆廉，即古忻都（Sindhu）州府也。气候常热，风俗最为淳厚。男女以细布缠头，穿长衫。官税十分中取其二焉。国铸银钱名唐加（tanka），每个钱八分重，流通使用互易。趴子（kauri）一万五百二十有余，以权小钱便民，良有益也。产苾布、高你布、兜罗锦、翠羽。贸易之货用南北丝、五色绢缎、丁香、豆蔻、青白花器、白缨之属。兹番所以民安物泰，皆自乎衣力有以致之，是故原防管茅之地，民垦辟种植不倦阙廉劳苦之役，因天之时，而分地利，国富俗厚，可以凌旧港（Palembang）而迈阇婆（Java）也。

《瀛涯胜览》榜葛利（Bangala）国条曰：

　　自苏门答剌国（Samudra）开船，取帽山（Puloweh？）并翠蓝岛（Nicobar），投西北上，好风行二十日，先到浙地港（Chittagong）泊船。用小船入港，五百余里到地名锁纳儿港（Sonārgāon），登岸向西南行三十五站到其国。有城郭，其王府并一应大小衙门皆在城内。其国地方广阔，物穰民稠，举国皆是回回人，民俗淳善。富家造船往诸番国经营者颇多，出外佣役者亦多。人之容体皆黑，间有一白者。男子皆剃发，以白布缠之，身服从头套下，圆领长衣，下围各色阔手巾，足穿浅面皮鞋。其国王并头目之服，俱奉回回教礼，冠衣甚整丽。国语皆从榜葛里（Bangali）自成一家言语，说吧儿西（Farsi）语者亦有之。国王以银铸钱名倘伽（tanka），每个重官秤三钱，径官寸一寸二分，底面有纹，一应买卖皆以此钱论价零用。海趴番名考嚓（kauri），论个数交易。民俗冠丧祭婚姻之礼，皆依回回教门礼制。四时气候，常热如夏，稻谷一年二熟，米粟细长，多有细红米、粟、麦、芝麻，各色豆、黍、姜、芥、葱、蒜、瓜、茄、蔬菜皆有，果有芭蕉子。酒有三四等，椰子酒、米酒、树酒、茭葦酒，各色法制，多有烧酒。市卖无茶，人家以槟榔待人。街市一应铺店混堂酒饭甜食等肆都有。驼马、驴、骡、水牛、黄牛、山羊、棉羊、鹅、鸭、鸡、猪、犬、猫等畜皆有。果则有波罗密、酸子、石榴、甘蔗等类。其甜食则有沙糖、白糖、糖霜、糖果、蜜煎、蜜姜之类。土产五六样细布：一样苧布，番名卑泊，阔三尺余，长五丈六七尺，此布匀细如粉笺一般；一样姜黑布，番名满者提，阔四尺许，长五丈余，此布紧密壮实；一样番名沙纳巴付，阔五尺，长三丈，便如生平罗样，即布罗也；一样番名忻白勤搭黎，阔三尺，长六丈，布眼稀匀，即布纱也，皆用此布缠头；一样番名沙榻儿，阔二尺五六寸，长四丈余，如好三梭布一般；有一样，番名蓦黑蓦勒，阔四尺，长二丈余，背面皆起绒头，厚四五分，即兜罗绵也。桑柘蚕茧皆有，止会作线缲丝，嵌手巾并绢，不晓成绵。漆器盘碗镔铁枪刀甲等器皆有卖者。一样白纸，亦是树皮所造，光滑细腻如鹿皮一般。国法有笞杖徒流等刑。官品衙门印信行移皆有。军亦有官管给粮饷，管军头目名吧斯剌儿。医卜阴阳百工技艺皆有之。其行术身穿挑黑线白布花衫，下围色丝手巾，以各色硝子珠间以珊瑚珠穿成缨络，佩于肩项，又以青红硝子烧成镯，带于两臂，人家宴饮，此辈亦来动乐，口唱番歌对舞，亦有解数。有一等人名根肖速鲁奈，即乐工也，每日五更时分，到头目或富家门首，一人吹唢呐，一人击小鼓，一人击大鼓。初起则慢，自有调拍，后渐紧促而息。又至一家，如前吹击而去。至饭时仍到各家，或与酒饭，或与钱物。撮弄把戏，诸色皆有，不甚奇异。止有一样，一人同其妻以铁索拴一大虎，在街牵拽而行，至人家解弄即解其铁索，令虎坐于地，其人赤体单捎，对虎跳跃，拽拳将虎踢打，其虎性发作威，咆哮势若扑人，其人与虎对跌数交毕，又以一臂伸入虎口，直至其喉，虎不敢咬，其人仍锁虎颈，则伏地讨食，其家则与肉啖之，又与其人钱物而去。日月之定，亦以十二个月为一年，无闰月，节气早晚临期推。王亦差人驾船往各番国买卖，取办方物珍珠宝石进贡中国。

《明史》卷三二六《榜葛剌传》曰：

榜葛剌（Bangala）即汉身毒（Sindhu）国，东汉曰天竺，又名五印度，宋仍名天竺，榜葛剌则东印度也。自苏门答剌（Samudra）顺风二十昼夜可至。永乐六年（一四〇八）其王霭牙思丁遣使来朝贡方物，宴赉有差。七年（一四〇九）其使凡再至，携从二百三十余人，帝方招徕绝域，颁赐甚厚，自是比年入贡。十年（一四一二）贡使将至，遣官宴之于镇江，既将事，使者告其王之丧，遣官往祭，封嗣子赛勿丁为王。十二年（一四一四）嗣王遣使奉表来谢，贡麒麟及名马方物，礼官请表贺。帝勿许。明年（一四一五）遣侯显赍诏使其国，王与妃大臣皆有赐。正统三年（一四三八）贡麒麟，百官表贺。明年（一四三九）又入贡，自是不复至。其国地大物阜，城池街市聚货通商，繁华类中国。四时气候常如夏，土沃，一岁二稔，不待籽耘。俗淳庞，有文字，男女勤于耕织。容体皆黑，闻有白者。王及官民皆回回人，丧祭冠婚，悉用其礼。男子皆薙发，裹以白布，衣从颈贯下用布围之。历不置闰。刑有笞杖徒流数等。官司上下亦有行移。医卜阴阳百工技艺悉如中国，盖皆前世所流入也。其王敬天朝，闻使者至，遣官具仪物，以千骑来迎。王官高广，柱皆黄铜色，饰雕琢花兽。左右设长廊，内列明甲马队千余，外列巨人明盔甲执刀剑弓矢，威仪甚壮。丹墀左右设孔雀翎伞盖百余，又置象队百余于殿前。王饰八宝冠，箕踞殿上高座，横剑于膝。朝使入，令拄银杖者二人来导，五步一呼，至中则止，又拄金杖者二人导如初。其王拜迎诏，叩头手加额。开读受赐讫，设绒毯于殿，宴朝使不饮酒，以蔷薇露和香蜜水饮之。赠使者金盔、金系腰、金瓶、金盆，其副则悉用银，从者皆有赠。厥贡良马、金银、琉璃器、青花白瓷、鹤顶、犀角、翠羽鹦鹉、洗白苾布、兜罗绵、撒哈剌、糖霜、乳香、熟香、乌香、麻藤香、乌爹泥、紫胶、藤竭、乌木、苏木、胡椒、粗黄。

（三）乌爹（Oḍra）[①]

《岛夷志略》乌爹条曰：

---

① 案乌爹国名旧译作乌荼，《大唐西域记》卷十三云："乌荼国周七千余里，国大，都城周二十余里，土地膏腴，谷稼茂盛，凡诸果实颇大，诸ídea异草名花难以称述。气序温暑，风俗犷烈，人貌魁梧，容色黧黯，言词风调异中印度。好学不倦，多信佛法。"即指此国。梵名作 Uḍḍa, Uḍra, Oḍra，其地当今之 Orissa。

国因伽里之旧名也。山林盖少，其地堰潴而半旷，民专农业，田沃稼茂，既无绝粮之患，又无蝗蝻之灾，岁凡三稔。诸物皆廉，道不拾遗，乡里和睦，士尤尚义，俗厚民泰，各番之所不及也。气候男女与朋加剌（Bangala）略同。税收十分之一。地产大者黑国翠羽、黄蜡、木棉、细匹布。贸易之货用金银、五色缎、丁香、豆蔻、茅香、青白花器、鼓瑟之属。每个银钱重二钱八分，准中统钞一十两，易贝子计一万一千五百二十余。折钱使用以二百五十贝子籴一尖箩熟米，折官斗有一斗六升，每钱收贝子可得四十六箩米，通计七十三斗二升，可供二人一岁之食有余，故贩其地者十去九不还也。夫以外夷，而得知务农重谷，使国无游民，故家给人足，岁无饥寒之忧，设知兴行礼让，教以诗书礼乐，则与中国之风无间然矣。熟谓蛮貊之邦而不可行者乎。

（四）注辇（Coḷa）①

《诸蕃志》注辇国条曰：

注辇国（Coḷa），西天南印度也，东距海五里，西至西天竺千五百里，南至罗兰②二千五百里，北至顿田③三千里。自古不通商，水行至泉州约四十一万一千四百余里。欲往其国，当自故临（Kūlam）易舟而行，或云蒲甘（Pagan）国亦可往。其国有城七重，高七尺，南北十二里，东西七里。每城相去百步，四城用砖，二城用土，最中城以木为之，皆植花果杂木。第一、第二城皆民居，环以小濠。第三、第四城侍郎居之。第五城王之四子居之。第六城为

---

① 参看本书上编第八章。《西域记》卷十名此国曰珠利邪（Coliya），殆为阿剌壁语注辇（Čūlīyān）对音之所本。
② 《宋史·注辇传》："国东南约二千五百里有悉兰池国"，此处之罗兰应是悉兰之误。此悉兰池即《诸蕃志》之细兰或细轮叠，大食人之 Silan 或 Sirandib，《明史》之锡兰也。
③ 顿田疑为顿逊之讹。

佛寺，百僧居之。第七城即王之所居，屋四百余区。所统有三十一部落，其西十二曰：只都尼、施亚卢尼、罗琶离鳌琶移、布林琶布尼、古檀布林蒲登、故里、婆轮仑、本蹄揭蹄、阇黎池离、那部尼、遮古林、亚里者林。其南八曰：无雅加黎麻蓝、眉古黎苦低、舍里尼、蜜多罗摩、伽蓝蒲登、蒙伽林蓝、琶里琶离游、亚林池蒙伽蓝。其北十二曰：拨罗耶、无没离江、注林、加里蒙伽蓝、漆结麻蓝、握折蒙伽蓝、皮林伽蓝、蒲棱和蓝、堡琶来、田注离、卢娑啰、迷蒙伽蓝。①民有罪，命侍郎一员处治之，轻者絷于木格，笞五七十至一百，重者即斩，或以象践杀之。其宴则王与四侍郎膜拜于阶，遂共作乐歌舞，不饮酒而食肉。俗衣布，亦有饼饵，掌馔执事用妓近万余家，日输三千辈祗役。其嫁娶先用金银指环，使媒妇至女家，后三日会男家亲族，约以田土、生畜、槟榔酒等称其有无为礼，女家复以金银指环、越诺布及女所服锦衣遗婿。若男欲离女，则不敢取聘财，女欲却男，则倍偿之。其国赋税繁重，客旅罕到。与西天诸国斗战，官有战象六万，皆高七八尺。战时象背立屋载勇士，远则用箭，近则用槊，战胜者象亦赐号以旌其功。国人尚气轻生，或有当王前用短兵格斗，死而无悔。父子兄弟不同釜而爨，不共器而食，然甚重义。地产真珠、象牙、珊瑚、玻璃、槟榔、豆蔻、琉璃、色丝布、吉贝布。兽有山羊、黄牛。禽有山鸡、鹦鹉。果有余甘、藤萝、千年枣、椰子、甘罗、昆仑梅、波罗蜜之类。花有白茉莉、散丝、蛇脐、佛桑、丽秋、青黄碧婆罗、瑶莲、蝉紫、水蕉之类。五谷有绿黑豆、麦、稻，地宜竹。自昔未尝朝贡，大中祥符八年（一〇一五）其主遣使贡真珠等。译者导其言曰：愿以表远人慕化之义。诏阁门祗候史祐之馆伴宴，锡恩例同龟兹使。适值承天节，其使获预启圣院祝寿。至熙宁十年（一〇七七）又贡方物，神宗遣内侍劳问之。其余南尼华啰等国不啻百余，悉冠以西天之名。又有所谓王舍城者，俗传自交趾之北至大理，大理西至王舍城不过四十程。按贾耽《皇华四达记》云：自安南通天竺，是有路可通其国，然达摩之来浮海至番禺，岂陆程迂回，不如海道之迅便欤。西天鹏茄啰（Ballahra）国都号茶那咭城，围一百二十里。民物好胜，专事剽夺。以白砑螺壳磨治为钱。土产宝剑兜罗绵等布。或谓佛教始

---

① 诸部落名称点断并从《诸蕃志译注》本，可参看 Chau Ju-kua 九四至九五页，又九九页。

于此国，唐三藏玄奘取经曾到西天南尼华啰国，城三重。人早晚浴，以郁金涂体，效佛金色，多称婆罗门，以为佛真子孙。屋壁坐席悉涂牛粪，相尚以此为洁。家置坛崇三尺，三级而升，每晨焚香献花，名为供佛。大食（Arabes）番至其国，则坐之门外，馆之别室，具供帐器皿。妇人犯奸辄杀之，官不问。土产上等木香、细白花蕊布。人多食酥酪、饭、豆、菜，少食鱼肉。道通西域，西域忽有轻骑来劫，但闭门距之数日乏粮自退。

《宋史》卷四八九《注辇国传》曰：

注辇国东距海五里，西至天竺千五百里，南至罗兰二千五百里，北至顿田三千里。自古不通中国，水行至广州约四十一万一千四百里。其国有城七童，高七尺，南北十二里，东西七里。每城相去百步，凡四城用砖，二城用土，最中城以木为之，皆植花果杂木。其第一至第三皆民居，环以小河。第四城四侍郎居之。第五城主之四子居之。第六城为佛寺，百僧居之。第七城即主之所居，室四百余区，所统有三十一部落。其西十二曰：只都尼、施亚卢尼、罗琶离鳖琶移、布林琶布尼、古檀布林蒲登、故里、娑轮岑、本蹄揭蹄、阎黎池离、郁部尼、遮古林、亚里者林；其南八曰：无雅加黎麻蓝、眉古黎苦低、舍里泥、密多罗摩、伽蓝蒲登、蒙伽林伽蓝、琶里琶离游、亚林池蒙伽蓝；其北十二曰：拨啰耶、无没离江、注林、加里蒙伽蓝、漆结麻蓝、握折蒙伽蓝、皮林伽蓝、浦棱和蓝、堡琶来、田注离、卢婆啰、迷蒙伽蓝。今国主相传三世矣。民有罪即命侍郎一员处治之，轻者絷于木格，笞五十至一百，重者即斩，或以象践杀之。其宴则国主与四侍郎膜拜于阶，遂共坐作乐歌舞，不饮酒而食肉。俗衣布，亦有饼饵，掌馔执事用妇人。其嫁娶先用金银指环，使媒妇至女家，后二日会男家亲族，约以土田、生畜、槟榔酒等，称其有无为礼。女家复以金银指环、越诺布，及女所服锦衣遗婿。若男欲离女，则不取聘财；女却男，则倍偿之。其兵阵用象居前，小牌次之，梭枪次之，长刀又次之，弓矢在后，四侍郎分领其众。国东南约二千五百里有悉兰池（Sirandib）国，或相侵伐，地产真珠、象牙、珊瑚、颇黎、槟榔、豆蔻、吉贝布。兽有山羊、黄牛。禽有山鸡、鹦鹉。果有余甘、藤萝、千年枣、椰子、甘罗、昆仑梅、婆罗蜜等。花有白末利、散丝蛇脐、佛桑、丽秋、青黄碧婆罗、瑶莲、蝉紫、水蕉之类。五谷有绿豆、黑豆、麦稻，地宜竹。自昔未尝朝贡，大中祥符八年（一〇一五）九月，其国主罗茶罗乍（Rājaraja）遣进奉使侍郎娑里三文，副使蒲恕，判官翁勿防，援官亚勒加等奉使来贡。三文等以盘奉真珠、碧玻璃、升殿布于御坐前，降殿再拜，译者导其言曰：愿以表远人慕化之诚。其国主表曰："臣罗茶罗乍言，昨遇啁舶船商人到本国，告称巨宋之有天下也，二帝开基，圣人继统，登封太岳，礼祀汾阴，至德升闻，上穹眷命。臣昌期斯遇，吉语幸闻，辄倾就日之诚，仰露朝天之款。臣伏闻人君之御统也，无远不臻；臣子之推诚也，有道则服。伏惟皇帝陛下功超邃古，道建大中。衣裳垂而德合乾坤，剑戟铸而范围区宇。神武不杀，人文化成。廓明明之德，以临御下民；怀翼翼之心，以昭事上帝。至仁不伤于行苇，大信爱及于渊鱼。故得天鉴，孔彰帝文，有赫显今古未闻之事，保家邦大定之基。窃念臣微类醯鸡，贱如刍狗，世居夷落，地远华风，虚荷烛幽，曾无执贽。今者窃听歌颂，普及遐陬，恨年属于桑榆，阻躬陈于玉帛。矧沧溟之旷绝，在跋涉以稍艰，是敢倾倒赤心，遥瞻丹阙。任土作贡，同蝼蚁之慕膻；委质事君，比葵藿之向日。谨遣专使等五十二人奉土物来贡，凡真珠衫帽各一，真珠二万一千一百两，象牙六十株，乳香六十斤；三文等又献珠六千六百两，香药三千三百斤。"初罗茶罗乍既闻商船言，且曰：十年来海无风涛，古老传云如此，则中国有圣人，故遣三文等入贡。三文离本国，舟行七十七昼夜，历郍勿丹山（Nagapattana）、娑里西兰山（Soli Silan）至占宾国。又行六十一昼夜，历伊麻罗里山至古罗国（Kra）国，有古罗山，因名焉。又行七十一昼夜。历加八山、占不牢山、舟宝龙山，至三佛齐国（Palembang）。又行十八昼夜，度蛮山水口，历天竺山（Pulaw Aor）至宾头狼山（Pāṇḍuraṅga），望东西王母冢距舟所将百里。又行二十昼夜，度羊山、九星山，至广州之琵琶洲。离本国凡千一百五十日至广州焉。①诏阁门祗候史祐之馆伴，凡宴赐恩例同龟兹使。其年承天节，三文等请于启圣禅院会僧以祝圣寿。明年（一〇一六）使回，降诏罗茶罗乍，赐物甚厚。天禧四年（一〇二〇）又遣使琶栏得麻烈呒奉方物入贡，至广州病死，守臣以其表闻，诏广州宴犒从

---

① 参看本书上编第八章；《诸蕃志译注》本一〇〇页。

者，厚赐以遣之。明道二年（一〇三三）十月其王尸离罗茶印㐌啰
注啰遣使蒲押陁离等以泥金表进真珠衫帽及真珠一百五两，象牙百
株。西染院副使阁门通使舍人符惟忠假鸿胪少卿押伴。蒲押陁离自
言数朝贡，而海风破船不达，愿将上等珠就龙床脚撒殿，顶戴瞻礼
以申向慕之心，乃奉银盘升殿，跪撒珠于御榻下而退。景祐元年
（一〇三四）二月以蒲押陁离为金紫光禄大夫、怀化将军还本国。熙
宁十年（一〇七七）国王地华加罗遣使奇啰啰，副使南卑琶打，判
官麻图华罗等二十七人来献豌豆珠、麻琉璃、大洗盘、白梅花脑、
锦花、犀牙、乳香、瓶、蔷薇水、金莲花、木香、阿魏、鹏砂、丁
香，使副以真珠、龙脑、登陛跪而散之，谓之撒殿。既降诏，遣御
药室劳之，以为怀化将军、保顺郎将，各赐衣服器币有差，答赐
其王钱八万一千八百缗，银五万二千两。

《岛夷志略》马八儿屿（Ma'bar）条曰：

　　控西北之隅，居加将门之右，濒山而居，土咸田沃饶，岁倍收。
气候热。俗淫，男女散发，以椰叶蔽羞。不事缉织，凿井煮海为盐，
酿椰浆为酒。无酋长。地产翠羽、细布。大羊百有余斤，谷米价廉。
贸易之货用沙金、青缎、白矾、红绿烧珠之属。次曰拔忽，曰里达
那，曰骨里傍，曰安其，曰伽忽，皆属此国之节制焉。

《元史》卷二一〇马八儿等国传曰：

　　海外诸蕃国惟马八儿（Ma'bar）与俱蓝（Kūlam, Quilon）足以
纲领诸国，而俱蓝又为马八儿后障。自泉州至其国约十万里，其
国至阿不合（Abaqa）大王城，水路得便风约十五日可到，比余国
大。世祖至元间（一二六四至一二九四）行中书省左丞唆都等奉玺
书十通招谕诸蕃，未几占城、马八儿国俱奉表称藩。余俱蓝诸国
未下，行省议遣使十五人往谕之。帝曰：非唆都等所可专也，若
无朕命，不得擅遣使。十六年（一二七九）十二月遣广东招讨司达
鲁花赤杨庭璧招俱蓝。十七年（一二八〇）三月至其国，国主必
纳的令其弟肯那却不剌木省书回回字降表附庭璧以进言来岁遣使
入贡，十月授哈撒儿海牙俱蓝国宣慰使，偕庭璧再往招谕。十八

年（一二八一）正月自泉州入海行三月抵僧伽耶山，舟人郑震等以阻风乏粮，劝往马八儿国，或可假陆路以达俱蓝国，从之，四月至马八儿国新村马头登岸。其国宰相马因的谓官人此来甚善，本国船到泉州时，官司亦尝慰劳，无以为报，今以何事至此。庭璧等告其故，因及假道之事，马因的乃托以不通为辞。与其宰相不阿里相见，又言假道，不阿里亦以它事辞。五月二人蚤至馆，屏人，令其官者为通情实，乞为达朝廷，我一心愿为皇帝奴，我使札马里丁入朝，我大必阇赤赴算弹告变，算弹籍我金银田产妻孥，又欲杀我，我诡辞得免。今算弹兄弟五人皆聚加一（Cail, Kayal）之地，议与俱蓝交兵。及闻天使来，对众称本国贫陋，此是妄言，凡回回国金珠宝贝尽出本国，其余回回尽来商贾。此间诸国皆有降心，若马八儿既下，我使人持书招之，可使尽降。时哈撒儿海牙与庭璧以阻风不至俱蓝，遂还。哈撒儿海牙入朝计事，期以十一月俟北风再举，至期，朝廷遣使令庭璧独往。十九年（一二八二）二月抵俱蓝国，国主及其相马合麻等迎拜玺书。三月遣其臣祝阿里沙忙里八的入贡，时也里可温（Arkä'un）兀咱儿撒里马及木速蛮（Musulman）主马合麻等亦在其国，闻诏使至，皆相率来告，愿纳岁币，遣使入觐。会苏木达（Sūmūtra）国亦遣人因俱蓝主乞降，庭璧皆从其请。四月还至那旺国（Nicobar？），庭璧复说下其主忙昂。比至苏木都剌（Sūmūtra）国，国主土汉八的迎使者，庭璧因谕以大义，土汉八的即日纳款称藩，遣其臣哈散、速里蛮二人入朝。二十年（一二八三）马八儿国遣僧撮及班入朝，五月将至上京，帝即遣使迓诸途。二十三年（一二八六）海外诸蕃国以杨庭璧奉诏招谕，至是皆来降。诸国凡十：曰马八儿（Ma'bar），曰须门那（Sūmanāt），曰僧急里（Cranganore），曰南无力（Lāmurī），曰马兰丹，曰那旺（Nicobar？），曰丁呵儿（Treṅganu？），曰来来（Leṭa, Lar），曰急兰亦觡（Kelantan？），曰苏木都剌（Sūmūtra），皆遣使贡方物。[①]

《明史》卷三二五《琐里（Coḷa, Soli）传》曰：

琐里近西洋琐里而差小。洪武三年（一三七〇）命使臣塔海帖木儿赍诏抚谕其国。五年（一三七二）王卜纳的遣使奉表朝贡，并

---

① 参看本书上编第九章。

献其国土地山川地图。帝顾中书省臣曰：西洋诸国，素称远蕃，涉海而来。难中岁月，其朝贡无论疏数，厚往薄来可也。乃赐大统历及金织文绮纱罗各四匹，使者亦赐币帛有差。

同卷《西洋琐里^①传》曰：

西洋琐里，洪武二年（一三六九）命使臣刘叔勉以即位诏谕其国。三年（一三七〇）平定沙漠，复遣使臣颁诏，其王别里提遣使奉金叶表从叔勉献方物。赐文绮纱罗诸物甚厚，并赐大统历。成祖颁即位诏于海外诸国，西洋亦与焉。永乐元年（一四〇三）命副使闻良辅，行人宁善使其国，赐绒锦文绮纱罗已，复命中官马彬往使，赐如前，其王即遣使来贡。附载胡椒与民市，有司请征税，命勿征。二十一年（一四二三）偕古里（Calicut）、阿丹（Aden）等十五国来贡。

（五）加异勒（Cail）^②

《明史》卷三二六《加异勒国传》曰：

加异勒，西洋小国也。永乐六年（一四〇八）遣郑和赍诏招谕，赐以锦绮纱罗。九年（一四一一）其酋长葛卜者麻遣使奉表贡方物，命赐宴及冠带彩币宝钞。十年（一四一二）和再使其国，后凡三入贡。宣德五年（一四三〇）和复赐其国。八年（一四三三）又偕阿丹等十一国来贡。

---

① 西洋琐里与琐里应是一国，尤侗《外国传》误分为二国，《明史·外国传》因之。并参看《郑和下西洋考》六九至七〇页伯希和说。

② 加异勒《元史》马八儿等传作加一。参看《马可波罗行记》（拙译本）第三卷第一七三章。马可波罗书写此名作 Cail，今地在印度南端之 Kayalpatam。

（六）师子国（Ceylan）[①]

《法显行传》所志师子国详见本书上编第三章。[②]

《宋书》卷九十七《师子国传》曰：

> 师子国元嘉五年（四二八）国王刹利摩诃南（Kṣatriya Mahānama）奉表曰："谨白大宋明主，虽山海殊隔，而音信时通。伏承皇帝道德高远，覆载同于天地，明照齐乎日月，四海之外，无往不伏，方国诸王，莫不遣信奉献，以表归德之诚。或泛海三年，陆行千日，畏威怀德，无远不至。我先王以来，唯以修德为正，不严而治，奉事三宝，道济天下，欣人为善，庆若在己，欲与天子，共弘正法，以度难化，故托四道人遣二白衣送牙台像以为信誓，信还愿垂音告。"至十二年（四三五）又复遣使奉献。

《梁书》卷五十四《师子国传》曰：

> 师子国，天竺旁国也。其地和适，无冬夏之异，五谷随人所种，不须时节。其国旧无人民，止有鬼神及龙居之。诸国商估来共市易，鬼神不见其形，但出珍宝，显其所堪价，商人依价取之。诸国人闻其土乐，因此竞至，或有停住者，遂成大国。晋义熙（四〇五至四一八）初始遣献玉像，经十载乃至，像高四尺二寸，玉色洁润，形制殊特，殆非人工。此像历晋宋世在瓦官寺，寺先有征士戴安道手制佛像五躯，及顾长康维摩画图，世人谓三绝。至齐东昏（四五九至五〇〇）遂毁玉像，前截臂，次取身，为嬖妾潘贵妃作钗钏。宋元嘉六年（四二九）、十二年（四三五）其王刹利摩诃遣使贡献。大通元年（五二七）后王伽叶伽罗诃梨邪使奉表曰："谨白大梁明主，虽山海殊隔，而音信时通。伏承皇帝道德高远，覆载同于天地，明照齐乎日月，西海之表，无有不从，方国诸王，莫不奉献，

[①]　师子国，Simhala 之义译也，梵名称宝渚（Ratandvipa），阿剌壁语名全岛曰 Silan，岛中之山曰 Sirandib，《诸蕃志》之细兰及细轮叠盖其对音，明代译名作锡兰山。《岛夷志略》有高郎步（小唄喃条作高浪阜），乃锡兰之 Colombo 港，今日东西船舶往来之要冲也。参看《交广印度两道考》一三三至一三五页。

[②]　参看《大唐西域记》卷十一僧伽罗（Simhala）国条。

以表慕义之诚。或泛海三年，陆行千日，畏威怀德，无远不至。我先王以来，唯以修德为本，不严而治，奉事正法，道济天下，欣人为善，庆若己身，欲与大梁共弘三宝，以度难化。信还伏听告敕，今奉薄献，愿垂纳受。"

《新唐书》卷二二一下《师子国传》曰：

师子居西南海中，延袤二千余里，有棱伽（Laṅka）山，多奇宝，以宝置洲上，商舶偿直辄取去，后邻国人稍往居之。能驯养师子，因以名国。总章三年（六七〇）遣使者来朝。天宝（七四二至七五五）初王尸罗迷迦（Silamegha）再遣使献大珠、钿金、宝璎、象齿、白氎。

《诸蕃志》细兰（Silan）国，附蓝无里国后，参看本书下编第五章。

《岛夷志略》高郎步（Colombo）条曰：

大佛山之下湾环中，纵横皆卤股石。其地湿卑田瘠，米谷翔贵。气候暖。俗薄，舶人不幸失风或驻阁于其地者，徒为酋长之利，舶中所有货物多至全璧而归之，酋以为天赐也，孰知舶人妻子饥寒之所望哉。男女髻系八节那闲木梢。煮海为盐，酿蔗浆为酒。有酋长，地产红石头，与僧加剌（Siṃhala）同。贸易之货用八丹布、斗锡、酒、蔷薇水、苏木、金银之属。

《瀛涯胜览》锡兰国条曰：

自帽山（Pulo Weh？）南放洋，好风向东北行三日，见翠蓝山（Nicobar）在海中。其山三四座，惟一山最高大，番名桉笃蛮（Andaman）山。彼处之人巢居穴处，男女赤体，皆无寸丝，如兽畜之形。土不出米，惟食山芋、波罗蜜、芭蕉子之类，或海中捕鱼虾而食。人传云：若有寸布在身，即生烂疮，昔释迦佛过海，于此处登岸，脱衣入水澡浴，彼盗藏其衣，被释迦咒讫，以此至今人不能穿衣，俗言出卵坞，即此地也。过此投西，船行七日见莺歌嘴山，再三两日，到佛堂山（Dondera Head），才到锡兰国马头名别罗里，自此泊船，登岸陆行。此处海边山脚光石上，有一足迹，长二尺许。云是释迦从翠蓝山来，从此处登岸，脚踏此石，故迹存焉。中有浅水不干，人皆手蘸其水洗面拭目，曰佛水清净。左有佛寺，内有释迦佛混身侧卧，尚存不朽，其寝座用各样宝石妆嵌沉香木为之，甚是华丽，又有佛牙并活舍利子等物在堂，其释迦涅槃正此处也。又北去四五十里，才到王居之城，国王系锁俚（Soli, Cola）人氏，崇信释教，尊敬象牛。人将牛粪烧灰，遍搽其体，牛不敢食，止食其乳，如有牛死，即埋之，若私宰牛者，王法罪死，或纳牛头大金以赎其罪。王之居址，大家小户每晨将牛粪用水调稀，遍涂屋下地面，然后拜佛，两手直舒于前，两腿直伸于后，胸腹皆贴地而为拜。王居之侧，有一大山（Adam's Peak），侵云高耸，山顶有人脚迹一个，入石深二尺，长八尺余，云是人祖阿聃（Adam）圣人，即盘古之足迹也。此山内出红雅姑、青雅姑、黄雅姑、青米蓝石、昔剌泥、窟没蓝等一切宝石皆有，每有大雨冲出土，流下沙中，寻拾则有，常言宝石乃是佛祖眼泪结成。其海中有雪白浮沙一片，日月照其沙，光采激滟，日有珍珠螺蚌聚集沙上。其王置珠池，二三年一次，令人取螺蚌倾入池中，差人看守此池，候其坏烂，则用水淘珠纳官，亦有偷盗卖于他国者。其国地广人稠，亚于爪哇。民俗饶富，男子上身赤膊，下围色丝手巾，加以压腰，满身毫手俱剃净，止留其发，用白布缠头。如有父母死者，其须毛即不剃，此为孝礼。妇人撮髻脑后，下围白布。其新生小儿则剃头，女留胎发不剃，就养至成人。无酥油牛乳不食饭，人欲食饭，则于暗处潜食，不令人见。平居槟榔荖叶不绝于口。米谷芝麻绿豆皆有，惟无大小二麦，椰子至多，油糖酒酱皆以此物借造而食。死则以火化埋骨，其丧家聚亲邻之妇，都将两手齐拍胸乳而叫号哭泣为礼。果有芭蕉子、波罗蜜、甘蔗、瓜茄、蔬菜、牛、羊、鸡、鸭皆有。王以金为钱，通行使用，每钱一个，重官秤一分六厘。中国麝香、纻丝、色绢、青磁盘碗、铜钱、樟脑，甚喜，则将宝石珍珠换易。王常差人赍宝石等物，随同回洋宝船进贡中国。

《明史》卷三二六《锡兰山传》曰：

　　锡兰山或云即古狼牙修，梁时曾通中国。自苏门答剌顺风十二
昼夜可达。永乐中（一四〇三至一四二四）郑和使西洋至其地，其
王亚烈苦奈儿欲害和，和觉去之他国。王又不睦邻境，屡邀劫往来
使臣，诸蕃皆苦之。及和归，复经其地，乃诱和至国中，发兵五万
劫和，塞归路。和乃率步卒二千由间道乘虚攻拔其城，生擒亚烈苦
奈儿及妻子头目。献俘于朝廷，群臣请行戮，帝悯其无知，并妻子
皆释，且给以衣食，命择其族之贤者立之。有邪把乃那者，诸俘因
咸称其贤，乃遣使赍印诰封为王，其旧王亦遣归。自是海外诸蕃益
服天子威德，贡使载道，王遂屡入贡。宣德五年（一四三〇）郑
和抚谕其国。八年（一四三三）王不剌葛麻巴忽剌批（Parakhāma
Bāhu VI）遣使来贡。正统元年（一四三六）命附爪哇贡舶归，赐敕
谕之。十年（一四四五）偕满剌加使者来贡。天顺三年（一四五九）
王葛力生夏剌昔利把交剌惹（Simhala Siri Parakhāma Bāhu rāja）
遣使来贡，嗣后不复至。其国地广人稠，货物多聚，亚于爪哇。东
南海中有山三四座，总名曰翠蓝屿（Nicobar），大小七门，门皆可
通舟，中一山尤高大，番名梭笃蛮山（Andaman），其人皆巢居穴处，
赤身秃发。相传释伽佛昔经此山，浴于水，或窃其袈裟，佛誓云：
后有穿衣者必烂其皮肉。自是寸布挂身，辄发疮毒，故男女皆裸
体，但纫木叶蔽其前后，或围以布，故又名裸形国。地不生谷，惟
啖鱼虾及山芋、波罗蜜、芭蕉实之属。自此山西行七日，见鹦哥嘴
山，又二三日抵佛堂山，即入锡兰国境。海边山石上有一足迹，长
三尺许，故老云佛从翠蓝屿来践此，故足迹尚存。中有浅水四时不
干，人皆手蘸拭目洗面曰：佛水清净。山下僧寺有释迦真身侧卧床
上，旁有佛牙及舍利，相传佛涅槃处也。其寝座以沉香为之，饰以
诸色宝石，庄严胜王所居。侧有大山，高出云汉，其颠有巨人足迹，
入石深二尺，长八尺余，云是盘古遗迹。此山产红雅姑、青雅姑、
黄雅姑、昔剌泥、窟没蓝等诸色宝石，每大雨冲流山下，土人竞拾
之。海旁有浮沙，珠蚌聚其内，光彩激滟，王使人捞取置之地，蚌
烂而取其珠，故其国珠宝特富。王琐里国人，崇释教，重牛，日取
牛粪烧灰涂其体，又调水以遍涂地上，乃礼佛，手足直舒，腹贴于
地以为敬，王及庶民皆如之。不食牛肉，止食其乳，死则瘗之，有
杀牛者罪致死。气候常热，米粟丰足，民富饶，然不喜啖饭，欲啖

则于暗处，不令人见。遍体皆毫毛，悉薙去，惟发不薙。所贡物有珠、珊瑚、宝石、水晶、撒哈剌、西洋布、乳香、木香、树香、檀香、没药、硫黄、藤竭、芦荟、乌木、胡椒、碗石、驯象之属。

（七）小呗喃（Kūlam，Quilon）①

《岛夷志略》小呗喃条曰：

地与都栏礁相近，厥土黑坟，宜谷麦。民居懒事耕作，岁藉乌爹（Udra）运米供给。或风迅到迟，马船已去，货载不满，风迅或逆不得过喃哑哩（Lāmurī）洋，且防高浪阜（Colombo）中卤股石之厄，所以此驻冬，候下年八九月马船复来，移船回古里佛（Calicut）互市。风俗男女衣著与古里佛同，有村主，无酋长。地产胡椒、椰子、槟榔、溜鱼。贸易之货用金银、青白花器、八丹布、五色缎、铁器之属。

《瀛涯胜览》小葛兰国（Kūlam，Quilon）条曰：

自锡兰国马头名别罗里开船往西北，好风行六昼夜可到，其国边海，东连大山，西是大海，南北地狭，外亦大海，连海而居。国王国人皆锁俚（Soli，Coḷa）人氏，崇信释教，尊敬象牛，婚姻丧葬等事与锡兰国同。土产苏木、胡椒不多，其果菜之类皆有。牛羊颇异他产，其羊青毛长脚，高二尺三尺者，黄牛有三四百斤者。酥油多有卖者，人一日二餐，皆用酥油拌饭而食。王以金铸钱，每个重官秤一分，通行使用。虽是小国，其王亦将方物差人贡于中国。

《明史》卷三二六《小葛兰传》曰：

---

① 此国《岭外代答》作故临，《宋史》作柯兰，《元史》亦作呗蓝，或作俱蓝，明代作小葛兰，大食人之 Kūlam，今之 Quilon 也。

　　小葛兰（Kūlam, Quilon），其国与柯枝（Cochin）接境，自锡兰山西北行六昼夜可达。东大山，西大海，南北地窄，西洋小国也。永乐五年（一四〇七）遣使附古里、苏门答剌入贡，赐其王锦绮纱罗鞍马诸物，其使者亦有赐。王及群下皆琐里人。奉释教，重牛，及他婚丧诸礼多与锡兰同，俗淳。土薄收获少，仰给榜葛剌。郑和尝使其国，厥贡惟珍珠伞、白棉布、胡椒。又有大葛兰者，波涛湍悍，舟不可泊，故商人罕至。土黑坟，本宜谷麦。民懒事耕作，岁赖乌爹之米以足食。风俗物产多类小葛兰。

（八）古里佛（Calicut）[①]

《岛夷志略》古里佛条曰：

　　当巨海之要冲，去僧加剌（Siṃhala）密迩，亦西洋诸马头也。山横而田瘠，宜种麦，每岁藉乌爹米至。行者让路，道不拾遗，俗稍近古。其法至谨，盗一牛，酋以牛头为准，失主仍以犯人家籍没而戮之。官场居深山中，海滨为市，以通贸易。地产胡椒，亚于下里（Hīlī），人间居有仓廪贮之，每播荷三百七十五斤，税收十分之二。次加张叶、皮桑布、蔷薇水、波罗蜜、孩儿茶，其珊瑚、珍珠、乳香诸等货，皆由甘埋、佛朗来也。去货与小唄喃国同。蓄好马自西极来，故以舶载至此国，每匹互易动金钱千百或至四千为率，否则番人议其国空乏也。

《瀛涯胜览》古里国（Calicut）条曰：

　　即西洋大国，从柯枝（Cochin）国港口开船，往西北行，三日方到。其国边海，山之东有五七百里，远通坎巴夷（Koyampadi）国，西临大海，南连柯枝国界，北边相接狠奴儿（Honavar）地面，西洋大国，正此地也。永乐五年（一四〇七）朝廷命正使太监郑和

---

　　① 古里 Ibn Batūtā 书（一三五五）作 Ḳālikūt，今地图作 Calicut。

等赍诏敕赐其国王诰命银印给赐，升赏各头目品级冠带。统领大䑸宝船到彼，起建碑庭。立石云：其国去中国十万余里，民物咸若，熙皞同风，刻石于兹，永示万世。国王系南昆（Nambūri）人，崇信佛教，尊敬象牛。国人内有五等：回回人，南昆人，哲地（Chitti）人，革令（Kling）人，木瓜（Mukuva）人。其国王国人皆不食牛肉。大头目是回回人，皆不食猪肉。先是王与回回人誓定尔不食牛，我不食猪，互相禁忌，至今尚然。王以铜铸佛像，名乃纳儿，起造佛殿，以铜铸瓦而盖佛座，傍掘井，每日侵晨，王至汲水浴佛。拜讫，令人收取黄牛净粪，用水调于铜盆如糊，遍擦殿内地面墙壁，且命头目并富家每早亦涂擦牛粪。又将牛粪烧成白灰研细，用好布，为小袋盛灰，常带在身，每日侵晨洗面毕，取牛粪灰调水，擦涂其额，并两股间各三次，为敬佛敬牛之诚。传云：昔有一圣人名某些（Musa, Moses），立教化人，人知其是真天，人皆钦从。以后圣人同往他所，令其弟名撒没嚟（al-Samêri），掌管教人，其弟心起娇妄，铸一金犊曰，此是圣主，凡叩之则有灵验，教人听命，崇敬其金牛，日常粪金，人得金心爱而忘天道，皆以牛为真主。后某些圣人回还，见众人被弟撒没嚟惑坏圣道，遂废其牛，而欲罪其弟，其弟骑一大象遁去，后人思之，悬望其还，且如月初，则言月中必至，及至月中，又言月尽必至，至今望之不绝。南昆人敬象牛，由此故也。王有大头目二人，掌管国事，俱是回回人，国中大半皆奉回回教门。礼拜寺有二三十处，七日一次行礼拜，至日，举家斋浴，诸事不干，巳午时，大小男子到寺礼拜，至未时方散回家，才做买卖，干理家事。人甚诚信，状貌济楚标致。其二大头目受中国朝廷升赏，若宝船到彼，全凭二人主为买卖。王差头目并哲地未讷几（Waligi chitti？）计书算于官府，牙人来会，领船大人议择某日打价。至日，先将带去锦绮等物，逐一议价已定，随写合同价数，彼此收执，其头目哲地即与内官大人众手相拿，其牙人则言某月某日于众手中拍一掌已定，或贵或贱，再不悔改，然后哲地富户才将宝石、珍珠、珊瑚等物来看议价，非一日能定，快则一月，缓则二三月。若价钱较议已定，如买一主珍珠等物，该价若干是原经手头目未讷几计算，该还纻丝等物若干，照原打手之货交还，毫厘无改。彼之算法无算盘，只以两手两脚并二十指计算，毫厘无差，甚异于常。王以六成金铸钱行使，名吧南（fanam），每个径面官寸三分八厘，面底有纹，重官秤一分。又以银为钱，名搭儿（tar），每个约重三厘，零用此钱。衡法每番秤一钱，该官秤八分，每番秤一两，计十六钱，该官秤一两二钱八分，番秤二十两为一斤，该官秤一斤九两六钱。其番秤名番剌失（frasila），秤之权钉定于衡末，称准则活动于衡中，提起平为定盘，星称物则移准向前，随物轻重而进退之，止可秤十斤，该官秤十六斤。秤香货之类，二百斤番秤为一播荷（bahar），该官秤三百二十斤，若称胡椒，二百五十斤为一播荷，该官秤四百斤。凡称一应巨细货物，多用天平对较。其量法，官铸铜为升行使，番名党戛黎，每升该官升一升六合。西洋布本国名揣黎布，出于邻境坎巴夷等处，每匹阔四尺五寸，长二丈五尺，卖彼处金钱八个或十个。国人亦将蚕丝练染各色，织间道花手巾，阔四五尺，长一丈二三尺，每条卖金钱一百个。胡椒山乡住人置园多种，到十月间，椒熟采摘晒干而卖，自有收椒大户来收，上官库收贮，若有买者，官与发卖，见数计算税钱纳官，每胡椒一播荷，卖金钱二百个。其哲地多收买下各色宝石珍珠并做下珊瑚珠等物，各处番船到彼，国王亦差头目并写字人等眼同而卖，就取税钱纳官。富家多种椰子树，或一千株，或二千、三千株为产业。其椰子有十般使用，嫩者有浆甚甜，好吃，可酿酒，老者椰内打油，做糖，做饭吃，外包之穰，打索，造船，椰壳为碗，为杯，又好烧灰打箱金银细巧生活，树好造屋，叶好盖屋。蔬菜有芥菜、生姜、萝卜、胡荽、葱、蒜、葫芦、茄子、菜瓜、冬瓜，四时皆有。又有一等小瓜，如指大，长二寸许，如青瓜之味。其葱紫皮，如蒜，大头小叶，称斤而卖，波罗蜜、芭蕉子广有卖者。木别子树高十余丈，结子如绿柿样，内包其子三四十个，熟则自落。其蝙蝠如鹰之大，都在此树上倒挂而歇。米红白皆有，麦大小俱无，其面皆从别处贩来卖。鸡鸭广有，无鹅，羊脚高，灰色，如驴驹子之样。水牛不甚大，黄牛有三四百斤者，人不食其肉，止食其乳酪，人无酥油不吃饭，其牛养至老死即埋之。各色海鱼，其价极贱。山中鹿兔亦有卖者。人家多养孔雀，其他禽鸟则有乌鸦、苍鹰、鹭鸶、燕子，其余大小禽鸟，则并无有。国人亦会弹唱，以葫芦壳为乐器，红铜丝为弦，唱番歌相和而弹，音韵堪听。民俗婚丧之礼，锁俚人、回回人各依自家本等体例不同。其王位不传于子，而传于外甥，传甥止论女腹所生为嫡族，其王若无姊妹，传之于弟，若无弟，逊与有德之人，世代相仍如此。王法无鞭笞之刑，罪轻者截手断足，重则罚金诛戮，甚则抄没灭族，人有犯法者，拘之到官，即伏其罪。若事情或有冤枉不伏者，则于王前或大头目前，置一铁锅，盛油四五斤煎滚，先以树叶投试爆弹有声，遂令其人以右手二指煠于油内片时，待焦方起，用布包裹封记，监留在官，二三日后，聚众开封视之，若手烂溃，其事不枉，即加以刑，若手如旧不损，则释之，头目人等以鼓乐礼送此人回家，诸亲邻友馈礼相贺，饮酒作乐以相庆，此事最为奇异。使回之日，其国王欲进贡，用好赤金五十两，令番匠抽如发细金丝，结缩成片，以各色宝石大珍珠厢成宝带一条，差头目乃邦进奉中国。

《明史》卷三二六《古里传》曰：

　　古里，西洋大国，西滨大海，南距柯枝国，北距狼奴儿国（Honavar），东七百里距坎巴国，自柯枝舟行三日可至，自锡兰山十日可至，诸蕃要会也。永乐元年（一四〇三）命中官尹庆奉诏抚谕其国，赉以彩币，其酋沙米的喜遣使从庆入朝贡方物。三年（一四〇五）达南京，封为国王，赐印诰及文绮诸物。遂比年入贡，郑和亦数使其国。十三年（一四〇五）偕柯枝、南渤利、甘巴里、满剌加诸国入贡。十四年（一四一六）又偕爪哇、满剌加、占城、锡兰山、木骨都束、溜山、南渤利、不剌哇、阿丹、苏门答剌、麻林、剌撒、忽鲁谟斯、柯枝、南巫里、沙里湾泥、彭亨诸国入贡。是时诸蕃使臣充斥于廷，以古里大国，序其使者为首。十七年（一四一九）偕满剌加十七国来贡。十九年（一四二一）又偕忽鲁谟斯等国入贡。二十一年（一四二三）复偕忽鲁谟斯等国遣使千二百人入贡。时帝方出塞，敕皇太子曰：天时向寒，贡使即令礼官宴劳给赐遣还，其以土物来市者，官酬其直。宣德八年（一四三三）其王比里麻遣使偕苏门答剌等国使臣入贡。其使久留都下，正统元年（一四三六）乃命附爪哇贡舟西还，自是不复至。其国山多地瘠，有谷无麦。俗甚淳，行者让道，道不拾遗。人分五等如柯枝，其敬浮屠凿井灌佛亦如之。每旦王及臣民取牛粪调水涂壁及地，又煅为灰抹额及股，谓为敬佛。国中半崇回教，建礼拜寺数十处，七日一礼，男女斋沐谢事，午时拜天于寺，未时乃散。王老不传子而传甥，无甥则传弟，无弟则传于国之有德者。国事皆决于二将领，以回回人为之。刑无鞭笞，轻者断手足，重者罚金珠，尤重者夷族没产。鞠狱不承则置其手指沸汤中，三日不烂即免罪，免罪者将领导以鼓乐送还家，亲戚致贺。富家多植椰子树至数千，其嫩者浆可饮，亦可酿酒，老者可作油糖，亦可作饭，干可构屋，叶可代瓦，壳可置杯，穰可索绹，煅为灰可镶金。其他蔬果畜产多类中国。所贡物有宝石、珊瑚珠、琉璃瓶、琉璃枕、宾铁刀、拂郎双刃刀、金系腰、阿思模达、涂儿气、龙涎香、苏合油、花毡单、伯兰布、苾布之属。

（九）柯枝（Kōčī，Cochin）①

《瀛涯胜览》柯枝条曰：

自小葛兰国开船，沿山投西北，好风行一昼夜，到其国港口泊船。本国东是大山，西临大海，北边海，有路可往邻国。其国王与民亦锁俚人氏，头缠黄白布，上不穿衣，下围纻丝手巾，再用颜色纻丝一匹缠之于腰，名曰压腰。其头目及富人服用与王者颇同。民居之屋，用椰子木起造，用椰子叶编成片如草苫样盖之，雨不能漏。家家用砖泥砌一土库，止分大小，凡有细软之物，俱放于内，以防火盗。国有五等人。一等名南昆，与王同类，内有剃头挂线在颈者，最为贵族；二等回回人；三等人名哲地（ch-itti），系有钱财主；四等人名革令（kling），专与人作牙保；五等人名木瓜（mukuva），木瓜者，至低贱之人也。至今此辈在海滨居住，房檐高不过三尺，高者有罪，其穿衣上不过脐，下不过膝，其出于途，如遇南昆、哲地人，即伏于地，候过即起而行。木瓜之辈，专以渔樵及抬负挑担为生，官不容穿长衣。其经商买卖与中国汉人一般。其国王崇信佛教，尊敬象牛，建造佛殿，以铜铸佛像，用青石砌座，佛座边周围砌成水沟，傍穿一井。每日侵晨，则鸣钟击鼓，汲井水，于佛顶浇之再三，众皆罗拜而退。另有一等人名浊朥（yogi），即道人也，亦

---

① 柯枝译名疑出大食语，Sīdī Alī Čelebī 书（一五五四）突厥语写法作 Kōčī，今地图作 Cochin。

有妻子，此辈自出母胎，发不经剃，亦不梳篦，以酥油等物将发搓成条缕，或十余条，或七八条，披拽脑后。却将黄牛之粪，烧成白灰，遍擦其体。上下皆不穿衣，止用如拇指大黄藤，两转紧缚其腰，又以白布为梢子。手拿大海螺，常吹而行，其妻略以布遮其丑，随夫而行。此等即出家人，倘到人家，则与钱米等物。其国气候常暖如夏，无霜雪，每至二三月，日夜间则下阵头雨一二次，番人各整盖房屋，备办食用，至五六月，日夜间下滂沱大雨，街市成河，人莫能行，大家小户坐候雨信过，七月才晴，到八月半后晴起，到冬点雨皆无，直至次年二三月间又下雨，常言半年下雨半年晴，正此处也。土无他产，只出胡椒，人多置园圃种椒为业，每年椒熟，本处自有收椒大户收买，置仓盛贮。待各处番商来买，论播荷（bahar）说价。每一播荷该番秤二十五封剌（frasila），每一封剌该番秤十斤，计官秤十六斤，每一播荷该官秤四百斤，卖彼处金钱或一百个，或九十个，直银五两。名称哲地者，皆是财主，专一收买下宝石、珍珠、香货之类，候中国宝石船或别国番船客人来买。珍珠以分数论价而买，且如珠每颗重三分半者，卖彼处金钱一千八百个，直银一百两。珊瑚枝梗，其哲地论斤重买下，顾倩匠人，剪断车旋成珠，洗磨光净，亦秤分量而买。王以九成金铸钱行使，名曰法南（fanam），重官秤一分一厘。又以银为钱，比海螺屬大，每个官秤四厘，名曰答儿（tar）。每金钱一个，倒换银钱十五个，街市行使零用，则以此钱。国人婚丧之礼，其五等人皆各从其类而不同。米、粟、麻、豆、黍、稷皆有，止无大小二麦。象、马、牛、羊、犬、猫、鸡、鸭皆有，只无驴、骡与鹅尔。国王亦差头目随共回洋宝船将方物进贡中国。

《明史》卷三二六《柯枝传》曰：

柯枝或言即古盘盘国。宋、梁、隋、唐皆入贡。自小葛兰西北行，顺风一昼夜可至。永乐元年（一四〇三）遣中官尹庆赍诏抚谕其国，赐以销金帐幔织金文绮彩帛及华盖。六年（一四〇八）复命郑和使其国。九年（一四一一）王可亦里遣使入贡。十年（一四一二）郑和再使其国，连二岁入贡，其使者请赐印诰封其国中之山，帝遣郑和赍印赐其王，因撰碑文，命勒石山上。其词曰："王

化与天地流通，凡覆载之内，举纳于甄陶者，体造化之仁也。盖天
下无二理，生民无二心，忧戚喜乐之同情，安逸饱暖之同欲，悉有
间于遐迩哉。任君民之寄者，当尽子民之道。《诗》云：邦畿千里，
惟民所止，肇彼四海。《书》云：东渐于海，西被于流沙，朔南暨声
教，讫于四海。朕君临天下，抚治华夷，一视同仁，无间彼此，推
古圣帝明王之道，以合乎天地之心，远邦异域，咸使各得其所，闻
风向化者，争恐后也。柯枝国远在西南，距海之滨，出诸蕃国之
外，慕中华而歆德化久矣。命令之至，拳踞鼓舞，顺附如归，咸仰
天而拜曰：何幸中国圣人之教，沾及于我。乃数岁以来，国内丰穰，
居有室庐，食饱鱼鳖，衣足布帛，老者慈幼，少者敬长，熙熙然而
乐，凌厉争竞之习无有也。山无猛兽，溪绝恶鱼，海出奇珍，林产
嘉木，诸物繁盛，倍越寻常，暴风不兴，疾雨不作，札沴殄息，靡
有害畜，盖且盛矣。朕揆德薄，何能如是，非其长民者之所致欤。
乃封可亦里为国王，赐以印章，俾抚治其民，并封其国中之山为镇
国之山，勒碑其上，垂示无穷。而系以铭曰：截彼高山，作镇海
邦，吐烟如云，为下国洪庞。肃其烦歊，时其雨旸，祛彼氛妖，作
彼丰穰。靡畜靡沴，永庇斯疆，优游卒岁，室家胥庆。於戏，山之
崭兮，海之深矣，勒此铭诗，相为终始。"自后间岁入贡。宣德五年
（一四三〇）复遣郑和抚谕其国。八年（一四三三）王可亦里遣使偕
锡兰山诸国来贡。正统三年（一四三六）遣其使者附爪哇贡舶还国，
并赐敕劳王。王琐里人，崇释教，佛座四旁皆水沟，复穿一井，每
旦鸣钟鼓，汲水灌佛三浴之，始罗拜而退。其国与锡兰山对峙，中
通古里，东界大山，三面距海。俗颇淳。筑室以椰子树为材，取叶
为苫以覆屋，风雨皆可蔽。人分五等：一曰南昆，王族类；二曰回
回；三曰哲地，皆富民；四曰革令，皆牙侩；五曰木瓜，木瓜最贫，
为人执贱役者，屋高不得过三尺，衣上不得过脐，下不得过膝，途
遇南昆哲地人辄伏地，俟其过乃起。气候常热，一岁中二三月时有
少雨，国人皆治舍储食物以俟，五六月间大雨不止，街市成河，七
月始晴，八月后不复雨，岁岁皆然。田瘠少收，诸谷皆产，独无麦。
诸畜亦皆有，独无鹅与驴云。

（十）南毗（Nambūri）①

《诸蕃志》南毗国条曰：

南毗国在西南之极，自三佛齐便风，月余可到。国都号蔑阿抹，唐语曰礼司。其主裹体跣足，缚头缠腰，皆用白布，或著白布窄袖珍。出则骑象，戴金帽，以真珠珍宝杂拖其上，臂系金缠，足圈金链。仪仗有蘗，用孔雀羽为饰，柄拖银朱，凡二十余人左右翊卫。从以番妇，择状貌奇伟者，前后约五百余人。前者舞导，皆裹体跣足，止用布缠腰，后者骑马无鞍，缠腰束发，以真珠为缨络，以真金为缠链，用脑麝杂药涂体，蔽以孔雀毛伞。其余从行官属以白番布为袋，坐其上，名曰布袋轿，以扛异之，扛包以金银，在舞妇之前。国多沙地，王出，先差官一员及兵卒百余人持水洒地，以防飓风播扬。饮食精细，鼎以百计，日一易之。有官名翰林，供王饮食，视其食之多寡，每裁纳之，无使过度，或因而致疾，则尝粪之甘苦，以疗治之。国人紫色，耳轮垂肩。习弓箭，善刀稍，喜战斗，征伐皆乘象，临敌以彩缬缠头。事佛尤谨。地暖无寒，米、谷、麻、豆、麦、粟、芋、菜，食用皆足，价亦廉平。凿杂白银为钱，镂官印记，民用以贸易。土产真珠、诸色番布、兜罗绵。国有淡水江，乃诸流凑汇之处，江极广袤。旁有山突兀，常有星现，其上秀气钟结，产为小石，如猫儿睛，其色明透，埋于山坎中，不时山水发，崩洪推流，官时差人乘小舸采取，国人珍之。故临（kūlam）、胡茶辣（Guzerat）、甘琶逸（Kanbayat, Cambay）、弼离沙（Bāroč?）、麻啰华（Malava, Malwa）、冯牙啰（Mangalore）、麻哩抹（Malabar？）、都奴何（Tannah, Tāna）、哑哩（Hīlī）、喏嗷啰啰哩（Cannanore, 或 Nellore），皆其属国也。其国最远，番舶罕到。时罗巴、智力干父子，其种类也，今居泉之城南。土产之物，本国运至吉啰达弄（Kwāla Terong）、三佛齐（Palembang），用荷池、缬绢、磁器、樟脑、大黄、黄连、丁香、脑子、檀香、豆蔻、沉香为货，商人就

---

① 南毗一作南昆，《诸蕃志译注》考订作 Malabar 沿岸，谓蔑志抹是 Malabar 之对音。南毗据 Philipps 说，谓是 Nair 部落。又据 Duyvendak 说，是婆罗门 Nambūri 之对音，伯希和先不取其说（见《郑和下西洋考》一二三至一二四页），后以其说近似（见一九三六年刊《通报》三十二卷二二一页）。

博易焉。故临国自南毗舟行顺风五日可到，泉舶四十余日到蓝里（Lāmurī）住冬，至次年再发，一月始达。土俗大率与南毗无异。土产椰子、苏木，酒用蜜糖和椰子花汁酿成。好事弓箭战斗，临敌以彩缬缠髻。交易用金银钱，以银钱十二准金钱之一。地暖无寒，每岁自三佛齐、监笓（Kāmpar）、吉陀（Kědah）等国发船博易。用货亦与南毗同，大食人多寓其国中。海浴毕用郁金涂体，盖欲仿佛之金身。

（十一）下里（Hīlī）①

《岛夷志略》下里条曰：

> 国居小呗喃（Kūlam）、古里佛（Calicut）之中，又名小港口，山旷而原平，地方数千余里。民所奠居，星罗棋布，家给人足。厥田中下，农力耕。气候暖。风俗淳。民尚气，出入必悬弓箭及牌以随身。男女削发系溜布。地产胡椒，冠于各番，不可胜计，椒木满山，蔓衍如藤萝，冬花而夏实，民采而蒸曝，以干为度，其味辛，采者多不禁，其味之触人甚至，以川芎煎汤解之。他番之有胡椒者，皆此国流彼之余也。

---

① 案下里大食波斯人舆记作 Hīlī 或 Hailī，地在 Mangalore 与 Fandaraina（Pandarani）两地间，前一地即本传之冯牙啰，后一地即《元史》之梵答剌亦纳，《岛夷志略》作班达里（参看本书上编第九章），班达里城在今古里（Calicut）北十六英里。下里城今已荒废。下里地名并见《星槎胜览》旧抄本著录。罗以智校本改下里为古里，误也。

（十二）胡茶辣（Guzerat）①

《诸蕃志》胡茶辣国条曰：

胡茶辣国管百余州，城有四重。国人白净，男女皆穴耳坠重环，著窄衣，缠缦布，戴白暖耳，蹑红皮鞋。人禁荤食。有佛宇四千，区内约二万余妓，每日两次歌献佛饭及献花。献花用吉贝线结缚为球，日约用三百斤。有战象四百余只，兵马约十万。王出入乘象，顶戴冠，从者各乘马持剑。土产靛青至多，紫矿、苘子、诸色番布，每岁转运就大食货卖。

（十三）须文那（Sūmanāt）②

《岛夷志略》须文那条曰：

国中班支尼那接境。山如瓜瓠。民乐莫居。田瘠谷少，气候应节。俗鄙薄。男女蓬头系丝。酋长之家有石鹤高七尺余，身白而顶红，彷然生像，民间事之为神鹤，四五月间听其夜鸣，则是岁丰稔，凡有疾则卜之，如响斯应。民不善煮海为盐。地产丝布、胡椒，亚于希苓、淡邈。孩儿茶一名乌爹土，又名胥，实失之，其实槟榔汁也。贸易之货用五色细缎、青缎、豆蔻、大小水罐、苏木之属。

---

① 胡茶辣，《大唐西域记》卷十一作瞿折罗（Gurjara），今之 Guzerat。
② 大食人 Ibn Saīd（一二一四至一二七四）书云："须文那（Sūmanāt）属胡茶辣（Guzerat），胡茶辣一名啰哆（Lar），须文那城近海，阿丹（Aden）船舶泊此者甚众。"今地图作 Somnath，《元史》马八儿等传后作须门那。